生态化

现代农业
生态化发
展模式研究

李白玉 著

西北农林科技大学出版社

图书在版编目（CIP）数据

现代农业生态化发展模式研究 / 李白玉著.—杨凌:
西北农林科技大学出版社, 2022.2
　ISBN 978-7-5683-1081-9

　Ⅰ. ①现… Ⅱ. ①李… Ⅲ. ①生态农业－农业发展－
研究－中国 Ⅳ. ①F323.2

中国版本图书馆 CIP 数据核字(2022)第 003543 号

现代农业生态化发展模式研究

李白玉　著

出版发行	西北农林科技大学出版社		
地　　址	陕西杨凌杨武路 3 号	邮　编：	712100
电　　话	总编室：029-87093195	发行部：	029-87093302
电子邮箱	press0809@163.com		
印　　刷	西安日报社印务中心		
版　　次	2023 年 9 月第 1 版		
印　　次	2023 年 9 月第 1 次印刷		
开　　本	787mm×960mm　1/16		
印　　张	15.75		
字　　数	246 千字		

ISBN 978-7-5683-1081-9

定价：79.00 元
本书如有印装质量问题，请与本社联系

前　言

随着人们对生态环境和食品安全的关注，国内外生态产业得到了飞速发展，全球性的生态市场前景十分广阔，越来越多的生产者、加工者、流通者转入生态生产、加工与销售，以满足市场对生态产品的需求。生态产业作为资源节约型、环境友好型的发展模式，以健康、生态、公平、关爱为发展理念，遵循自然生态系统原理，将可持续思想贯穿于生态产品生产的全过程，在保护生态环境的前提下，促进农业转型升级、提质增效。

在新的发展形势下，我国农业生产面临的资源与环境、数量与质量双重约束日益突出。如何实现农业的绿色转型发展，确保粮食安全与有效供给，确保食品安全与满足需求，确保生态安全与持续发展，是新常态下人们必须重视与解决的现实问题。

发展高效生态农业不但有助于壮大产业经济，而且发展空间很大，将动物生产叠加到作物生产之中，以增加单位农田面积的经济产出，同时有效治理畜牧业的废弃物可能造成的污染。构建生态循环农业模式，有利于农业增效和农民增收，也有利于低碳农业和美丽乡村建设，促进可持续农业永续发展。

本书一共分为七章，第一章主要阐述了生态农业的发展现状分析等内容；第二章主要阐述了发展生态农业的理论依据等内容；第三章主要阐述了农业生态系统中的生态关系与系统结构等内容；第四章主要阐述了我国典型生态农业模式分析等内容；第五章主要阐述了生态种植技术等内容；第六章主要阐述了生态养殖技术等内容；第七章主要阐述了植物与农业资源保护等内容。

　　为了确保研究内容的丰富性和多样性，作者在写作过程中参考了大量理论与研究文献，在此向涉及的专家学者们表示衷心的感谢。

　　最后，限于笔者水平有不足，加之时间仓促，本书难免存在疏漏，在此，恳请同行专家和读者朋友批评指正！

作者
2021年4月

目　录

第一章　生态农业的发展现状分析

第一节　生态农业的发展及意义

一、生态农业发展的背景

20世纪70年代以来，越来越多的人注意到，现代常规农业在提高劳动生产率、提高粮食产量的同时，由于大量使用化肥、农药等农用化学品，使环境和食品受到不同程度的污染，自然生态系统遭到破坏，土地生产能力持续下降。

为探索农业发展的新途径，各种形式的替代农业，如生态农业、生物动力学农业、生态农业、持久农业、再生农业及综合农业等概念应运而生。它们虽然名称不同，但其基本原理与思想都是相同或相近的，都是将农业生产建立在生态学基础上而不是化学基础上，也可以说它们是替代农业的不同流派。生态农业就是在常规农业出现一系列危机的情况下，诞生的一种替代农业模式。

二、生态农业的目标和原则

生态农业的目标是稳定、持续地生产优质安全的农产品。要实现此目标，就必须保证生产所依赖的土壤生态系统的健康与稳定，要维持土壤质量的持续优良。土壤质量包含土壤健康质量、土壤肥力质量和土壤环境质量3个方面。土壤健康质量主要强调土壤生态系统内部各要素之间相互作用的平衡状态；土壤肥力质量则强调土壤作为植物的养料库，给作物提供养料的能力；而土壤环境质量强调的是土壤作为生物的环境要素，必须要符合一定的质量标准，不能因为土壤质量的原因导致所生产的产品质量下降或对其他环境要素带来不良影响。

生态农业在发挥其生产功能即提供生态产品的同时，关注人与生态系统的相互作用以及环境、自然资源的可持续管理。生态农业基于健康的原则、生态学的原则、公平的原则和关爱的原则。具体而言，生态农业的基本原则包括以下几点。

（1）在生产、加工、流通和消费领域，维持促进生态系统和生物的健康，包括土壤、植物、动物、微生物、人类和地球的健康。生态农业尤其致力于生产高品质、富营养的食物，以服务于预防性的健康和福利保护。因此，生态农业应尽量避免使用化学合成的肥料、植物保护产品、兽药和食品添加剂。

（2）基于活的生态系统和物质能量循环，与自然和谐共处，效仿自然并维护自然。生态农业采取适应当地条件、生态、文化和规模的生产方式。通过回收、循环使用和有效的资源和能源管理，降低外部投入品的使用，以维持和改善环境质量，保护自然资源。

（3）通过设计耕作系统、建立生物栖息地，保护基因多样性和农业多样性，以维持生态平衡。在生产、加工、流通和消费环节保护和改善我们共同的环境，包括景观、气候、生物栖息地、生物多样性、空气、土壤和水。

（4）在所有层次上，对所有团体——农民、工人、加工者、销售商、贸易商和消费者，以公平的方式处理相互关系。生态农业致力于生产和供应充足的、高品质的食品和其他产品，为每个人提供良好的生活质量，并为保障食品安全、消除贫困做出贡献。

（5）以符合社会公正和生态公正的方式管理自然和环境资源，并托付给子孙后代。生态农业倡导建立开放、机会均等的生产、流通和贸易体系，并考虑环境和社会成本。

（6）为动物提供符合其生理需求、天然习性和福利的生活条件。

（7）在提高效率、增加生产率的同时，避免对人体健康和动物福利的风险。因为对生态系统和农业理解的局限性，对新技术和已经存在的技术方法应采取谨慎的态度进行评估。生态农业在选择技术时，强调预防和责任，确保生态农业是健康、安全的以及在生态学上是合理的。生态农业拒绝不可预测的技术，例如基因工程和电离辐射，避免带来健康和生态风险。

三、发展生态农业的意义

从生态农业的目标和原则我们不难看出，生态农业所提倡的质量全过程控制和可持续发展观对人类生态环境的持续改善和农产品质和量的保证都具有非常深远的重要意义。具体主要表现在以下一些方面。

（一）生态农业有利于生态环境的恢复、保持和改善

现代农业主要依靠化肥、农药的大量投入，使生态系统原有的平衡被打破，农药在杀死害虫的同时也会伤害有益生物特别是鸟类及天敌昆虫，进而危及整个生态系统，使生物多样性减少。大量化学肥料的投入是使江河湖泊富营养化的主要因素之一，也是地下水硝酸盐含量增加的原因。同时由于农家肥用量的减少，使土壤生态质耗竭，土壤板结，团粒结构丧失，土壤保水、保肥能力大大下降，水土流失严重，生产力下降。生态农业强调农业废弃物如作物秸秆、畜禽粪便的综合利用，减少了外部物质的投入，既利用了农村的废弃物，也减轻了农村废弃物不合理利用所带来的环境污染。

化肥和合成农药的生产通常均需要消耗石油、煤炭等不可再生能源，发展生态农业可以减少化肥、农药的用量和生产量，从而降低人类对不可再生能源的消耗，同时也减轻化肥农药在生产过程中所产生的工业污染。

在生态敏感和脆弱地区发展生态农业可以加快这些地区的生态治理和恢复，特别是水土流失的防治和生物多样性的保护。实践表明，在常规农业生产地区开展生态农业转换，可以使农业环境污染得到有效控制，天敌数量和生物多样性也能迅速增加，农业生产环境能够有效地恢复和改善，土地、水资源、植被和动物界所受到的破坏与损害的程度将减轻。

（二）生态农业有利于食品安全和改善饮食健康

现代常规农业的特点是集约化程度很高，作物生长快、产量高，但农产品品质下降，而且高农药残留、高硝酸盐含量是对人类健康的最直接威胁。而生态食品质优味好，营养丰富，无污染。尤其是近年来食品安全事件不断曝光，使食品安全问题受到管理者和民众的高度重视，随着人们生活水平的提高，消费高质量的安全食品是一种必然趋势。

（三）生态农业有利于促进经济发展

我国加入世贸组织后，农业出口贸易受到各种绿色壁垒的严重冲击，但

生产与出口的生态食品，经过专门的生态食品认证机构的检查认证，可以有效地克服国外各种非关税壁垒，更容易参与农产品的国际贸易和市场竞争。而且产品价格一般比同类的常规产品高20%～30%，因此生态农业对经济的持续稳定发展更加有利。

此外，生态农业提供了更多的就业机会，减轻了社会和农民的经济负担，避免或减少了增产不增收的现象。生态农业是一种劳动、管理和技术集约的农业，需要的劳动力比较多，农民可以利用较多的时间从事生态农业生产，解决农民就业难的问题。

第二节　生态农业的概念界定及特征分析

从生态农业的起源可以大致了解到生态农业的一些特征。事实上，生态农业可以说是各种替代农业流派主要精神的集中体现，它包含了生态和谐、食品安全和可持续发展的思想，要求在生产过程中禁止使用化肥、农药、生长调节剂和饲料添加剂等化学物质，而且明确规定生产中不采用基因工程获得的生物及其产品，强调遵循自然规律和生态学原理，协调种植业和养殖业的平衡。

一、生态农业的概念

人们通常将不使用农药、化肥的农业理解为生态农业，但这只是生态农业的必要条件，并不能体现生态农业的实际内涵和生态农业的精华，而且会给初次接触生态农业概念的人带来一些误解。自霍华德提出生态农业以来，生态农业有很多定义，虽然它们的描述有所不同，但意义相近。生态农业的产生和发展是基于不同国家的政治、经济和文化背景，因而，在阐述生态农业概念时其侧重点各不相同。

欧洲把生态农业描述为：一种通过使用生态肥料和适当的耕作措施，以达到提高土壤长效肥力的系统。生态农业生产中仍然可以使用有限的矿物质，但不允许使用化学肥料。通过自然的方法而不是通过化学物质控制杂草和病虫害。

美国农业部的官员在全面考察了生态农业之后，1980年给生态农业下的定义是："一种完全不用或基本不用人工合成的肥料、农药、生长调节剂和畜禽饲料添加剂的生产体系。在这一体系中，在最大的可行范围内尽可能地采用作物轮作、作物秸秆、畜禽粪肥、豆科作物、绿肥、农场以外的生态废弃物和生物防治病虫害的方法来保持土壤生产力和适耕性，供给作物营养并防止病虫草害。"尽管该定义还不够全面，但它描述了生态农业的主要特征，规定了生态农业不能做什么和应该怎么做。

IFOAM给生态农业下的定义为：生态农业包括所有能促进环境、社会和经济良性发展的农业生产系统。这些系统将当地土壤肥力作为成功生产的关键。通过尊重植物、动物和景观的自然能力，达到使农业和环境各方面质量都最完善的目标。生态农业通过禁止使用化学合成的肥料、农药和药品而极大地减少外部物质投入，而强调利用强有力的自然规律来增加农业产量和抗病能力。生态农业坚持世界普遍可接受的原则，并根据当地的社会经济、地理气候和文化背景具体实施。因此，IFOAM提倡和支持发展当地和地区水平的自我支持系统。从这个定义可以看出生态农业的目的是达到环境效益、社会效益和经济效益的协调发展。生态农业非常注重当地土壤的质量，注重系统内营养物质的循环，注重农业生产要遵循自然规律，并强调因地制宜的原则。

联合国粮农组织（FAO）和世界卫生组织（WHO）食品法典委员会（CAC）对生态农业提出的定义是：它是依靠生态系统管理而不是依靠外来农业投入的系统。这个系统通过取消使用化学合成物，如合成肥料、农药、兽药、转基因品种和种子、防腐剂、添加剂和辐射，代之以针对长期保持和提高土壤肥力，防止病虫害的管理方法，注意对环境和社会的潜在不利影响。生态农业是整体生产管理体系，以促进和加强农业生态系统的保护为出发点，重视利用管理方法，而不是外部物质投入，并考虑当地具体条件，尽可能地使用农艺、生物和物理方法，而不是化学合成材料。

中国国家质量监督检验检疫总局和中国国家标准化管理委员会于2012年3月实施的生态产品标准对生态农业的定义是：遵照特定的农业生产原则，在生产中不采用基因工程获得的生物及其产物，不使用化学合成的农药、化肥、生长调节剂、饲料添加剂等物质，遵循自然规律和生态学原理，协调种植业和养殖业的平衡，采用一系列可持续的农业技术以维持持续稳定的农业生产体系的一种农业生产方式。

以上对生态农业定义的表述虽然各有差异，但主要的内容是相同的。即生态农业是遵循可持续发展的原则，在农业生产中采用符合标准要求的生产投入品与技术，保护生态环境，保障农产品质量安全，保护人类身体健康。

综上所述，生态农业的概念可以概括为：是按照生态农业生产标准，选择优良生态环境的基地，在生产过程中不使用或基本不使用化学合成的肥料、农药、生长调节剂、畜禽饲料添加剂等物质，不采用基因工程的方法获得的生物及其产物，防治工业"三废"的污染，实施一系列可持续发展技术的农业生产体系。在这个体系中，作物秸秆、畜禽粪便、豆科作物、绿肥和生态废弃物是土壤肥力的主要来源；作物轮作等各种农业、物理、生物和生态措施是控制病虫草害的主要手段；充分利用系统内的微生物、植物和动物的作用促进系统内物质循环与能量流动，保持和提高土壤的长效肥力。充分满足畜禽本能生活中所需要的自然环境条件，协调种植业和养殖业的平衡发展；采用合理的耕作措施，保护生态环境，防止水土流失，保持生产体系和周围环境的生物多样化，最大限度地实现人与自然的和谐发展。

二、生态农业的特征

纵观以上几种对生态农业定义的描述，可以认为生态农业生产是一种强调以生物学和生态学为理论基础并拒绝使用农用化学品的农业生产模式。它有以下主要特征。

（一）遵循自然规律和生态学原理

生态农业的一个重要原则就是充分发挥农业生态系统内部的自然调节机制。在生态农业生态系统中，采取的生产措施均以实现系统内养分循环，最大限度地利用系统内物质为目的，包括利用系统内生态废弃物、种植绿肥、选用抗性品种、合理耕作、轮作、多样化种植、采用生物和物理方法防治病虫草害技术等。生态农业通过建立合理的作物布局，满足作物自然生长的条件，创建作物健康生长的环境条件，提高系统内部的自我调控能力，以抑制害虫的暴发。

（二）采取与自然相融合的耕作方式

生态耕作不用化肥氮源来施肥，而是利用豆科作物固氮的能力来满足植物生长的需要。种植的豆科作物用作饲料，由牲畜养殖积累的圈肥再被施到地里，培肥土壤和植物。尽最大可能获取饲料及充分利用农家肥料来保持土壤氮肥的平衡。利用土壤生物（微生物、昆虫、蚯蚓等）使土地固有的肥力得以充分释放。植物残渣、生态肥料还田以及种植间作作物有助于土壤活性的增强和进一步的发展。土地通过多年轮作的饲料种植得到休养，农家牲畜的粪便被充分分解并释放出来。这样，自我生成的土壤肥力并不依赖于代价昂贵且耗费能源生产出来的化肥，生态耕作的目的在于促进、激发并利用这种自我调节，以期能持续生产出健康的高营养价值的食品。在种植中通过用符合当地情况的方式进行轮作，适时进行土壤耕作、机械除草及使用生物防治等方法（例如种植灌木丛或保护群落生态环境）来预先避免因病害或过度的虫害对作物造成的危害。

（三）协调种植业和养殖业的平衡

根据土地的承载能力确定养殖的牲畜量。通常来说牲畜承载量是每公顷一个成熟牲畜单位，因为生态生产标准只允许从外界购买少量饲料。这种松散的牲畜养殖保护环境不受太多牲畜或人类粪便的硝酸盐污染，它帮助一个农场的形成并使人们可以采取符合牲畜需要的养殖方式。以上述标准进行的牲畜养殖通常情况下只产生土地能接受的粪便量。饲料和作物的种植处于一种相互平衡且经济的关系。

（四）禁止基因工程获得的生物及其产物

基因工程是指通过人工手段将一种物种的基因转入到另一物种基因中。因基因工程不是自然发生的过程，故违背了生态农业与自然秩序相和谐的原则，且基因工程产品存在着潜在的、不可预见的风险，而基因工程品种对其他生物、对环境和对人身体健康造成的影响也没有科学结论。因此，生态农业没有将基因工程技术纳入标准所允许的范围内。

总之，是要建立循环再生的农业生产体系，保持土壤的长期生产力；把系统内土壤、植物、动物和人类看成是相互关联的生态整体，同等地加以关心和尊重；采用土地与生态环境可以承受的方法进行耕作，按照自然规律从事农业生产。

三、生态农业与传统农业和有机农业的关系

（一）生态农业与常规农业

所谓常规农业，是以集约化、机械化、化学化、商品化为特点的农业生产体系。第一，使农用化学物质在水体和土壤中残留，造成农畜产品的污染，影响了食品的安全性，最终损害人体健康。第二，农业生产中过度依赖化肥增产，忽视或减少了生态肥的应用，使耕地土壤理化性质恶化，致使农产品产量和质量下降。第三，由于人口不断增长、粮食短缺引发乱垦滥伐和生态环境恶化。第四，随着工业的迅速发展，工业"三废"的大量排放，致使农业环境污染加重，生物和人类食品的安全性进一步受到污染威胁。为了解决这些问题，人们不断地探索选择人与自然、经济与环境协调发展的农业生产新方式。因此，生态农业是为了解决或避免常规农业的问题而发展的一种替代农业方式。

（二）生态农业与传统农业

中国是世界传统农业起源地之一，有着数千年悠久的农业发展基础，中国经过时间考验的耕作制度包含着深刻的生态学原理。我们的祖先从事农业生产都不依靠农用化学品，而且积累了丰富的农业生产经验，其中就包括当今人们还在大量采用的病虫草害的物理与生物防治措施，把生态废弃物大量地再循环使之变为肥料并通过种植豆科作物和豆谷轮作保持地力的方式。国外的生态农业就是受我国传统农业的启发并在吸取经验的基础上发展起来的。中国农业的这些优良传统沿袭了数千年，除不断充实完善外，到20世纪50年代基本没有改变。但中国的传统农业并不等于生态农业，其主要区别有以下3点。

第一，它们所处的发展阶段不同。传统农业是在常规农业之前，科技不发达、生产力水平低下的条件下进行的农业生产模式。而生态农业是在常规农业或集约化农业发展之后发展起来的，常规农业在提高劳动生产率，增加农畜产品产量的同时，带来自然资源衰竭，环境污染，生态系统破坏等严重问题，导致农业生态系统自我维持能力降低，生态农业是人们在追寻保持和持续利用农业生产资源的情况下诞生和发展的，是在科学技术进步和工业水平提高的发展阶段进行的农业生产模式。

第二，它们的科学基础有所不同。生态农业是在吸收传统农业经验的基础上，以现代科学技术理论为指导不断总结发展的一种农业生产模式。

第三，它们所处的生产条件不同。生态农业有先进的劳动生产工具和科学技术，特别是现代管理技术的参与，劳动生产率比传统农业高得多。

所以传统农业是生态农业发展的基础，而生态农业是现代生产技术和管理技术以及新理论支持下的传统农业升级。

（三）生态农业和有机农业

为了克服常规农业（石油农业）带来的一系列弊端，20世纪世界各地的生态学家、农学家先后提出了生态农业、有机农业、生物农业、生物动力农业、持久农业、综合农业、自然农业等农业生产体系的理论，并积极开展试验、示范和推广，以求替代常规农业，达到保护生态环境，保障食品质量安全，保护人类身体健康，促进农业可持续发展的目的。后来人们把这些农业生产体系称为替代农业。这些替代农业模式都与生态农业有很多相似的内涵，美国土壤学家William Albreche于1971年提出"生态农业（ecological agriculture）"以区别于石油农业，主张在尽量减少人工管理的条件下进行农业生产，保护土壤肥力和生物种群的多样化，控制土壤侵蚀，完全不用或基本不用化学肥料、化学农药，减轻环境压力，实现持久发展。这种生态农业的理论与模式很接近于现代生态农业，早期的生态农业主要在美国、英国等西方国家中进行试验、示范和推广应用，他们的生态农业概念可以说与现代生态农业并无实质的差异。

20世纪80年代，中国等一批发展中国家开始进行生态农业的试点、示范和推广工作，但与国外的生态农业相比，在内涵和外延上有很大的差异，其理论与实践也有很大的不同。中国生态农业的定义是："所谓生态农业是运用生态学、生态经济学原理和系统工程的方法，采用现代科学技术和传统农业的有效经验，进行经营和管理的良性循环、可持续发展的现代农业发展模式。"国外生态农业的定义是："建立和管理一个生态上自我维持的、低输入的、经济上可行的小型农业系统，使其在长时期不能对其环境造成明显改变的情况下具有最大的生产力……"

从定义中可以看出国外生态农业和我国的生态农业有相同之处，但也有很大的区别。相同之处是保护生态环境，争取最大的生产力，保障农产品质量安全。不同之处为：一是在控制上不同，国外强调低投入，例如，尽量控制不用或少用化学肥料、化学农药，而中国强调在保护环境的前提下，进行适量的无公害的农药和化肥的投入；二是在规模上国外强调小型化，而中国的生态农业强调以县为单位或更大规模的生态农业，以便对生态农业建设实施整体调控，提高综合效益；三是国外强调生态环境的稳定不变，中国则重视推行在更高层次的新的生态平衡，通过保护和改善生态环境，促进生态系统的良性循环。

由此可见，我国的生态农业不等于有机农业，更不等于传统农业；既不是对"石油农业"的全盘否定，也不是传统农业的完全复归，而是传统农业精华与现代农业科学技术的有机结合。

其他替代农业模式都不同程度地补充了早期有机农业的理论和技术体系。如再生农业（regenerative agriculture）认为自然界的再生能力来自某种"自我治疗恢复力"，只要找到这种恢复力并将其"释放"出来，就能够使农业得到再生。可持续农业（sustainable agriculture）则是通过利用可更新资源来获得农业生产的动态持久性，强调通过技术达到理想的生产，同时通过限制人口等措施，对输出要求进行控制，保护可更新资源的持久性。而综合农业（integrated agriculture）在强调尽可能通过生物方法（如有机质的再循环）来维持土壤肥力、控制病虫草害的同时，为了获得更高产量，允许适量施用化肥，必要时也可使用杀虫剂和除草剂。

M c Merrill认为，替代农业中各派的分歧不是在于赞成使用哪个名字，而是在于"纯粹派"和"现实派"之间的差异。纯粹派要求禁止使用化肥和杀虫剂，而现实派尽管同意纯粹派的原则，却认为出于经济利益考虑，适当地使用化肥和杀虫剂是可以的。他们认为这一点对正在从常规系统转向生态适应系统的农民来说尤为重要。纯粹派似乎更喜欢"有机"这个名字，而现实派似乎喜欢"生态"或"生物"这个名字。

生态农业、有机农业、生物农业、生物动力农业、再生农业、持久农业、综合农业和自然农业等农业生产体系，它们的定义、内容方面存在着许多差异，但从本质上来看，其相同点很多：一是这些农业生产体系的出发点是替代常规（石油）农业，克服常规农业的一系列弊端；二是这些农业生产体系都力求保护生态环境，善待自然和动植物；三是这些农业生产体系都主张合理使用农业化学物质，少用或不用农业化学物质，以防止对生态环境和农产品的污染，保障食品质量安全；四是这些农业生产体系鼓励采用绿肥、农家肥来培肥地力，不断增强农业发展后劲，促进农业可持续发展。这些众多的替代农业生产模式中，有机农业的技术和标准体系以及不断改进的机制发展得最为完善，因此，越来越多国家和民众致力于有机农业的生产。有机农业的示范推广面积越来越广，有机食品也越来越受到人们的欢迎。

绿色食品是我国在农业生态环境污染日趋严重的形势下，从保证食品的"安全和营养"双重质量的角度提出来的概念，它强调"优质和安全"以及"环境与经济"的协调发展。其基本特征是：原料产地必须具有良好的生态环境，即各种有害物的残留水平符合允许标准；原料作物的栽培管理必须遵循一定的技术操作规程，化肥、农药、植物生长调节剂等的使用必须严格遵循国家安全使用标准；为家畜、家禽提供的饲料必须符合规定的饲料标准。实行的是从土地到餐桌的全程质量控制。

我国的无公害食品是专指产地环境、生产过程和最终产品符合无公害食品标准和规范，经专门机构认定，许可使用无公害农产品标识的食品。这类产品生产过程中允许限量、限品种、限时间地使用人工合成的安全的化学农药、兽药、鱼药、肥料、饲料添加剂等。这类食品标准比绿色食品宽，但符合中华人民共和国国家食品卫生标准。

生态食品与绿色食品有相近的内涵，生态食品、绿色食品和无公害农产品都要求产地环境及其周边环境中不能存在污染源，确保产地环境中的空气、水和土壤的洁净；都必须采用安全可靠的生产、储运技术以及实行从土地到餐桌的全程质量控制；都要求不用或少用化肥、农药等人工合成的化学物质，有效地防止生产对环境的污染。但生态食品在其生产过程有更高的要求，它严格禁止农用化学品和转基因品种的使用，要求必须是独立的第三方生态认证机构组织检查认证，同时有严格的标识使用规定。生态食品除强调食品的安全风险外，更重视生产体系的可持续生产。

四、对生态农业可能产生的误解

（一）生态农业就是指不用化学合成物质的天然生产系统

不施用任何农用化学物资，也不进行任何人工管理的农业生产系统往往被视为生态生产系统，这种理解是不对的。生态农业不施用人工合成的化学品，但并不是不进行人工管理，相反，却强调建立平衡稳定的农业生产系统，保护土壤健康，防止水土流失，实现农业的可持续发展，否则不能称为生态农业生产。有些地方，尽管生产体系本身没有施用过农药、化肥，处于荒废与半荒废的状态，但水土流失现象严重，产量低，品质差，则不能被认证为生态生产。

也有人认为生态农业生产就是对农药、化肥的替代。其实不然，为了替代化肥，在生态生产中需要使用大量的生态肥。如果不注意生态肥的科学施用方法和用量，例如过量使用或使用时间不恰当，其后果不仅要影响作物生长，还会影响作物的品质，使作物易受病虫害的危害，也会造成环境污染。另外，生态农业的土壤培肥首先在于充分循环使用系统内的营养物质，并通过激活土壤生命活力使土壤库存的养分能被作物所利用；其次是要采取各种措施尽量减少土壤养分的流失。因此，生态生产并不是简单地用生态肥替代化肥。同样，生态生产强调通过健康种植来预防病虫害的发生，生物、物理防治只是一种辅助手段，超强度的干预也会影响生物自然的平衡调节体系。

（二）生态农业就是传统农业，发展生态农业是在走回头路

这是绝大多数人初次接触生态农业概念时最易产生的误解，也是必须澄清的事实。生态农业是由一些科学家、哲学家为了保护我们赖以生存的土壤，生产健康的作物和食品的背景下提出来的，并得到大量实践证明可行的一种农业生产方式，它只有在生物学、生态学发展到一定程度，人们已认识到只有与自然和谐合作才能促进人类的进步与发展的背景下得到认同和推广。因此生态农业是人们在高度发达的科学技术基础上重新审视人与自然关系的结果，而不是复古和倒退。生态农业拒绝使用农用化学品，但绝不是拒绝科学。相反，它是建立在应用现代生物学、土壤学和生态学知识基础上，应用现代农业机械、作物品种和良好的农业生产管理方法、水土保持技术和生态废弃物的资源化处理技术以及生物防治技术等而实现的。现代常规农业中，人们听到作物生产不用农药、化肥就觉得不可思议，这正是现代农业过分依赖化学工业技术，忽略了环境和生态保护的体现。我国传统农业生产技术可以用于生态农业中，但生态农业不等于传统农业，它有许多现代农业技术的支持。

（三）生态生产的作物产量肯定比常规农业的产量低

产量问题是人们最关心的问题之一，也是人们对生态农业的质疑之处。这种担心主要源于上一条所述的人们对生态农业的误解。应该承认生态农业生产体系建立期间（生态转换期间），其产量通常会低于常规生产，但从长远来看，一旦建立良性的生态农业生产体系，生态生产的作物产量并不一定会比常规作物产量低，整个生态体系的生产力一定高于常规体系。据国内草莓与蔬菜的生态栽培与完全使用化肥的常规栽培比较试验结果，只要施入足够量的生态肥，生态生产的产量比完全使用化肥的常规生产的产量要高出10%～30%，甚至更高。另外，产量高低也是一相对的概念，通过超过系统可承受的外部物质的投入来获得过高的产量并不是生态农业追求的目标，生态农业追求的是可持续的产量与最佳的质量。

（四）生态食品就是无污染食品

不少人认为，不含任何化学残留物质，绝对无污染的食品就是生态食品。事实上食品是否有污染物质是一个相对的概念，自然界中不存在绝对不含任何污染物质的食品。随着高精密分析仪器的检测限的提高，自然界中即使再优质的食品，也或多或少地含有一些污染物质。应该说，生态食品因其生产过程中的严格控制，残留农药等污染物质的含量比普通食品低，但并非绝对无污染。过分强调无污染特性，会导致人们过分重视对环境和最终产品的污染状况的分析，而忽视生态农业对整个生产过程的全程质量控制和对恢复与改善农业生态环境的意义，并造成只有在边远的山区才能从事生态生产的误区。这也是许多生产者或贸易者认为只要检测他们的产品没有污染就可以获得生态认证的原因。

（五）生态农业劳动力投入多，成本高，效率低

这种观点也是片面的。应该承认，生态农业所需的劳动力投入要比常规农业投入多，特别表现在循环利用农业废弃物（制作堆肥，施用生态肥等）和除草时的劳动力投入。然而，生态农业生产充分利用了农业系统的废弃物，避免了合成的农药、化肥和除草剂等农用物资的投入及其对环境的污染，从而减小了社会用于治理环境污染的投入，减轻了由于环境污染对人体健康和社会造成的直接和间接经济损失。而且，生态农业产品的价值通常包

括了环境价值和社会价值，其价格也比常规产品高30%~200%，甚至更高。因此，生态生产的最终效益要高于常规生产。

正确地理解生态农业，消除对生态农业的误解，是发展生态农业的首要条件，只有这样才能将这种新型的、健康的可持续农业生产方式变成一种自觉的行为并实现预期的目标。

第三节　中外生态农业发展的现状与趋势

一、国外生态农业发展的现状与趋势

（一）国外生态农业的几个发展阶段

在2014年年初的德国纽伦堡Biofach博览会上，国际生态农业运动联盟（IFOAM）向全球同行提出了ORGANIC3.0，即生态3.0时代的概念。生态3.0时代是基于经历生态1.0和2.0时代的生态产业发展现状而提出的，借此引导生态产业进入全新的发展阶段，引导生态生产者、消费者以及相关团体深层次掌握生态农业的核心思想，促进贯彻生态农业四大原则，以最大限度地发挥生态农业在环境、社会和文化方面的积极作用，实现农业可持续发展。

1.生态1.0时代——启蒙阶段（1900—1980年）

生态1.0时代（20世纪初期至20世纪70年代）是生态农业萌芽期，也是认知生态的阶段。在生态1.0时代，生态农业先驱们从各自不同的专业背景对现代石油农业进行反思，探索提出自己的观点并参与实践，掀起了一阵头脑风暴，因此生态1.0时代是一个百花齐放、百家争鸣的时代，相当于生态农业界的文艺复兴时代，也是为世界生态农业发展打下基础的时代。

由于现代石油农业的各种弊端逐渐暴露，进入20世纪70年代后，生态农业越来越受到发达国家农民和科学家的重视，许多有关生态农业的组织和研究所纷纷成立，如1972年国际生态农业运动联盟（IFOAM）由美、英、法、瑞典、南非五个国家的五个组织倡导在法国成立，1975年英国成立了生态农业研究会，且早在1958年日本就成立了自然农法国际研究中心。进入20世纪90年代后，随着生态食品贸易在世界范围内迅速扩展，如每年一度在德国纽

伦堡举办的生态食品贸易博览会（Biofach）就有来自世界各国的2000多个贸易商参展，世界上大多数国家都成立了相关的生态农业组织，如生态农民协会、生态食品检查认证和咨询机构，成立了众多的生态食品贸易公司，形成了生态农业研究、咨询、生产、加工、贸易、认证一体化的局势，推动着生态农业、生态食品事业迅速向前发展。

　　该时期生态农业发展的主要特点包括：一是通过发展组织会员，扩大生态农业在全球的影响和规模；二是通过制定标准，规范生态农业生产技术；三是通过制定认证方案，提高生态农业的信誉。也就是说该阶段的生态农业已经有了正式的组织并已经在建立自己的标准和规范，虽然是民间组织行为，但已在生态农业研究、实践和推广方面开展了大量的实际工作，标志着生态农业的行动已正式启动。但由于生态农业运动是各国民间组织或个人自发开展的，加上自身具有分散性和不稳定性的缺点，因而这一时期生态农业的发展仍然比较缓慢，其影响也没有得到大多数国家政府的足够重视和支持。在此期间，德国、英国、法国、瑞典以及美国等国家的农民自发地开展了许多生态农业活动，积累了一定的实践经验。

　　2.生态2.0时代——发展阶段（1980—2000年）

　　20世纪80年代后，各国政府或机构纷纷颁布生态农业法规或标准，政府与民间机构共同推动了生态农业的发展。使世界生态农业进入快速发展期，并成为一种全球性的运动。1990年美国联邦政府颁布了"生态食品生产条例"。欧盟委员会于1991年通过了欧盟生态农业法案（EU2092/91），1993年成为欧盟法律，在欧盟15个国家统一实施。北美、澳大利亚、日本等主要生态产品生产国，相继颁布和实施了生态农业法规。1999年，国际生态农业运动联盟（IFOAM）与联合国粮农组织（FAO）共同制定了"生态农业产品生产、加工、标识和销售准则"，对促进生态农业的国际标准化生产有着十分积极的意义。

　　目前，世界上许多国家都有生态食品生产组织、加工企业、贸易团体以及研究、培训、认证机构。在上述机构和组织的推动下，生态农业生产运动正在日益扩大，并得到一些国家政府的认可和支持。从区域上看，欧洲、北美、日本起步较早，发展也较快。东南亚地区虽然起步较晚，但近几年发展也较为迅速。生态2.0时代是生态产品认证制度建立和完善的阶段，民间标准和国家标准不断出现，生态产品逐渐进入各国规模化运作阶段，生态产品市场逐渐形成，民众对生态产品的认可度也越来越高，最终促进生态产业的形成。

3.生态3.0时代——平稳推进发展阶段（2000年至今）

从21世纪开始，发达国家自身的生态农业虽然还在继续明显发展，但已经开始呈现出逐渐平稳的趋势，而生态产品，特别是生态食品的需求却仍在不断增长。在这样的形势下，发达国家对发展中国家生态产品的需求持续增加，从而加大了从发展中国家进口生态产品的力度。与此同时，一些发展比较快的发展中国家，也出现了一批对生态产品有着相当强烈需求的群体，促进了发展中国家国内生态产品市场，特别是生态食品市场的起步和发展。在这样的形势下，中国等一些发展中国家的生态农业和生态产品事业出现了快速发展的势头。2005年中国的 IFOAM会员数已经仅次于德国和意大利而名列全球第三，从这一现象即可看出以中国为代表的发展中国家生态事业的发展趋势。

目前世界上已有约80个国家制定了生态农业标准或法规。各国政府通过立法来规范生态农业生产，使公众生态、环境和健康意识得到了增强，扩大了对生态产品的需求规模，生态农业在研究、生产和贸易上都获得了前所未有的发展。部分发展中国家的国内生态产品市场的兴起和发展，标志着全球生态事业的全面展开，有着极其深远的历史意义。但与发达国家的市场份额相比，发展中国家的国内市场占全球生态市场的份额还是相当低的，因此对全球生态产品市场尚未产生显著影响。可以说，世界的生态事业已经进入了一个全面展开，又相对平稳发展的阶段。而且由于发达国家与发展中国家在认证、市场准入等方面还需要有一个适应和协调的过程，而发展中国家在开拓生态农业和生态产品市场中也需要有一个逐渐规范和与国际进一步接轨的过程，因此，当前的这一阶段将会持续相当长一段时间。

（二）国外生态农业的发展现状

据IFOAM与瑞士生态农业研究所、德国生态农业基金会（SOEL）2019年年初公布的统计数字表明，全球目前有170多个国家从事生态食品和饮料的生产，认证的土地面积达4310万公顷。生态农场面积排在前十的国家有澳大利亚、阿根廷、美国、中国、西班牙、意大利、法国、德国、乌拉圭和加拿大。有些国家如瑞典、奥地利、瑞士、芬兰和意大利的生态土地面积超过10%的耕地面积。目前，生态食品贸易的主要市场在欧洲（欧盟国家以及瑞士）、美国和日本。

（三）世界生态农业发展趋势

全球生态农业发展可谓是朝气蓬勃，其主要的发展趋势表现在以下几方面。

1.全球生态生产和市场需求将继续增长

随着各国对生态农业的认知和接受程度的日益增加，将会有越来越多的农民转入生态生产，以满足市场对生态产品的需求。全球性的生态市场增长将是一个大趋势。一些生态农产品生产大国，如阿根廷、巴西、中国等的国内生态消费市场也正在逐渐形成，生态产品将会进军主流销售渠道，而主要的消费人群是追求高质量和健康食品的中上层人士。一些大型食品公司，如麦当劳、雀巢公司等也已经进入生态领域。所有这一切都预示着生态农业正在全世界范围内不断增长，生态产品会越来越多地出现在世界各地的商店和餐桌上。

2.从关心环保到关注食品安全

生态农业发展初期的主要目的是保护环境，解决农业可持续发展问题。自20世纪90年代以来，特别是欧洲发生牛海绵状脑病（疯牛病）事件以来，消费者由关心环境问题转向关注食品安全问题。在德国，虽然近年来按传统方法生产的牛肉销售量下降了50%，但生态牛肉销售量却增加了30%。购买生态牛肉比购买常规牛肉要多付至少30%的钱，但顾客一般认为，由于生态牛肉的生产付出了更多的环境和安全成本，因此付出高一点的价钱是值得的。据调查，56%的美国公民认为生态食品更为健康；60%的丹麦人经常购买生态蔬菜、牛奶；德国慕尼黑市场上30%的面包是生态的。随着消费者对生态食品认识的提高，高质量的生态食品特别是市场份额较高的生态食品如水果和蔬菜、婴幼儿食品、粮食类、奶制品等的需求将稳步增长。

3.全球贸易壁垒的出现和协调

目前全球80多个国家制定了各自不尽相同的认证和认可体系，不同的体系影响了各国生态产品的贸易过程，违背了生态法规制定的初衷，即增加贸易、发展市场及培育消费者信心。现存的不同的标准和法规产生了贸易技术壁垒，迫使许多生态生产者必须获得多种生态认证才能进入不同的市场。因此UNCTAD（联合国贸易与发展会议）、FAO（联合国粮农组织）以及IFOAM（国际生态农业运动联盟）等国际性机构和组织正在积极朝着协调各国及各机构生态法规的方向努力，以避免潜在贸易壁垒，促进全球生态产品自由贸易。

4.统计工作的完善

全球生态农业生产及生态产品份额将持续增长，为了使决策者得到更为准确的统计数据，以便于政策的制定，欧洲各国政府及相关机构将投入更多精力来进一步改进和完善生态农业各方面的数据统计工作。

目前有不少机构一直在努力进行着生态农业的数据统计工作，包括德国的"中央市场和价格报告局（ZMP）"、英国的"农村科学研究所（IRS）"、瑞士的"生态农业研究所（FiBL）"等。目前这三家机构正在努力构建一个公共的数据库，并将在互联网等媒介上向公众发布生态农业的相关数据。生态市场数据的收集和处理更为困难，目前欧盟信息系统正在开展一个关于生态市场的项目（www.eisfom.org），致力于提供更有效的工具来提高数据分析的可靠性，以便为决策者及贸易商提供准确的市场信息。

5.政策支持的加强

由于生态农业对健康和环境的积极意义，生态农业已经获得了全球范围的普遍认可。特别在欧洲，在短短的30年时间内，生态农业已经从以前的次要农业形式转变成为备受瞩目的农业形式。为了确保生态农业持续稳定地发展，欧洲的各政府及私营机构将更为紧密地合作，以稳步推进欧洲的生态农业行动计划和其他与生态农业相关的政策。英国把生态农田比例扩大目标提高到30%，市场占有率则定为20%。虽然有一些不可预见的因素制约这些目标，但只要定下明确方向，对生态农业的持续发展必然有利，并且这种明确指标的提出更可以提高社会关注度。根据各国目前的发展水平，预计整个欧盟的生态农田比例可在2030年达到25%。

二、中国生态农业发展的现状与趋势

（一）中国生态农业发展阶段

生态农业在中国的发展既可以说有非常悠久的历史，也可以说只有短短的几十年，真正把生态农业的概念引进、消化和推广的历史却是在我国改革开放以后。总体上，我国生态农业的发展大致可分为3个阶段。

1.初步发展阶段（1978—2003年）

20世纪80年代，在探寻中国农业现代化的道路上，许多学者已经注意到生态农业与中国传统农业的联系与继承，开始了我国生态农业发展的理论探讨。西方有许多学者也从研究中国的传统农业中寻求生态农业的线索。我国生态农业的实践探索始于20世纪90年代初期，1990年，根据浙江省茶叶进出口公司和荷兰阿姆斯特丹茶叶贸易公司的申请，检查员受荷兰生态认证机构KAI的委托，对位于浙江省和安徽省的茶园和加工厂实施了生态认证检查。这是在中国开展的第一次有中国专业人员参加的生态认证检查活动，也使中国的农场和加工厂第一次获得生态认证。也标志着生态产业在中国的正式启动。

国家生态产品市场的需求，推动着生态农业在我国的发展，为使我国生态产品能顺利地出口到国外，必须要经过认证，而在这一时期，我国还刚刚引入生态农业和生态食品的概念，还没有相关的法律法规和检查认证体系。20世纪90年代末，国外的认证机构纷纷在中国设立办事处或发展独立检查员进行生态产品的认证工作，如美国的OCIA、法国的ECOCERT、德国的BCS、瑞士的IMO、日本的JONA等在中国开展生态产品的检查和认证业务，直到2003年。在这一时期的十多年里，这些检查、认证和培训活动，为我国生态农业的推广和生态产品的出口做出了一定的贡献。

除了中外生态认证机构对生态产品的认证和出口活动推动了我国生态产业的发展外，在这一时期，还开展了一些生态农业研究和发展项目，比如，成立于1994年的国家环保局生态食品发展中心（OFDC）在1998年开始与国际专家共同执行的中德合作GTZ项目中国贫困地区生态农业的发展，项目历时5年，成立了专门从事生态食品的研究咨询机构——南京环球生态食品研究咨询中心，这标志着我国生态产业生产、咨询、认证的完整体系已基本建立，为促进我国生态农业的健康、规范发展打下了基础。随后，中国农业大学、南京农业大学、华南农业大学、中国农业科学院茶叶研究所等建立了相应的研究、咨询与认证机构，其他一些农业研究所也开展了相应的生态农业生产技术的研究工作。

中国生态农业的管理是从国家环境保护总局（SEPA）开始的，2001年6月，国家环境保护总局正式颁布了《生态食品认证管理办法》，该办法适用于在中国境内从事生态认证的所有中国和外国生态认证机构和所有从事生态生产、加工和贸易的单位和个人。从1999年开始，国家环境保护总局就邀请了农业、环境、林业和水产等多领域专家讨论和制定了《生态食品生产和加工技术规范》（部级标准），并于2001年年底颁布实施。这些管理办法和规范的实施，较好地规范和管理了包括生态认证机构及生态生产、加工和贸易者在内的中国生态食品行业，使之较健康有序地向前发展。

2.发展阶段（2003—2012年）

2003年以前，我国还没有制定和实施生态产品认证的国家标准，因而，在国内销售的生态产品基本上认同各个认证机构执行的认证标准，OFDC执行的是根据IFOAM基本标准制定的OFDC生态产品认证标准，生态茶认证中心执行的是自行制定的生态茶标准，中绿华夏最初执行的则是AA级绿色食品标准。国外生态认证机构在中国开展的认证工作，大多是由于中国产品要出口到认证机构所在的国家或地区，因此，基本上各自执行各国或各地区的标准。欧盟批准的认证机构执行的是欧盟EEC2092/91法规（2009年开始执行EU834—2007和EU889—2008），美国批准的认证机构执行的是美国国家生态标准（NOP），而日本批准的认证机构执行的则是日本生态农业标准（JAS）。这些标准在大的原则要求方面是基本一致的，但在具体的条款要求上各标准有明显的差异，而这些差异就导致了认证活动的一些不协调的现象。

为了更好地推动生态产业的健康发展，国家各相关职能部门都积极制定相关的规定，如2003年5月，国家环境保护总局颁布的《国家生态生产基地考核管理规定（试行）》；2004年6月，商务部、科技部等11部委下发《关于积极推进生态食品产业发展的若干意见》等。2003年9月由温家宝总理签署发布，并于2003年11月1日起实施的《中华人民共和国认证认可条例》共有7章78条，对认证认可做了定义，明确了我国认证认可活动的监管部门，规定了认证认可工作必须遵循的原则。对设立认证机构（包括外商投资机构）提出了必须达到的要求，规定了设立认证机构的申请和批准程序，也对回避利益冲突做出了规定。

2003年中国将生态产品认证管理工作移交到国家认证认可监督管理委员会（以下简称国家认监委，CNCA）。国家认监委在接管生态产品认证的监管权后，授权中国认证机构国家认可委员会（CNAB）发布的《生态产品生产与加工认证规范》，为生态认证机构的认可和规范化管理奠定了基础。2004年11月5日，国家质检总局局长签发的国家质检总局第67号令，宣布《生态产品认证管理办法》自2005年4月1日起施行。

国家认监委从2003年年底起组织环保、农业、质检、食品等行业的专家开始了《生态产品国家标准》的起草工作。标准在充分考虑中国的实际情况，合理地借鉴了IFOAM基本标准、联合国食品法典CODEX标准、欧盟的EU2092/91法规（标准）以及美国的NOP标准等国际标准的基础上，最终形成了标准草案，并通过了专家组的评审。标准草案在经过认真修改后，由国家质量监督检验检疫总局和国家标准化管理委员会共同于2005年1月19日正式颁布，并于2005年4月1日起正式实施。该国家标准分为生产、加工、标志与销售和管理体系4个部分，国家标准的颁布和实施是中国生态产业的一个里程碑式事件，标志着中国生态产业又走上了规范化的新台阶。

2005年6月1日，《生态产品认证实施规则》以国家认证认可监督管理委员会2005年第11号公告发布实施。至此，我国生态产品认证的主要文件体系已经全部颁布，标志着统一的生态产品认证制度体系的正式建立。从此，在国内销售的生态产品必须按照中国的生态产品标准进行认证，自此中国的生态产业进入了快速发展时期。

3.继续提升阶段（2012年至今）

我国统一的生态产品认证制度建立于2005年，自2004年11月5日起，国家质检总局和国家认监委陆续制定发布了《生态产品认证管理办法》（国家质检总局第67号令，简称原《办法》）《生态产品国家标准》和《生态产品认证实施规则》。这些法律法规实施的9年来，对我国统一生态产品生产、认证和贸易发挥了重大作用，推进了生态农业生产模式和产业技术的研究和发展，促进了生态产业从业者素质的不断提高，为资源节约和生态环境保护做出了贡献，也维护着生态产业的健康发展。

随着人民生活水平的提高和公众对食品安全的关注，生态产品价值逐渐得到市场认可，生态产品成为部分人群消费热点，开展、扩大生态产品生产也成为一些企业经济效益增长的重要途径。发展生态农业，充分利用生态产品认证手段，在我国食品和农产品出口中为保障食品安全、破除国际贸易壁垒、增加产品附加值、提高农民收入等方面发挥了基础作用。

然而，随着我国生态产业的发展，由于商业竞争激烈、少数企业缺乏诚信等原因，一些问题也开始凸显，主要表现为：生态产品假冒成本低，消费者识别困难，作为生态产品身份识别重要依据的生态产品标志防伪、追溯性差，消费者又难以辨别真伪，且加施的数量及对象难于控制，成为媒体和公众关注热点；生态产品认证制度和标准有待完善，对一些条款不够严格、具体，给一些不法分子可乘之机；生态产品生产者诚信水平亟待提高，持续符合认证要求面临考验，由于我国诚信水平普遍偏低，一些企业仅将获得认证作为市场营销的手段，而忽视了应当持续符合认证要求的责任；夸大、虚假宣传行为一定程度地存在，少数企业和商家缺失诚信，将"生态"作为营销噱头，进行不实的宣传推销；流通领域监管还需加强，部分销售供应商擅自加贴生态产品标志、二次分装，致使在市场上一定程度上存在假冒生态产品。

为了保护消费者利益，维护生态产品认证市场秩序，切实加强对生态产品认证活动的规范管理，自2011年起，我国陆续修订和完善了《生态产品国家标准》和《生态产品认证实施规则》，并于2012年1月发布《生态产品认证目录》。

原来的法律法规和标准在转换期判定、投入物质使用、环境产品检测及认证程序、监督管理职责范围、违规行为判定和处罚等方面的规定较宽泛，很多认证机构理解不一致。修订和完善生态产品认证管理制度，对原先由认证机构自由裁量的内容进行统一要求，如统一认证产品目录，统一转换期判定、现场检查范围和频次、产品和环境检测要求，细化证书撤销、暂停、注销条件，明确证书暂停时间，规定撤销和注销的证书不得以任何理由恢复等，可操作性大大增强。新规制定的原则重点强调了一个"严"字，对生态产品的生产、认证要求都更加严格。生态产品的生产、加工、销售更加严格，认证程序更加严格规范，监管更加严格，建立了标志使用追溯体系，增加了对投入品的要求，规定了《生态产品认证目录》。

国家质检总局重新发布了《生态产品认证管理办法》（国家质检总局第155号令，简称新《办法》），自2014年4月1日起施行。新《办法》是对原《办法》进行的修订和完善，共分7章63条，明确了生态产品认证的基本定义和管理体制，对认证机构管理、生态产品进口、证书和标志等方面予以规范，还规定了具体的监督管理和罚则等。新《办法》的发布，确立了我国四位一体的统一的生态产品认证制度的建立，即实行统一的认证目录、统一的标准、统一的认证实施规则、统一的认证标志。同时，新《办法》的发布标志着我国统一的生态产品认证制度完成了升级换代，将对规范生态产品认证活动，提高生态产品质量，保护消费者合法权益，促进生态环境保护和可持续发展发挥积极作用。

2020年3月26日，国家认监委发布了《关于发布绿色产品认证机构资质条件及第一批认证实施规则的公告》（公告〔2020〕6号），明确规定，从事绿色产品认证的认证机构应当依法设立，符合《中华人民共和国认证认可条例》《认证机构管理办法》规定的基本条件，并具备与从事绿色产品认证相适应的技术能力，经国家认监委批准后方可依据相关认证实施规则开展绿色产品认证。

（二）中国生态农业的发展现状

截至2018年，我国34个省级行政区中，除香港和澳门外我国32个省、自治区、直辖市均有一定数量的生态农业生产和加工的活动，我国生态产品有效认证证书为9957张。获证企业数为6051家。从获得生态证书的区域分布来看，位列前10位的省份分别是黑龙江、山东、四川、浙江、贵州、江苏、吉林、内蒙古、辽宁和新疆。

1.植物类生态产品生产

按照中国《生态产品国家标准》进行生产的生态植物类产品生产面积272.2万公顷，总产量为766.5万吨，其中，生态种植的面积为128.7万公顷，野生采集总生产面积为143.5万公顷。我国生态种植总面积在全球生态生产中位列第五，占全国农业耕地面积的0.95%，12个省份的比例超过全国平均值。按照不同作物分类的种植面积从大到小依次为谷物（58.8万公顷）、豆类及油料作物（23.5万公顷）、水果及坚果（22.1万公顷）、青贮饲料（12.9万公顷）、茶叶（5.3万公顷）、蔬菜（5.1万公顷）和其他植物（2.2万公顷）。我国生态农作物种植面积排在前十位的省份是黑龙江、辽宁、贵州、新疆、内蒙古、吉林、河北、江西、四川和山东。

2.动物类生态产品生产

2018年，我国生态家畜生产中生态猪19.8万头，生态牛83万头，生态绵羊651万头。从产量上来看，生态家畜的总产量为22.68万吨，其中生态猪的产量为2.2万吨，牛的产量达10.4万吨，羊为5.3万吨；还有马、驴和鹿等动物的生产，但所占的比例较小。在家禽养殖生产中，2013年我国共饲养生态鸡146.2万羽（包括肉鸡和蛋鸡），在生态家禽生产中占有优势地位；另外生态鸭的生产占到第二位，总量达近11万羽，生态鹅为6.5万羽。在动物产品中，2013年的生产总量为56.0万吨，其中，生态牛乳是主要的动物产品，为42.1万吨，占生态动物产品总产量的75.3%；生态禽蛋的产量为13.6万吨，占生态动物产品总产量的24.4%。

2018年生产的生态水生植物产品（主要是指海水生产的海带和紫菜等）有19.5万吨，占认证水产品总产量的61%；其次是鲜活鱼类8.8万吨，占27.4%；甲壳与无脊椎动物类产品有2.8万吨（无脊椎动物2.2万吨；虾蟹类4500t），占8.64%。从转换期产品和生态产品的比例来看，水生植物产品、鲜活鱼类以及甲壳与无脊椎动物三类水产品中，转换期产品只占4%~7%。

3.加工类生态产品生产

2018年认证的生态加工产品中，除纺纱与其他天然纤维和啤酒没有认证外，其他18类生态加工产品种类均有生产和认证。生态加工产品总产量为286.4万吨，在加工产品中，谷物磨制产量最高达85.5万吨，占总生态加工产品总量的29.9%，以大米（粉）和小麦粉为主；果汁和蔬菜汁位列第2，有78.71多万吨，占27.5%；经处理的液体奶或奶油的加工排在第三位，达38.47万吨，占13.4%。上述三类产品占加工产品产量的70.8%。

4.生态产品贸易发展概述

截至2019年年底，生态产品产值1300亿元，经初步估算，生态食品消费市场每年增长25%。据不完全统计，2011年我国出口的生态产品总贸易额至少为2.5亿美元。我国出口的豆类及其他油料作物产品数量最多，欧盟和美国是我国的主要出口贸易市场。目前我国生态农产品销售渠道基本形成3种发展模式：①以连锁超市为供应终端的生态农产品销售渠道；②以专卖店为供应终端的生态农产品销售渠道；③以互联网（包括电话等方式）进行生态农产品销售、配送的渠道。这三大销售渠道各有优劣势，互为补充。另外还有生态农场生态旅游市场与农场直销，以团购、酒店等进行生态农产品直销渠道，大型赛事或活动中的生态产品销售渠道和生态产品博览会等新型贸易形式。

（三）中国生态农业的发展趋势及存在的问题

1.中国生态农业的发展趋势

（1）中国生态农业为现代农业探索新技术和新型发展模式。

随着科学和技术的快速发展，新兴科学技术如生物技术、新材料技术、信息技术在快速改善人们生活质量的同时也改变着人们的生活方式，同时也对农业产业的发展产生了极大影响。生态农业的发展是以这些新型生物肥料、农药和装备为技术支撑，为现代农业的发展储备和实践新型技术。而随着经济的发展，人们在关注农业生产功能的同时更加关注农业的生态和社会功能，生态农业是在传统农业、常规农业的基础上经过改良建立的一种兼顾生态效益、环境效益、经济效益和社会效益，通过生态产品标志把生产、经营、流通和消费一体化的新型生态农业产业化发展模式或体系，因此，可以对常规现代农业的生态化或环保化起到引领作用。

（2）中国生态产业发展区域将不断拓展。

目前，我国绝大多数生态产品生产基地分布在东部沿海地区和东北部各省区，近两三年来，西部地区利用西部大开发的优势，发展生态畜牧业，也已呈现良好的发展势头。从数量和面积来看，东北三省最大；从产品加工程度和质量控制方面来看，上海、浙江、山东、江苏等东部省份及北京较占优势，这与当地的消费水平、市场需求以及企业的超前和开拓意识相关，也与地方政府的支持政策有关。生态农业产业的发展还与生产地环境条件有关，云南、贵州、新疆、青海、宁夏、甘肃等西部地区的生态农业有望凭借环境和资源优势，以及当地政府逐步出台的优惠产业扶植政策获得快速的发展。其中，天然采集产品、特色区域产品、土地密集型产品等，相比东部省份有明显的比较优势，近几年贵州生态产业的兴起就是这种发展趋势的很好的代表。而东部省份则将继续发挥产品链和市场优势，在生态加工产品和拓展国际国内市场方面保持优势。

（3）中国生态产品的市场规模将不断扩大。

2000年之前，我国的生态产品主要是根据国际市场的需求生产的，生态产品基本上都是出口到国外。根据国家认监委统计数据，到2004年中国生态产品产业的生产总值为22.2亿元，其中，出口总值12.4亿元，国内出口产品主要包括大豆、茶叶、蔬菜、杂粮等，出口对象主要为美国、欧盟、日本和东南亚国家等。其余的将近10亿元的认证生态产品进入了国内市场，品种涉及蔬菜、茶叶、大米、杂粮、水果、蜂蜜、中药材、水产品、畜禽产品等。到2019年，我国生态产品的出口额已经增加到5亿美元左右，而国内市场的生态产品销售额则已经增长到200亿～300亿元左右。鉴于国内外市场对生态产品的需求仍在不断增长，加之国家对生态产业的监管和支持力度的持续强化，可以预计我国的生态产品国内和国际市场销售额在今后相当长的一段时间内仍将呈逐年增加的态势。

（4）中国生态产业监管力度将不断加强。

生态产业监管体系包括标准体系和管理体系。生态产品国家标准是规范和制约生态产品生产、加工、经营和认证的总纲领，是发展生态产业的根本准则。国家质量监督检验检疫总局于2005年颁布实施了中国国家生态标准《生态产品》（GB/T 19630 2005），2012年对标准进行了修订。国家认监委以《中华人民共和国认证认可条例》《生态产品》《生态产品认证管理办法》和《生态产品认证实施规则》等法律法规为依据，对现行的生态产品生产、加工、经营、咨询和认证的管理体系进行了整合和优化，为中国生态产品的认证提供了统一的要求和方法，加强了对生态产业的日常监管和全面质量控制，从而为确保中国生态产品认证的有效性和健康有序发展提供了有力的法规保障。中国国内的消费者对生态产品的信任度就会不断提高，中国生态产品在国际上的声誉也将不断得到提升。

2.中国生态农业面临的主要挑战

我国生态产业尚远未成熟，特别是加之我国食品安全追溯体系、诚信道德体系不健全，无论在技术、管理，还是在市场开发、政策制定方面都有着一些限制因素，还有待继续完善和调整。随着生态产业的发展，所面临的主要挑战主要表现在以下几个方面。

（1）生态产业发展定位的认识不一致。

目前，对我国生态农业产业的定位基本上存在以下两种截然不同的认识：一种观点认为生态农业是中国现代农业的发展方向，应大张旗鼓地发展生态农业。有的政府部门或企业片面夸大生态产品在整个中国农业发展中的作用，甚至将发展生态农业称为是解决中国农业和农村问题的根本出路，提出一些不切合当地实际的目标。

另外一种观点认为发展生态产业会影响我国的粮食安全。近几年来，生态产业在政府、学术界和社会公众中的关注度越来越高，特别是在国家发展农业和食品的有关文件中出现的频率不断提高，但是，由于这一产业的难度大、份额小，在实际工作中没有给予应有的重视，甚至认为发展生态农业产业长期来讲会影响国家的粮食安全等。

生态产业和生态产品生产加工的难度要大于常规生产，但主要原因是长期以来我们没有开发相应的技术，价格优势没有最终得到实现。国内外大量的实践证明，经过一定时间的探索，相当部分的生态产品不仅在技术和生产上可以与常规农业抗衡，甚至可替代常规农业，且完全具备竞争优势，关键是如何转型。生态农业占整个农业的比重的确还很小，还不到1%。但从长远看，需要探索农业的可持续发展方向，从综合比较各种农业发展的探索模式来看，现代生态农业是未来理想农业模式之一，最根本的一点就是它可以兼顾生产、经济、生态环境与社会需求，所以我们决不能因为它的比重小而轻视。

（2）生产规模小、产业化水平低。

截至2019年12月31日，经过国家认监委批准，具有有机产品认证资格的共有68家认证机构（国家认监委批准、具有有机产品认证资格），2019年有机证书的发放总量达21764张。位列前六位的省份分别是黑龙江、贵州、四川、江西、安徽、云南，证书数量均超过了1000张，其中黑龙江的有机证书最多，达2367张，占2019年我国签发的有效认证证书数量的10.9%。

根据最新的来自186个国家的数据显示，2018年全球有机农地面积达7150万公顷，占全球农地面积的1.5%，创历史新高。2018年全球有机食品（含饮品）市场销售额突破1000亿美元，在全球达到1055亿美元的市值。

我国有机产品主要分为四大类：植物类、畜禽类、水产类及加工类产品。截至2019年12月31日，按照中国有机产品标准进行生产有机作物种植面积为220.2万公顷，有机植物总产量为1245.1万吨，畜禽及其动物产品产量为294.8万吨，有机水产品为56.12万吨，有机加工类产品总量为550.64万吨。

我国自从实行联产承包责任制以来，农田大多分配给家庭经营。我国农业生产主体是成千上万的小农户，农户与地块分布非常分散，产品质量控制比较困难。在这种条件下，组织小农户进行生态生产保证生态产品质量和确保农户按照生态标准组织生产，从经营管理上生态农业产业需要解决由小规模向大规模转化的问题，对中国生态产品的质量保证起着至关重要的作用。

（3）生产加工技术研究相对滞后，服务体系不健全。

生态农业的生产技术不同于传统农业，它引入了农业产业化理论、产业生态学理论、现代育种学、新型生物科学、土壤培肥技术、信息技术等高新技术。从常规农业向生态农业的转换中，防治病虫害的能力还比较弱，有效的生物农药品种还比较少；肥力投入的措施和手段仍没有保障；加工技术中的可替代常规的添加剂或加工助剂限制着生态加工产品的开发；在市场管理上，生态产品生产流通和规范销售的体系还没有建立起来。要利用现有的理论和高新生物技术进行理论创新和技术创新，开展新型农产品安全生产技术攻关。只有应用现代生物防治技术、生物肥料技术等，才能为生态产业的发展提供强大的技术支持。

另外，不完善的农业生产社会服务体系也是生态生产技术发挥其真正作用的重要因素。由于我国多数地区的农民和农村基层技术人员还无法掌握比较先进的现代生态产业知识和技术，因此，在遇到突发的病虫害或其他事故时往往显得束手无策，严重的甚至会前功尽弃。因此，非常需要建立社会化的技术咨询机构对生产基地进行指导，特别是对病虫草害防治、土壤培肥、作物轮作等关键问题提供明确和可行的对策。

（4）各级政府政策扶持力度不够。

一方面，生态产品是市场经济的产物，需要遵从价值决定价格的市场规律；另一方面，从生态农业具备的保护生态环境、保障食品安全和解决"三农"问题的功能来说，这又是一项公益性的事业，需要用公共资源进行支持。在欧洲各国及美国等发达国家，就普遍建立了生态产品补贴机制，如德国、奥地利等按照面积对生态农场进行补贴，也有的国家对生产企业的认证费用按比例进行补贴。我国虽然一些地区也出台了地区性的扶持措施，但还没有一个全国统一的对生态产业和生态产品认证的鼓励和扶持措施。

（5）公共认识与诚信体系缺乏，导致生态市场的开拓相对困难。

生态产品的性质和生产的难度决定了其不可能迅速普及，但消费者对某种产品的需求是与消费者对这种产品的认知度密切相关的。对生态产品的宣传力度不够，也是它至今仍未被人们广为认知的重要原因。我国的生态产业在消费者教育和市场培育方面还做得不够，且主要是受到企业规模、销售渠道、成本支出等方面的制约，因此，在市场开拓方面，生态产业也急需政府、行业组织、媒体等各方面的共同努力。

不规范的市场操作结果是假冒、伪劣产品的出现，这样不但不合格的产品会受到抵制，连真正的生态产品也会受到牵连，造成的损失很大。在国家认监委对生态企业所执行的专项监督检查中被认证机构确认为超期、超范围或假冒认证标识/证书、不规范使用认证标识、违规使用生态认证标识/证书的行为在一定范围内存在，2012年专项监督抽查中约15%的产品是假冒生态产品，误导消费者；作为生态产品身份识别重要依据的生态产品标志防伪、追溯性差，加之数量及对象难于控制，致使假冒生态产品成本低，且市场上客观存在，而消费者又难以辨别真伪，成为媒体和公众关注热点。这些都为生态产品的声誉造成了极坏的影响，从而也影响了整个生态产业的发展。可见，要想使国内的生态产品市场走上真正规范化和健康持续发展的道路，必须解决市场规范化的问题。

第二章　发展生态农业的理论依据

第一节　生态经济学理论

本节在资源产业供给侧结构性改革研究的基础上，着重对生态经济及复合生态系统理论进行分析，为后面系统研究资源产业供给结构绿色创新提供理论基础和分析框架。

一、生态农业绿色发展的理论渊源

（一）马克思主义经典作家的生态经济思想

我国著名生态经济学研究专家刘思华教授对马克思发展理论的生态经济思想进行了广泛和深入的研究，他在2006年出版的专著《生态马克思主义经济学原理》一书中，对马克思的生态经济思想进行了系统的阐述。从生态经济可持续发展观上阐述了社会经济和可持续性的统一。

马克思早就指出："社会是人同自然界的完成了的本质的统一。"[①]按照马克思主义的观点，社会发展主要包括五大领域：经济领域、政治领域、社会交往关系领域、精神文化领域、自然生态领域。现实的自然界是人化的自然，进入人类社会的自然，是"在人类历史中即在人类社会的产生过程中形成的自然界，是人的现实的自然界"[②]。因此，从人、社会和自然有机整体即人类社会发展总体趋势来看，这五大领域的发展，都是社会发展的重要组成部分，它们的各自发展、协调发展形成的综合发展，就是人类社会的总体发

---

① 马克思恩格斯文集（第1卷）[M].北京:人民出版社，2009:187.
② 马克思恩格斯全集（第42卷）[M].北京:人民出版社，2009:128.

展。马克思社会经济发展观的人学内涵包括以下几个方面。

（1）马克思明确提出了人的本质力量对象化和人的本质是实践的科学论断。马克思指出人是对象性的存在物，有"强烈追求自己的对象的本质力量"[①]。他还强调指出："工业的历史和工业的已经生成的对象性的存在，是一本打开了的关于人的本质力量的书。"[②]因此，"如果把工业看成人的本质力量的公开的展示，那么自然界的人的本质，或者人的自然的本质，也就可以理解了"[③]。在此基础上，马克思指出了"人类学"的发展观，即通过工业，尽管以异化的形式形成的自然界是真正人类学的自然界。

（2）马克思把人作为社会历史发展的立足点和最终目的，确立了马克思主义人类的本体论。马克思认为，人类的全部力量的发展成为目的本身。这就是说，人的世界是一个价值的世界，人是社会的终极目的。所以，马克思把人作为社会历史发展的本体，应该说是合理的本体论设定。人们的社会历史始终是他们个体发展的历史，而社会历史始终是他们的个体发展的历史，而不管他们是否意识到这一点。在这里，马克思指明了社会的发展和人的发展的内在联系，指出社会的发展与人的发展是同一过程的两个方面，是不可分割的统一体。

（3）马克思人学发展观具有人和社会全面发展的特征。两者互为标志，社会全面发展的集中体现是人的全面发展，而人的全面发展是社会全面发展的根本标志。

（二）经济增长理论源于物质变换理论

（1）马克思社会经济理论体系中确实包含着系统的、完整的、科学的经济增长理论。在马克思恩格斯的著述中，的确没有直接使用过经济增长和经济增长方式这类术语。因此，马克思的经济增长理论一直没有引起人们应有的重视，也没有对其进行认真的挖掘，甚至有人提出马克思到底有没有经济增长理论的疑问。与此相反，有些学者认为马克思社会经济理论中存在丰富的经济增长思想。有的学者进一步指出：在马克思的政治经济学理论体系中，经济增长理论的表现形式是社会资本的再生产问题。这是因为，经济增

---

① 马克思恩格斯全集（第1卷）[M].北京:人民出版社，2009:211.
② 马克思恩格斯全集（第1卷）[M].北京:人民出版社，2009:192.
③ 马克思恩格斯全集（第1卷）[M].北京:人民出版社，2009:193.

长问题实质上就是社会资本的再生产问题。

（2）从生态与经济相统一的发展观建构马克思的经济增长理论，其关键在于把对经济增长的理论建立在马克思物质变换理论的基础之上。有的学者正是从这个新的视角研究马克思的经济增长理论。例如，李贺军教授虽然没有在将生态环境系统和经济社会系统作为一个有机整体的基础上研究经济增长的规律性，但是他抓住了把经济增长的理论建立在马克思物质变换理论的基础之上这个关键。在不同的经济发展阶段，初级资源有不同的比较优势，自然条件的差异制约经济增长。劳动过程首先是人和自然之间互动的过程，是人以自身的活动来引起，调整和控制人和自然之间的物质变换过程。这就是说，经济增长是以人对自然的支配为前提，以人与自然之间的物质变换为内容。他的生态经济发展的理论观点表现为：一是经济增长是社会经济因素和自然生态因素相互渗透、相互融合、共同发生作用的结果；二是经济增长是人类劳动借助技术中介系统来实现人类社会的经济社会因素和自然界的自然生态因素相互作用的物质变换过程；三是经济增长的实现条件是实现经济增长的核心问题；四是生态经济再生产中的经济再生产的总需求和自然再生产的总供给的平衡协调发展，既要受社会产品价值组成部分的比例关系制约，又要受物质形态的比例关系制约；五是经济增长本质是人与自然之间物质变换的方式。从生态经济实质来看，任何一个有人类经济活动的生态系统或者说建立在生态系统基础上的经济系统，都要求社会经济发展和自然生态发展的相互适应和协调发展。

二、生态农业绿色发展观

党的十八届五中全会将绿色发展理念作为"十三五"规划的五大发展理念之一，这意味着我国经济的发展模式将由追求局部、短期物质利益的自我中心主义向倡导包容、和谐、可持续发展的共生主义的价值观念转变。综合对马克思的生态经济思想的研究，可以得出生态农业绿色发展的概念。生态农业是在环境得到保护和自然资源得到合理利用的前提下，人与自然变换中所取得的符合社会需要的标准质量的劳动成果与劳动占用和资源耗费的关系。所谓生态农业绿色发展观，就是指生态农业经济系统与社会经济系统之间，物质变换、价值转换、资源消耗所体现的劳动占用与产品生态价值关系。这样表述的理由如下。

一是随着社会生产力的发展，人们生活质量的提高，人类对自身的发展及其与自然资源物质变换的关系认识越来越深刻，价值追求越来越高，人们的生活质量不仅表现在经济发展上，更是表现在生态价值上。这表明人类对社会进步和经济发展问题以及生活质量有了更深层次的理解、认识和判断，因而要求我们对生态农业绿色发展的认识必须从单纯性的经济评判观，转变为一种经济发展和价值取向的综合性评判观，即生态价值观。

二是生态农业供给结构创新着力于综观经济效益，并通过绿色发展反映效益的质量，涵盖了更广的内容。只讲经济效益，而不讲生态效益，或只讲微观经济效益不讲宏观经济效益，都不是一种全面的经济效益。生态农业供给结构绿色创新，既讲人与自然的价值关系，也讲人与人之间的发展关系。它要求人类的经济活动必须把微观效益和宏观效益结合起来，达到经济效益与生态效益有机的统一。

三是人作为一种生态对象性存在，意味着人的发展以生态农业产业实际的、感性的生态对象作为存在的确证，作为自身发展的确证，并且其只能借助实际的、感性的生态对象来获得自身的发展，证实生态农业绿色发展与自身发展的统一。生态农业现实对人的发展来说不仅仅是生态对象性的纯粹客体、直观的生态现实，而且是人的自身发展的现实，是人的自身发展本质力量的表现。人在生态自然界中的存在，其实就是人通过生态自然界而获得自身发展的自我确证活动。因为人和生态自然的实在性，即人对人来说作为生态自然的存在以及生态自然界对人来说作为人的存在，已经变成某种异己的存在物，关于凌驾于生态自然和人之上的存在物的问题，即包含着对生态自然和人的非实在性的承诺问题。马克思是一个唯物主义者，他完全承认生态自然的优先地位，在他看来，"没有自然界，没有感性的外部世界，工人什么也不能创造"①。从近期生态需求与长期生态需求来分析，人的自身发展需要长期的生态需求，需要长期的生态效益环境。

四是人的创造性与生态规律性的统一。马克思生态思想就是一个有规律的人的创造性与生态规律性的统一，认为人的创造就是一个有规律的人的创

---

① 马克思恩格斯文集（第1卷）[M].北京:人民出版社，2009: 158.

造性实践过程。一方面，人的创造性发展是主体满足自身的需要，实现其价值选择的过程，即符合人的主体创造目的的进程；另一方面，生态发展又是主体认识和遵循生态客观规律的进程，而不是主体不受任何生态必然性的制约、任意选择价值的过程。这从两个方面，即人的创造性的目的性与生态规律的有机统一，构成了人的内在力量与外在生态效益的统一。

三、生态经济学理论及复合生态系统理论

本部分在生态效益研究的基础上，着重对生态经济及复合生态系统理论进行分析，为后面系统研究生态农业绿色发展提供理论基础和分析框架。

（一）生态经济学理论

生态经济学的产生归功于生态学向经济社会问题研究领域的拓展，其通过对人类社会发展所需要的环境效应产生的一系列资源耗竭、生态退化、环境污染等问题的反思，提出经济发展应当根据自然生态原则，转变现有的生产和消费模式，使其能够以最低限度的资源、环境代价实现最大限度的经济增长，从而为深入理解和认识产业系统、结构系统、环境系统、产品系统的生态特征与规律提供全新的途径和方法，也为在保持经济增长的同时解决资源利用与环境污染问题提供了理论和分析策略。生态经济学将人类经济系统视为更大整体系统的一部分，研究范围是经济部门与生态部门之间相互作用的效应及效益。其解决的问题包括：环境系统的良性循环、循环经济的良性发展、可持续发展的效应及规模、利益的公平分配和资源的有效配置。

在研究内容方面，生态经济学以研究生态经济系统的运行发展规律和机理为主要内容，包括经济学中的资源配置理论和分配理论，生态学中的物质循环和能力流动理论；生态平衡与经济平衡，经济规律与生态规律，经济效益与生态效益的相互关系。从应用研究方面，生态经济学主要研究国家生态、区域生态、流域生态、企业生态和整个地球生态在遇到种种问题时涉及的各种政策的设计与执行、国家政策与立法、国际组织与协议的制定等。

（二）复合生态系统理论

系统科学自贝朗塔菲创立以来，发展和运用极为迅速，不仅在应用领域显示出其强大的生命力和活力，同时在管理领域，包括环境管理、经济管理、社会管理、流域管理领域也显示出其强大的生命力和活力。系统科学是

研究系统的一般性质、运动规律、系统方法及其应用的学科，被认为是20世纪最伟大的科学革命之一。它的产生和运用化解了人们认识能力有限的问题，从而把复杂系统割裂为若干子系统，促进了最基本要素的研究对科学发展作用的发挥，进一步认清了事物之间的相互联系，生态环境之间的相互效应，经济结构之间的相互制约，生态结构与经济结构之间的相互平衡。系统科学的产生和运用，为人们提供了新的认识和处理复杂系统的理论和方法，使事物的整体研究成为可能，使经济社会系统相互制约成为现实。

从生态系统的组成角度看，生态系统是由两个以上相互联系的要素组成的，是环境整体功能和综合效益行为的集合。该定义规定了组成生态系统的三个条件：一是组成生态系统的要素必须是两个或两个以上，它反映了生态系统的多样性和差异性，是生态系统不断演化和变迁的重要机制；二是各生态要素之间必须具有关联性，生态环境系统或低碳经济系统中不存在与其他要素无关的孤立要素，它反映了生态环境或低碳经济系统各要素相互作用、相互依赖、相互激励、相互补充、相互制约、相互转化的内在相关性，也是生态系统不断演化的重要机制；三是生态系统的整体功能和综观行为必须不是生态系统每个单个要素所具有的，而是由各生态要素通过相互作用而涌现出来的。

由此可见，对于资源产业供给结构绿色的综合研究，必须借助于系统科学理论中的复合生态系统理论，基于资源供给结构绿色创新的视野，从理解创新、协调、绿色、开放、共享新发展理念角度来进行系统研究。

四、利益集团的生态价值维度分析

（一）生态价值维度的含义

生态价值具有自己的核心价值要素和核心价值边界，当生态自然环境遭到损害或破坏的时候，就会产生一种新的价值形态和新的效益形态。生态价值和生态效益就是工业经济和农业经济发展到一定阶段的产物，也会产生与新的价值形态和效益形态相适应的一系列新政策、新制度、新理念、新观念、新行为及新方式，以维护其价值取向、价值发展、价值要素，同时，也会产生与价值维度相适应或不相适应的利益集团，出现价值维度的和谐状态或矛盾状态。生态价值维度所体现的原则就是开放、对等、共享以及全球运作，也是生态经济发展和生态效益实现的基本要求以及基本战略。

（二）生态利益集团是生态价值维度的主体

生态经济发展过程中，多种因素相互作用而产生不同的利益集团，因而产生不同的价值维度主体。碳排放量和减排量会产生两个不同的利益集团，并产生两者之间的矛盾，碳排放者损害了相关者的利益，而受损者没有得到相应的生态补偿，也就失去了受损者的生态价值维度。碳排放者没有承担相应的责任，也就失去了生态价值维度的责任担当。由此，生态环境损害者和被损害者构成了生态价值两个不同的利益主体，两者之间的矛盾是否得到解决，其衡量标准就是生态价值的维度。

（三）民生是生态维度的价值所在

民生改善需要经济的发展，而经济发展在某种程度上又势必会对生态环境产生影响，如何保持经济、民生和生态三者的均衡发展，也就成为生态经济发展必须研究和解决的重要问题。马克思主义生态观主张人与自然环境的辩证统一，既承认自然环境条件的先在性，也强调人在自然环境面前的主观能动作用，即人的主体性。用当今的话来说就是坚持以人为本，必须解决和处理经济发展、生态保护与民生改善之间的内在关系，以民生利益为重。民众的生态权益维护好了，民众的生态参与权和监督权得到了实现，也就从根本上解决了经济为谁发展、生态如何发展、低碳靠谁发展的问题。这也是生态价值依靠谁来创造、依靠谁来维护的问题，从这个意义上来说，民生就是生态维度的价值所在。

五、弱势生态利益集团所面临的制度困境

弱势生态利益集团主要是指针对强势生态利益集团所指向的生态利益民众，民众在生态经济发展中是主要依靠力量，但是生态经济发展中民众的生态利益和低碳利益很难得到较好的维护。例如，林业碳汇相关利益主体的法律依据不足，利益关系边界无明确的规定，碳减排量和硫减排量的减排主体的利益救济无明确的途径，缺乏有效的救济手段。产权制度还不够健全和完善，民众的生态财产利益还得不到有效的保障，还缺乏相应的利益维度、价值维度、法律维度及政策维度，因此，弱势生态利益集团的利益维护和权益保护还需要有完善的法律制度与之相适应。

六、生态补偿机制的构建

生态补偿机制是生态价值维度的重要条件，没有生态补偿就没有生态价值而产生的力量。生态补偿是对利益受损者的一种利益补偿，以及价值补偿、占有权补偿、侵害权补偿、产权补偿，这是一种利益关系和价值关系。

生态价值补偿还包括自然生产力的价值补偿。根据马克思农业自然生产力价值补偿理论，自然环境有一个修复的过程，这个过程的长短由自然环境状态损害的程度和恢复的程度来决定，要视其状况采取相应的生态补偿政策措施。

生态补偿机制包括国家法律机制，其中包括国家法定的生态补偿标准以及地方规章补偿的标准，也就是行政部门颁布的规章，以构成地方实际操作标准。生态补偿原则是对公民的财产权限制而进行的补偿，各个国家相应地实行了充分补偿、适当补偿、公平补偿三种模式。生态补偿基金，包括碳汇交易基金、森林生态基金、政府设立的各项风险基金，以及与生态经济发展相适应的各项补贴。以真正形成"污染者付费，利用者补偿，破坏者恢复"的补偿机制，以相关的财政、税收和价格政策促进补偿机制的完善和资源生态效益的实现。

七、生态足迹理论

这一理论着重于对生态足迹的内涵、特征、理论成果等方面展开分析，对生态足迹修正模型进行比较分析，以揭示产业间的相互依赖关系，生态足迹投入产出分析是一种把经济学与生态学完美相结合的资源合并分析工具。

（1）生态足迹的内涵。

生态足迹分析法最早由加拿大生态经济学家威廉姆（william）等在1992年提出。这种发展包括低碳经济的发展、循环经济的发展，这些发展需要立足之地，如果立足不了，那么它所承载的人类文明将最终坠落、崩毁。因此，生态足迹较好地反映了人类与生态之间关系的具体变化情况，较好地反映了低碳经济发展现状及其变化规律。生态足迹，用相对应的生态性土地去估算特定资源与经济规模下的资源和废弃物吸收的面积，是利用土地面积来测量人类对生态系统依赖程度的资源核算工具。其可表达为一定人口规模下的被占用的生态承载力，或者解释为满足人类活动所需要的生物生产性土地面积。传统的生态足迹模型是一种静态的非货币化计量模型，它经历了一个由横截面时间数据、固定参数标准、单一情景模拟的综合影响分析向时间序列数据、多种参数标准、多情景模拟的历史演变过程。

（2）生态足迹的特征。

一是生态足迹具有反映环境可持续发展的指标特征。它阐述了人类资源消耗与自然环境之间的关系，反映两者之间的合作博弈与非合作博弈关系，表明了人类当前所占用的"自然利益"。在环境的综合评价研究中，传统的生态足迹方法作为一种计量人类消费与生态生产力的非货币型计量方法，对衡量一个地区的可持续性发展模式具有以下优点。其一是具有易理解性特征。生态足迹理论易于众多研究人员理解、交流。其二是具有操作性强的特点。满足人类消费活动所需的资源与能源均可折算成等效的土地面积，并适用于不同区域之间进行比较。数据获取相对容易，计算方法较为直接，建立未来情景模型较为容易，因而具有较强的可操作性。其三是具有较弱的测度性，生态足迹计算结果能够告诉研究人员足迹成分的影响。

二是生态足迹具有计量人类对生态系统需求的指标特征。计量内容包括人类拥有的自然资源、耗用的自然资源，以及资源分布情况。它显示在现有技术条件下，制定的单位内（个人、城市、国家或全人类）需要多少具备生物生产力的土地和水域，生产所需的资源和吸纳的衍生废物。最新的生态足迹核算结果显示：到2025年人类大约需要1.3个等量单位的地球来满足我们的生产消费活动（提供资源和吸纳废弃物），即人类总生态足迹已经超出了地球承载力的30%左右。这意味着需要花费大约1年零4个月的时间去修复人类1年所需要的资源。如果人类的人口规模与消费方式仍然按目前的方式持续下去，到2030年人类需要大约两个地球的资源来满足他们的需求。

三是生态足迹具有衡量生态安全的工具性特征。在生态安全方面，生态足迹是衡量生态安全的重要工具。生态足迹措施方法实现了对各种自然资源的统一描述，并利用均衡因子和产量因子进一步实现了地区间各类生物生产性土地的可加性和可比性。其具有广泛的应用范围，包括对于整个世界、国家、地区、城市、家庭甚至个人生态足迹的研究，同时还包括生态足迹时间序列及空间差异研究。

四是生态足迹具有不完整性特征。这些不完整性主要表现为以下几点。其一，没有全面考虑到资源消耗项目，并因对污染物的关注程度不够，以致无法准确地反映人类消费对环境的影响（除了二氧化碳，其他的温室气体并没有计入生态账户之中）。其二，对生态足迹存在观念上的误区。虽然生态足迹意味着人类对生态系统的"虚拟"土地需求，但是公众的官方（甚至科学研究人员）把它错误地理解为真实土地占用。其三，生态足迹核算缺乏动态性。传统的生态足迹记录的是过去某一时间点上的人类对自然资源的需求，而无法体现未来的可持续发展趋势。但实际上，随着科学技术的进步，人们物质生活水平的提高，土地利用、资源管理以及人类对自然的需求等都是随时间而发生变化的，因此生态足迹实际上是动态变化的。其四，传统生态足迹模型缺乏结构性，没有考虑到产业之间的相互依赖关系。传统生态模型直接把生态空间利用分配成最终消费，反映的仅仅是直接生态空间占用的关系。

第二节　可持续发展理论

人类社会的发展创造了灿烂的物质文明和精神文明。然而，这种发展犹如一把双刃剑，在向贫困和落后开战的同时，也刺伤了人类自己的家园——地球村，显现了这种发展所带来的破坏性。1962年美国海洋生物学家R.卡逊的科学著作《寂静的春天》问世，吹响了保护家园的号角，同时也促使全人类觉醒和采取行动。然而停止生产有机杀虫剂能根本上使人惆怅，政治家们在反思，经济学家和社会学家们在探索，曾提出过各种各样的救世方案。

一、可持续发展的概念

可持续发展（sustainable development），是指既能满足当代人需求，又不损害后代人满足需求的能力的发展。它包含"可持续性"和"发展"两个基本概念。"可持续性"指的是资源环境的持续性、经济的持续性和社会的持续性。资源环境的持续性要求资源受到保护并合理地利用，不断增强资源的再生能力，用法律限定不可再生资源的使用，保持生态平衡，使当代和后代人都能与自然界和谐地相处。经济的持续性要求产业结构合理，经济效益不断提高，工农业产品在市场上具有较强的竞争能力，从而保持经济持续增长。社会持续性要求保障产品有效供给和市场繁荣，不断满足人们生活水平提高的需求，安居乐业，社会稳定。"发展"指的是经济要有有意义的、实质性的增长。它是一个国家或地区使所有人的利益不断提高的经济和社会变迁的过程，这就要求整个社会的区域发展平衡，人与人之间就业机会均等，利益分配公平，从而使贫富差距逐渐缩小。因此，发展是使大多数人的事情朝着有利于他们的更美好方向变化、前进的过程。

目前，对于可持续发展的概念的理解还不尽相同。《我们共同的未来》报告中，提出了"三性"：公平性、持续性、共同性。主张资源的公平分配，兼顾当代与后代的需求，建立一个能保护地球自然系统的经济持续增长模式，达到人与自然的和谐相处。这些原则可以说是可持续发展的纲。然而，不同学者因视角差异尚有不同的看法，生态学家认为"可持续发展是自然资源与其开发利用之间的平衡"；工程技术学家认为"可持续发展是转向更清洁、更有效的技术——尽可能接近零排放或'封闭式'工业，减少能源和自然资源消耗"；经济学家则认为"可持续发展是在保护自然资源质量的前提下，使经济发展的净利益增加到最大限度"。

近年来，我国学者对可持续发展也提出了见解，他们认为可持续发展是一项系统工程，从内涵方面来看，其思想基础——人是自然的一员；行为准则——平等和公正；战略选择——控制人口、节约资源、保护环境；操作过程——政府调控、科技保障、公众参与；侧重点——经济发展、社会发展、生态发展。从特性方面来看，可持续发展可概括为"经济讲效率，生态讲持续，社会讲公正"等。虽然对于可持续发展的认识和理解有差异，但是殊途同归，大家都相信可持续发展的基本哲学——人与自然和谐相处。

综上所述，可持续发展强调公平公正，任何国家和地区的社会经济发展既要满足当代人自身的需要，又要考虑后代人进一步发展的需要，即代际是公平的。在当代，一个国家或地区的发展不应损害另一个国家或地区的发展，一部分人的发展不应以损害另一部分人的发展为代价，即代内也是公平的。可持续发展之路是广阔无限的，对所有人是公平和公正的，它是人类全新的发展观，让我们走上科学的、正确的、可持续发展道路，建立可持续发展的经济体系、社会体系，并保持与之相适应的可持续利用的资源和环境基础，以最终实现经济繁荣、社会进步、生态安全。

二、可持续发展的实践理论

在全球社会、经济发展所面临的人口、资源、环境等问题的情况下，环境与发展成为当今世界最为关注的热点课题。可持续发展是人类对自身的生产、生活、行为的反思，是从现实与未来的忧患中领悟出来的，是人类全面总结自己的发展历程，重新审视自己的经济、社会行为而提出的一种新的发展思想和发展战略。

（一）《21世纪议程》的实施

1987年联合国世界环境与发展委员会在长篇专题报告《我们共同的未来》中，明确提出了"可持续发展"的道路和实现可持续发展的长期对策。1992年联合国环境与发展大会在巴西里约热内卢召开，会议通过了《里约热内卢环境与发展宣言》《21世纪议程》等公约。其中《21世纪议程》就是全世界可持续发展的纲领和行动指南。《21世纪议程》的主要内容有：①关于可持续发展理论与跨领域问题；②关于与人口有关的问题；③关于全球性环境保护问题；④关于生态问题；⑤工业化与环境保护问题；⑥关于公众参与问题。可持续发展战略的实施，既要有长远性，又要有近期可操作性；既要各行各业的分头实践，又必须有多方面的相互协调。

1993年以来，联合国每年都召开可持续发展理事会，专门讨论可持续发展的进展，还通过了一系列重要的有关文件、条约，包括气候变化框架条约、生物多样化公约、防止荒漠化公约，以及修订过的蒙特利尔保护臭氧层的国际公约。可持续发展正成为世界各国的共识，目前全球的实施情况良好，主要表现在：

（1）一些国际公约正在认真履行。从《21世纪议程》衍生出来的一些协定，如《保护臭氧层维也纳公约》《关于消耗臭氧层物质的蒙特利尔议定书》《保护臭氧层赫尔辛基宣言》等已经实实在在地履行，并已取得成效。特别是1989年1月1日起生效的蒙特利尔议定书，对5种氯氟烷烃物质和3种卤族化合物的生产、使用的控制规定了具体时间表。即每一个缔约国，每年受控氯氟烷烃使用量，从1989年7月1日起，不得超过1986年的使用量，1993年7月1日起不得超过1986年的80%，1998年7月1日起不得超过1986年的50%，发展中国家可按此时间表推后10年。实际上，实施还有所前提，德国等一些欧盟国家率先垂范，1996年1月1日起已经停止生产和使用氯氟烷烃和卤族的臭氧层耗损物质。

（2）有些国家的资源保护和环境治理坚决而有力。一些发达国家利用他们资金和技术优势，扩大了投资，加强了管理，严明了资源和环境法纪，环境治理卓有成效。伦敦泰晤士河、新加坡河、莫斯科运河等河水相继变清，鱼跃虾跳，水生生物重返家园。昔日的"雾都"伦敦，光照强度已经增加了好几倍。特别是在有些欧洲国家，放眼远望则满目郁郁葱葱、清风明月、鸟语花香的优美环境十分宜人。与此同时，发展中国家在持续发展和环境治理方面也初见成效。

（3）人们的可持续发展和环境意识得到加强。由于环保意识的增强，人们正在运用现代科技去解决环境与发展中棘手的问题，并有望取得突破性的进展和成果。如研制不用汽油的无污染汽车确实是一个难题，但令人欣慰的是，经过几年努力，新型汽车的问世已为期不远了。再如，二氧化碳总量增加，会使地球变暖，目前减少二氧化碳的科学试验也已取得进展。

（二）《中国21世纪议程》的实施

世界环境与发展委员会《我们共同的未来》报告明确系统地提出"可持续发展"及1992年联合国环境与发展大会之后，中国政府于1994年率先在世界上制定出台了《中国21世纪议程》，并将可持续发展作为国家的重大发展战略之一，对中国的可持续发展起到了重要的推动作用。回顾我国制定与实施《中国21世纪议程》的历程，总结我国走可持续发展之路的理论与实践经验，对于当前在新的形势下进一步深化对可持续发展思想的认识，贯彻落实科学发展观，建设社会主义和谐社会，在可持续发展领域国际合作中维护国家利益具有重要的历史和现实意义。

工业革命以来，特别是20世纪，人类创造了前所未有的物质财富，社会文明获得了飞速发展，但同时，人口剧增、资源过度消耗、环境污染、生态破坏等区域和全球性问题日益突出，严重地阻碍着社会经济的发展和人民生活质量的提高，威胁着人类的生存和发展。

1992年6月，为了应对日益突出的全球环境问题，联合国在巴西里约热内卢举行了"环境与发展大会"，183个国家的代表团和联合国及其下属机构等70个国际组织的代表出席了会议，102位国家元首或政府首脑亲自与会。会议通过了《里约热内卢环境与发展宣言》和《21世纪议程》两个纲领性文件，明确了可持续发展的核心理念和可持续发展战略的行动计划，同时还签署了《气候变化框架公约》等法律文件。《21世纪议程》的制定体现了人类对环境与发展问题的新认识、新思想，反映了各国对可持续发展的共识和最高级别的政治承诺，对世界范围的可持续发展起到了巨大推动作用，成为全球可持续发展的重要里程碑。

联合国环境与发展大会之后不久，国务院决定由原国家计委和原国家科委牵头组织有关部门、社会团体和科研机构编制《中国21世纪议程》。《中国21世纪议程》编制工作得到了联合国开发计划署的高度重视，编制和实施《中国21世纪议程》被列为与中国政府的合作项目。经过52个政府相关部门、300余名专家历时18个月的共同努力，在广泛征求国务院各有关部门和中、外专家意见的基础上完成了制定工作。

《中国21世纪议程——中国21世纪人口、环境与发展》白皮书共20章78个方案领域，20余万字。可分可持续发展总体战略、社会可持续发展、经济可持续发展、资源合理利用与环境保护4个部分。我国选择可持续发展道路既是我国政府履行联合国环境和发展大会的庄严承诺，又是根据我国国情的需要所做出的必然选择。《中国21世纪议程》经国务院批准后，作为中国走可持续发展道路的纲领，已经组织各部门、各地方认真贯彻实施，并制定了第一批优先项目计划，包括需解决的领域或项目。其中9个优先领域分别是：①综合能力建设；②可持续发展农业，包括农业发展战略与示范区建设、农业节水、生物农药与绿色产品开发等；③清洁生产与环保产业，包括清洁生产管理、主要工业企业清洁生产工艺引进示范、环保产业等；④清洁能源与交通发展；⑤自然资源保护与利用；⑥环境污染控制，包括水污染控制与废水资源化、湖泊水质恢复、固体废物无害化管理与处理，以及酸雨控制等；⑦清除贫困与区域开发整治；⑧人口、健康与人居环境；⑨全球气候变化与生物多样化保护。

实施可持续发展是我国迈向21世纪的国策之一。《中国21世纪议程》的实施得到了全国人民的支持，并由各界人士积极参与，在实施过程中，对于走可持续发展道路是"振兴中华民族唯一可行之路"的认识和自觉性不断提高，并已在日常的社会活动或产业经营中贯彻落实可持续发展战略。

（1）控制经济增长速度，降能耗、增效益：过去一段时期资本主义国家经济增长的年平均速度达到1%～2%。而我国的经济增长速度高达两位数（10%）以上。这是由于我们在发展内涵再生产方面没有相应的潜力和路子，只好"增投资、铺摊子、上项目"去发展外延再生产。结果原材料消耗比工业发达国家高50%～200%，每度电的综合煤耗仅相当于欧美国家20世纪60年代的水平，每吨钢的综合能耗比日本高830kg标准煤。自从实施了可持续发展战略，"九五"计划的第一年在强有力的宏观调控下，经济开始"软着陆"，发展的速度也比较适当，不少企业的降耗增效成果明显，已开始扭亏转盈。近年来，全国各地认真贯彻落实科学发展观，大力推进资源节约型、环境友好型社会建设。

（2）科学合理地实施既定方案的优先项目。增加投资是实施可持续发展战略的基础和关键，不计成本地执行计划，是不符合可持续发展思路的。因此，科学合理地实施既定方案项目，也是我国的一个特色。如消耗臭氧层物质逐步淘汰方案的执行，既合理又有效。由于最初人们误认为氯氟烷烃是一种惰性物质，对人体和环境无害，故非常广泛应用于制冷、消防、工业和日用领域，到1993年我国使用的臭氧耗损物质约占世界上总使用量的7%。

（3）各个层次上落实可持续发展战略。《中国21世纪议程》是我国实施可持续发展战略的总目标，而各地区、各部门乃至企业制定的《21世纪议程》或《行动计划》是构成目标网络系统的分目标（或称子目标），这些具体分目标在各个层次上的贯彻和落实，是实施我国可持续发展战略总目标的基础。例如，为推进都市经济可持续发展战略的实施，上海成立了领导小组，由常务副市长任组长，于1997年编制完成了《中国21世纪议程——上海行动计划》，该计划的主要领域有：上海市可持续发展的总体战略；上海市经济可持续发展；上海市社会可持续发展；上海市城市可持续发展与建设；上海市资源开发与可持续利用；上海市环境保护与绿化建设等六个方面。《中国21世纪议程——上海行动计划》深化、细化了《上海市国民经济和社会发展"九五"计划与2010年的远景目标纲要》，是指导上海走向21世纪可持续发展的行动指南。为落实该计划，上海市还制定了《中国21世纪议程——上海优先项目计划》，同时加强上海可持续发展的能力建设，如举办可持续发展培训班；开展可持续发展公众宣传；成立可持续发展研究机构等。上海交通大学、复旦大学等高校相继成立了可持续发展研究中心或21世纪发展研究院，围绕上海可持续发展战略的理论与实践开展了相应的研究工作。

第三节　产权管制理论

产权是一组权利束，是所有权、经营权、收益权以及污染权等权利的统称。国内外研究产权在资源产业发展中的作用时侧重点不同，西方成熟的市场经济国家，对产权界定比较明晰，所有权、经营权以及收益权的关系比较明确，产权对资源产业发展的影响主要是规制外部性。因此，本节首先从产权与所有权的辨析着手，分析了产权管制概念体系的内涵与外延，区分了它和产权歧视、契约治理及权利排他性之间的差异，提出了"产权管制—公共领域—租金耗散"的经济学理论范式，以指导生态农业产业的供给侧结构性改革及其绿色创新。

一、产权管制概念体系的界定

我们分析产权管制前必须明白，产权管制的对象是产权而不是所有权，因此，分析必须从产权的概念开始。不过，在此之前还有一个更加重要的前提要说明清楚，那就是所有权和产权之间的关系。这是因为生态农业产业供给涉及产权和所有权的问题，如果不把所有权和产权的概念界定清楚，不辨别和厘清它们之间的联系和区别，就难以对产权管制范式展开分析，也就难以说清生态农业产业供给创新的理论问题。

（一）产权概念的界定

产权首先是一种法律界定。从法学视角而言，财产所有权的界定可以追溯到古罗马法："它是指所有制在法律许可的范围内对财物的使用权和占有权。"而《中华人民共和国民法通则》规定："财产所有权是指所有人依法对自己的财产享有的占有、使用、收益和处分的权利。"换言之，所有权是财产归属的法律形式，它体现了所有权者的意志和支配力量，具有法律赋予的强制力。E. 菲吕博腾和S. 佩杰威齐（E.Furubotn and S. Pejovich）认为所有权反映的仅是人与物之间的归属关系，所以有时候人们把它和物权及法权交替使用，而产权都是物的存在而引起的人与人之间的相互认可的利益分配关系。

由此可见，产权体现的是人与人之间的契约关系，是在竞争达到均衡状态下时人们所获得的对稀缺资源的排他性权利，是用来界定人们在竞争稀缺资源中利益得失分配的博弈规则。除了法律制度外，它还由政治制度、道德伦理和文化传统所决定，而所有权则由法律决定。

由此得出概念，所有权和产权均是对稀缺资源的排他性权利，但后者是在前者形成的基础上通过现在所有者的实际运用和与潜在所有者进行竞争这两种方式产生的排他性权利，是竞争达到均衡状态时能够让所有者真正形成的排他性权利。

（二）全所有权型产权与偏所有权型产权的概念

从经济学中的产权定义可知，产权的理性行为主体在竞争后获胜并能够行使对物品有价值的排他性权利，即在所有权的法律界定清楚的条件下，所有权能否变成完全按所有者意志支配的产权还取决于所有权主体在竞争和行使权力这两个方面的能力大小，也就是竞争能力强，所有权所能行使的物品价值的排他性就强，反之则相反。由于所有权主体在竞争和行使所有权能力上的有限性，他们要考虑物品价值自身的成本和收益变化。这时候，当所有权主体同时具有较强的竞争和行使所有权的能力时，说明其收益大于由此产生的成本，那么这个所有权全部都能直接构成所有权主体实际得到的产权。在产权改革的条件下，这种情况下的所有权完全转变或者说等价于产权，因此称之为"全所有权型产权"，以区别于所有权仅部分转化为产权的"偏所有权型产权"。但必须注意的是，所有权是通过竞争来实现的，没有竞争就没有产权，以上所说的两种产权形式都是在所有权主体具有较强的争夺资源权利或获取权力租金的竞争能力的前提下行使的。

所有权主体行使所有权的收益弥补不了成本的损失时，他们只能自动放弃一部分在法律上赋予的所有权而将其留在"公共领域"，这是假设所有权主体具有较强的竞争能力而行使能力较弱，所以经过考虑预期的所有权行使成本与收益之后，他们只好放弃所有权中无法充分界定和实施的有价值属性的权利。这样，潜在所有者之间将竞争获取并分享剩余的权利，这就是偏所有权型产权。

（三）产权管制概念体系构建分析

我们分析产权管制概念体系，主要是分析被管制的产权的结构具体包括哪些，固定权利（占有权、使用权、收益权和转让权）和剩余权利（剩余索取权与剩余控制权）之间是否存在对应关系。

这里的分析仍沿用张五常的产权结构定义，认为固定权利集合中的使用权、收益权和转让权构成这个被管制的产权，而不对占有权或狭义所有权进行深入探讨。因为后者仅仅是行为主体对物的归属关系的声明，它可以独立于交易关系而存在。

诚然，仅仅以固定产权来理解和分析产权管制逻辑下的产权结构不仅过于笼统，也与现实相悖，而现代计量和经济分析更多地使用剩余权利等可操作性概念。因此，笔者这里在使用权、收益权和转让权等契约明确规定的范围内，清晰界定的固定产权之基础上，进一步探讨契约没有明确规定的项目条款或所有权没有界定清晰的公共领域的剩余权利集合问题。这种不完全契约是经济系统的不确定性、行为主体的有限理性与资源属性多样性等造成的结果。

剩余权利的研究主要集中在现代公司理论的文献中，格罗斯曼与哈特（Grossman and Hart）强调公司的产权结构是指剩余索取权和剩余控制权的统一对应关系。所以，我们把剩余产权结构理解为剩余索取权与剩余控制权的对应统一关系。

剩余索取权最早由阿尔钦和德姆赛茨在《生产、信息成本和经济组织》一文中指出。他们认为，要素所有者放弃要素产权以获得固定报酬，而中心签约者与其他要素所有者签订契约形成一个生产团队或者一个发展团队，团队的总产出扣除固定契约支付后的剩余部分是契约没有明确分配的。但是，生态农业产业供给侧结构性改革过程中，信息成本的存在使得考核单个成员的边际贡献的难度增大，为了有效监督团队合作中的偷懒现象，可赋予这个中心签约者获得那部分剩余收入的索取权。现有企业理论将索取权分为获得契约固定收入的索取权以及合伙的契约尚未明确规定的不固定收入的索取权两部分。具体来说，这种剩余收入可能是一种随机的收入，如对于雇员的人力资本专用性投资所产生的占用性收益，公司为鼓励雇员积极进行人力资本投资从而实现市场价值，只好分割部分收益给他们，但在具有不确定性的状况下，该收益却随着公司市场价值的变化而变化。所以从长远来看这部分报酬也是"随机游走"的，即要素所有者的固定收入和剩余索取者的变动收入均是跟随公司经营状况变化的，我们称之为"随机索取权"。不过，这种随机收入的索取权是损益参半的，而剩余索取权具有收入非负性特征，否则没人愿意对团队生产进行监督。后者对一般的风险规避型分散决策主体具有稳定的激励能力和激励作用，所以我们按照学术传统仅讨论剩余索取权的管制，它与固定收益权是对应关系。

我们再看控制权，它应该包括固定控制权和剩余控制权。其中，固定控制权指的是契约中所规定的关于资源的使用和转让的权利，而剩余控制权指的是契约中没有明确规定的状态出现时的相机决策权利。我们知道，过去的产权经济学家们强调的是剩余索取权，甚至把公司产权等同于它。那是因为他们主要研究的是所有者身兼经营者的古典企业形态，在这样的经济组织中只存在唯一的剩余索取者，也就是他既是所有者也是经营者。所以最大化其净收益就等同于最大化所有契约参与者的利益，也就是他会做出最有效的监督和决策。然而，以哈特和莫尔（Hart and Moore）为代表的新产权经济学家则认为剩余控制权决定产权结构，即GHM框架是把产权结构定义在最终控制权的空间内，从而将其他权利（如剩余索取权）作为派生物的结果。例如，从动态时间序列的演进轨迹看，随着团队经营状态的变动和契约参与者间的讨价还价能力的调整，原来由契约规定的活动权利可能被重新配置；当组织在非正常状态下（亏损甚至破产），各团队成员的利益均会受损，这时就需要赋予最大受损方以公司的控制权。这就是说，只有掌握了控制权才有机会重新配置团队财产，以弥补其损失，同时，让最大受损方掌握控制权会比较有效率，因为它最有动力再造团队财产。诚然，团队的控制权并不是想象中的那样自由转移的，而是依靠成员之间的谈判博弈来完成的，谈判结果表明，谁的讨价还价实力最强，谁就拥有团队的剩余控制权。因此剩余控制权是否会发生转移，会转移到谁的手中，这些问题都是随机和不确定的。

二、产权管制的制度效应

（一）财产权利管制的特征

众所周知，产权经济学起源于R. H. 科斯（R.H.coase）的《社会成本问题》一文，其中讲到在所有者之间转移一组"完整的"权利，并未提及这种权利管制的问题。然而，国家和个人之间的利益分配同通过讨价还价的序贯博弈过程，以及利益的调整和重新分配，使博弈者或产权主体的行为也受到影响。抑制这种影响和调整利益关系，就会出现产权管制问题。

这里需要研究的是，产权管制包括国家对产权在资格赋予、使用程度、分散决策及主体配置资源能力发挥这几个方面予以强制性外部约束，它与权利的排他性和契约治理又有所不同。

首先，权利排他性并不等同于产权管制。产权是给予人们对物品那些必然发生矛盾冲突的各种用途进行选择的权利，这种权利并不是对物品可能的用途施以人为的或强加的限制，而是对这些用途进行选择的排他性权利；换言之，产权管制不是产权排他性的内涵。产权学者阿尔钦认为，如果限制我在我的土地上种植玉米，那将是一种强加的或人为的限制，他否定了一些并没有转让给他人的权利。人为的不必要的限制不是私有产权赖以存在的基础。由此推论，产权管制是与私有产权相对立的，前者是对后者的否定和破坏，因此我们就把与私有产权相反的国有产权对应于完全产权管制结构。由此认为，产权排他性是对产权主体的经济自由权利的保护和支持，而产权管制都是对分散决策个体的自由使用、获益或转让权利的限制，禁止剥夺。

其次，契约治理也不是产权管制。在经济组织中，拥有不同比较优势的各种各样的互为专用性资源的所有者们通过契约安排与某个中心契约者自愿达成一致意见，这里的前者愿意自动放弃本来属于他们的资源产权，但以获得固定报酬为条件；后者则必须支付该笔固定报酬，换来对资源的产权，最后获得剩余收入。此时，这份契约就能够一方面限制后者将来作为一个整体为这个所有者的集团利益服务而不是为任何单个所有者的利益服务，另一方面限制前者的机会主义和"道德风险"，这种限制和利益服务是因为他们都想在组织专用性资源的混合准租金中能够占有一定份额。显然，这种通过契约治理机制而约束利益相关者行为的方式是以资源产权和所有权为前提的。这种契约是在各方平等、互利、自愿和独立的条件下形成的，而产权管制是强制性的、非自愿地对私人产权的争取甚至删除。

最后，产权管制从形式上而言，其实是财产权利分配到国家手中并受其支配的经济行为。鉴于产权本身的特性，其与一般的政府管制有着十分明显的差异，主要表现在以下三个方面。

第一，传统的管制经济学把政府管制定义为国家出于政治和经济的目的而采取的干预经济的活动，它包括修正或控制生产者或消费者的行为，决定"价格、生产什么、生产多少、谁生产、怎么生产"等问题，因而可作为衡量政府与市场之间相互作用的一个尺度。这里分析的产权管制具有更加深刻的产权经济学含义，它更加具体地描述出控制和决定"价格和生产"的制度逻辑。具体分析，其结构及程度能够作为计划体制和市场体制的区分标准，如前者属于产权全面管制的制度结构，后者则是无产权管制结构。

第二，管制的理论逻辑源于垄断造成的效率损失。如专利权、特许经营权及规模经济所引起的自然垄断，不完全信息和公司战略产生的托拉斯行为都被视为危害"公共利益"，国家为维持"公平竞争"的市场秩序应实施管制措施。

第三，管制经济学产生并发展于成熟的市场经济系统。它是在产权属于私人所有的前提下分析政府对企业的管制及其影响。而这里分析和倡导的产权管制"内生于"产权基本由国家控制的计划经济环境，那是一个没有市场存在的制度结构。

（二）公共领域：产权管制的产物

我们首先分析公共领域的概念。在产权经济学中，巴泽尔（Barzel）首次采用公共领域概念研究产权的资源配置功能和作用。他的着力点是通过资源属性的多样性和可变性的特征而引入公共领域的概念：商品具有许多属性，其水平随商品不同而各异。要测量这些水平的成本极大，因此不能全面或完全精确。面对变化多端的情况，获得全面信息的困难有多大，界定产权的困难也就有多大。因为全面测量各种商品的成本很高，所以每一桩交换中都存在获取财富的机会。获取财富的机会等价于在公共领域中寻找财产。在每桩交换中，有些财富溢出，进入公共领域，个人就花费资源去获取它。人们总是期望从交易中获得好处，所以他们也总是会为获取财富花费资源。为了促进他们个人权利的分离，可以对所有者的行为施加限制。不完全的分离使得一些属性成为公共财产，进入公共领域。进一步而言，公共领域是权利没有被清晰界定的部分，并且由商品属性的多样性及其变化造成的考核成本过于高昂而令人却步。于是，在公共领域中都是那些没有被准确了解的属性和那些"所有者缺位"的资源，而任何愿意花费资源或支付费用的个体都可以进入且没有个体拥有排斥他人进入的权利。

诚然，这里分析判断，除了资源属性的测量代价过高会造成公共领域的产生外，国家对私人权利实施管制也同样可能促使公共领域产生。那就是说，由于国家实施产权管制而剥夺了个人适用资源而获益的权利，私人将没有动力同其他人签约和规定资源的最佳用途，也没有动力像使用私人财产那样使用其资源或排斥他人使用。同样道理，若私人权利中的剩余控制权被国家实施管制，个人即使愿意也无权把资源运用到对其评价最高的地方，更不能合法地排斥他人使用资源。这里进一步分析，当资源的剩余索取权和剩余控制权都被国家管制起来后，个人便对资源配置"无心无力"了。这三条产权管制逻辑告诉我们，产权管制将意味着没有个人愿意或有权规定该资源的用途而排斥其他人使用。

这样就会出现运用和保护资源的责任落到产权管制者身上的结果。但是，国家作为唯一的产权管制者，却受到产权管制程序和技术两方面的约束，导致那些原已缺少私人运用和保护的资源成为公共资源并产生公共领域。一方面，国家是唯一合法的产权管制者和领导者，而经济系统和经济存量改革中的资源分布、数量和品质差异较大，加上经济增量创新中每种资源的属性多样且会变化，要完全测量生态农业绿色发展中不同种类资源的每一个属性，这样的工作量对于国家而言实在太大，尤其是需要界定的属性越多越复杂，花费的时间越长，不确定性因素便越多，国家拥有考核属性的知识就越不完全，权利界定以及产权管制的成本就越高。因而，它需要委托其产权管制代理者帮它完成此类工作。不过，该代理者可能出于最大化自身利益的目标而做出偏离国家实施产权管制目标的机会主义行为，而在运用和保护公共资源上倾向"偷懒"，因此，公共领域产生。另一方面，在生态农业绿色发展过程中，虽然国家可以在法律上宣布并做出运用和保护公共资源的明文规定，但是在实际的产权管制执行中会遇到技术上的困难。资源一般具有多重属性，这些属性会随着时间而发生变化，国家要运用和保护公共资源首先要了解和把握资源的多重特征或属性，但这种了解和把握是以信息为载体，要知道在真实世界，即在生态农业绿色发展中信息的收集、汇总和传递是需要耗费一定资源的。按此逻辑，除非信息是免费的，否则在生态农业产业供给侧结构性改革与绿色创新过程中，国家不可能做到对成千上万的各种农业绿色植物的千差万别的属性进行及时监督和保护。当人们相信考核农业绿色植物学属性的收益将超过成本的时候，他们就会运用和保护产权；相反，当人为界定权利的收益并不足以弥补成本时，他们就不会去运用和保护权利，从而把这种权利置于公共领域。

（三）产权管制、公共领域与租金耗散

前面介绍了产权管制和公共领域，这里，我们将进一步考察产权管制是如何导致公共领域内的经济租金耗散掉的。值得注意的是，这里的"租金"从来源上看，是没有被界定清晰的所有权的价值，或者说是产权主体竞争索取部分所有权以后，由于行使能力受限而留在公共领域内的资源权利的经济价值和物品价值。此外，该"租金"与土地租金无关，但有相类似的地方，它可以理解为在一定时期固定不变的资源，由于提供服务而获得的可变化的收入流。其实，从社会成本的角度分析，一项完整产权的经济价值和物品价值可以分为被产权主体界定清晰的垄断性（收敛型）租金和留在公共领域的竞争性（耗散型）租金。前者是产权主体耗散资源而竞争得到的，再加上要对这部分租金在确权之后实施保护，因此在首轮竞争均衡条件下的垄断性租金在边际上应该等于确权成本与保护成本之和；后者就是潜在产权所有者耗费资源获取权利的经济价值和物品价值，该部分租金在第二轮竞争均衡条件下等于追逐权利的成本，直到在边际上等于零为止。

诚然，在完全没有产权管制的情况下，使用从而获取收入（租金）的权利是个人所有的，该管制安排将使租金成为均衡条件下的私人成本。在产权实施全面管制而且个体之间没有合谋的情况下，租金就成为剩余，每个个体都会最大限度地获取别人留下的部分。此外，根据上文分析可知，产权管制是把一部分有价值的资源置于公共领域里。而这些留在公共领域里的资源的

经济价值和物品价值便构成"租金"。那么，只要公共领域里的租金为正，便会诱使理性行为个体进入公共领域实施"获取租金"行为。这样，公共领域内的资源随着追租数量的增加而减少，最终出现资源的租金价值全部消失的结局。

值得注意的是，租金耗散是一个程度问题，但只要产权被管制住，公共领域便会出现。而且，产权管制的程度越高，公共领域的范围就越大，租金耗散就变得越厉害。但均衡只要求有关的边际租金完全耗散。租金耗散是一种非生产性活动的结果，对经济总产出水平会产生外部性。外部性为什么还会如此之普遍呢?对此，经过多年的探索和研究，经济学家给出的逻辑是，制度失效，导致生态环境恶化、资源退化等一系列环境问题。

（四）废弃物大量排放：公共领域

环境污染的直接原因不仅在于人类在生态环境中获取大量资源，而且更在于向生态系统及环境中排放了大量废弃物。人们会问，为什么能够将大量废弃物排放到生态系统及环境之中，而没有人出来制止或者有效遏制企业或者居民的排放行为呢?其中一个直接原因在于生态环境系统是一个公共领域，公共领域的产权不清晰，限制其他经济主体向这一领域排放废弃物的成本是高昂的，收益是没有的。同时，表现为外部效应的内部化，向公共领域排放废弃物能够使自己的经济行为或者生活行为以比较低的成本有序进行，即能够实现自己行为内部效用最大化。这就需要对公共领域的概念及其外部性进行研究和探讨。

那么，何为公共领域，它的内涵是什么值得探讨。公共领域这一范畴是政治学家汉娜·阿伦特首创，她的研究素材源于古希腊的政治经验。在汉娜·阿伦特看来，城邦既是一种历史现象，又是一种规范现象。正是在对城邦进行重新思考的基础上，阿伦特对"公共领域"做了精彩的论述。这样，城邦就构建了阿伦特"公共领域"的历史语境，最早的"私人"与"公共"体现在古希腊的城邦生活中，私人生活领域与公共生活领域的区分分别对应于家庭领域与政治领域的区分。在阿伦特那里，"政治领域"实质上就是"公共领域"，其内涵包括：一是公共性意味着这样一个世界，所有的人都能投身、安置其中；二是建立在"为他人所看见和听见基础之上"的现实性；三是由若干代人建立的空间，它使得处于其中的个人超越了自身生命的限制。从历史维度看，公共领域经历了三种形态的历史演变：古希腊城邦时代的公共生活中封建社会的"代表性公共领域"，处于现代民族国家和市民社会框架之中的资产阶级公共领域，现代社会为广大民众的生存和发展所提供的公共产品领域。三种不同的公共领域所表现的形式是不同的。

那么，我们可以对"公共领域"概述如下：公共领域是相对于私人领域而言的非排他性领域，私人领域是一个产权明晰的领域，一个生活领域如果是公开的，并且有着某种可共享性和可进入性，就是公共领域。公共领域是一个非排他使用和消费的领域，人们不受排他性因素影响而进行消费。

（五）生态环境质量交易制度缺失

科斯对外部性的分析是深刻的，科斯不仅认识到外部性问题的存在以及外部性对资源配置的影响，而且还认为，外部性不是单向的，外部性影响是双向。在分析其外部性的影响时，对于化工厂排放废气损害周围居民健康而采取的措施如下：一是让化工厂对居民的健康损害进行赔偿；二是制止化工厂对居民的健康进行再损害，即让化工厂不再排放废气或者减少废气的排放。但科斯认为这种处理方法是错误的。因为我们分析的问题"具有交互性质"，即避免对乙的损害将使甲遭受损害，必须决定的真正问题是允许甲损害乙，还是允许乙损害甲，关键在于避免较严重的损害。科斯教授认为，我们思考问题不能只从一个视角来看，如果企业生产的经济效率比较高，所带来的生态环境损害要通过经济效益来补偿，而且不管企业是否有权向空气中排放废气，只要企业向空气中排放废气的事实是清晰的，同时，市场机制是完善的，那么，化工厂与周围居民之间的自愿协商就能够将外部性内部化，从而实现全社会资源配置的最优化，或者说，只要产权界定是清晰的，并且交易成本为零，市场交易就能够将外部性内部化，并实现资源优化配置，这就是科斯定理。按照科斯的逻辑，我们之所以强调的是生态环境质量市场交易，而不只是排污权交易，其核心在于排污只是生态环境的一个方面，另一方面还存在那些维持生态环境质量、对生态环境质量做出贡献的区域或者主体。他们为优化生态环境做出了积极贡献，那么优质的生态环境也是一种商品，也具有价值和价格，也可以进行市场交易。从我国的实际情况来看，长期以来缺乏生态环境质量交易制度和碳交易市场，从而也很难启动市场机制来优化生态环境资源的配置，促进生态农业效益的提升。中国虽然在20世纪

80年代引入了排污权交易制度，目前已有部分省市开展了试点工作，在排污权交易范围、排污权交易主体、排污权交易对象、初始排污权的配置方式以及排污权交易二级市场等方面进行了卓有成效的探索，并取得了一些成效和经验，但从整体上看，我国排污权交易仍然存在以下缺陷：一是重排污权交易，轻整体性制度设计；二是缺乏有法律约束力的总量控制目标，排污权"稀缺性"和"资源性"不够；三是初始排污权分配方法单一，效率与公平兼顾不足；四是二级市场交易中的公平性制度设计缺乏，绿色理念在排污权交易中体现不够。

（六）生态补偿机制不健全

生态农业绿色发展使对环境问题的思考跳出了自然的层面，扩展成为生态、社会、经济、政治整体的观念思考，这就需要建立生态补偿机制。这是因为，在保护环境和提升资源生态效益的过程中，不仅存在大量负外部性，同时还存在大量正外部性，既存在农业资源的正能量，也存在农业资源的负能量。按照庇古的说法，不管是正外部性，还是负外部性，其核心都是边际私人收益与边际社会收益、边际社会成本与边际私人成本的偏离和差异。要消除这种外部性的差异性，必须使边际私人收益与边际社会收益、边际私人成本与边际社会成本相等。如何实现这一目标，以实现私人边际收益与社会边际收益的统一，庇古认为，对于产生负外部性的主体，应征收一定税费，使之减少负外部性。由于边际私人收益低于边际社会收益，边际私人成本大于边际社会成本，进行正外部性活动的动力不足，为激励其长期从事正外部性的活动或者使行为持久，一种有效的办法就是对其行为给予补贴，使其行为的边际私人收益等于边际社会收益，边际私人成本等于边际社会成本。

正是在庇古这一理论的指导下，世界各国开始进行生态补偿机制设计与实践的探索，并取得相应的成效。中国也从20世纪末开始进行生态补偿的实践，目前生态补偿的项目主要有天然林资源保护工程、生态流域补偿、退耕还林工程、森林生态效益补偿和生态转移支付等。这些补贴政策的实施已经取得了初步成效，有的补偿政策起步较早，如天然林资源保护工程1998年启动，涉及全国17个省（区、市）的天然林7300hm²，占全国1.07亿公顷天然林的68%。至2012年，国家生态转移支付预算300亿元，全国有600多个县获得生态转移支付。但是，生态农业绿色发展生态补偿还存在许多缺陷，生态保护者的权益和经济利益得不到保障，还存在以下主要问题：一是生态补偿缺乏系统的制度设计，国家还缺乏统一生态补偿机制及政策框架；二是利益相关者参与不够，生态补偿多为政府单方决策，没有利益相关者参与协商的机制；三是生态补偿标准的确定没有充分考虑保护森林、草地、湿地等的生态功能，以政府支付能力为基础进行确定，补偿标准过低；四是生态保护者与生态受益者存在错位现象，从理论上讲，生态补偿资金主要受益者是各个对生态保护有贡献的企业、家庭及基层政府，而对生态做出直接贡献的主体没有得到补偿，如林区的林户、生态保护区的农户等；五是跨区域的补偿机制没有形成。总之还是从生态农业绿色发展的浅层次来认识和解决当前人类面临的生态问题，把环境问题单纯看成工业污染问题，所以工作的重点是治理污染源，减少碳排量和污排量，所采取的措施主要是给企业补偿资金，帮助它们建立净化设施，并通过征收排污费或实行"谁排污，谁治理"的原则，解决环境污染的治理费用问题。

三、污染大量排放：公共产权视角下的解释

环境和生态问题的关键在于人类经济活动中的排放量超过了环境自我消化量，使生态环境自我恢复能力下降或者失去自我修复能力。其经济主体之所以能够过量排放，其原因是多方面的，但根本原因在于资源生态环境产权是一个公共产权。

（一）"公地悲剧"与公共产权的关系

我们在研究公共产权关系时自然会想到"公地悲剧"的寓言故事，美国环保主义者加勒特·哈丁曾以寓言的形式讲述了一个"公地悲剧"的故事。一片草原上生活着一群聪明的牧人，牧人们各自勤奋努力工作，增加自己的牛羊。其畜群不断扩大，终于达到这片草原可以承受的极限，每再增加一头牛羊，都会给草原的生态环境带来损害。但每个牧人的聪明都足以使他明白，如果他们增加一头牛羊，由此带来的收益全部归他们自己，而由此造成的损失则由全体牧人分担。结果是牧人不懈努力，继续繁殖各自的畜群。最终，这片草原毁灭了。如今，"公地悲剧"现象已经成了低碳发展和生态发展过程的一种象征，它意味着任何时候只要许多人共同使用了一种稀缺资源，便会导致环境的退化和恶化。

人类经济和社会生活中，不仅仅是土地资源，其他很多自然资源和生态资源也都存在"公地悲剧"问题。那么，我们通过对环境资源的分析，从而得出公共资源的概念。一种资源如果不具有排他性，则每个人都会出于自己的利益考虑，尽可能地使用它，如果这种资源同时又具有非竞争性，则这种资源为"公共资源"。

通过以上分析可以得出公共产权的概念。公共产权是指人的共同体对财产或对稀缺资源享有所有权、公共使用权、公共收益权和公共支配权等。所有权决定使用权、收益权。而使用权、支配权、收益权是所有权的实现。我国宪法规定，城镇土地、森林、河流、矿山等资源都是国家财产，属于公共产权。如果将财产的使用权、转让权以及收入的享用权界定给一个共同体，在共同体内由于每个成员行使这些权利的干扰，那么产权就表现为公共产权。

以上分析表明，在公共产权明晰的基础上，产权要求所有权、支配权、使用权、受益权明确，才能实现利己与利他的统一，实现人与自然的和谐发展，构成生态发展和可持续发展的生态经济。因此，只有在公共产权和其他产权明晰的情况下，坚持科学发展观，才能实现自己和社会的整体利益最大化。

（二）公共产权对生态农业效益的作用

我们通过对公共产权的分析，得出了公共产权对生态农业的发展具有重要作用的结论。产权具有较强的专一性和排他性，产权具有可分解性和交易性，一方拥有产权，另一方就不能占有该生态资源或自然资源，而其本人在使用资源的时候，他就会考虑怎样使用资源才能给他带来经济效益和生态效益。经济学家认为零污染意味着零发展，也就意味着零生态农业效益以及零经济效益，污染是一个无法回避的生态问题。由此需要产权的明确，所以庇古认为应当根据污染所造成的危害对排污者征税，用税收来弥补私人成本和社会成本之间的差距，使私人利益与社会利益相等。其促进生态农业效益提升的政策是：当边际私人成本大于边际收入的时候，实施补贴政策，采用政府补贴，反之征税，这种税叫作"庇古税"。这种税导致的结果是通过征税和补贴的办法实现高碳外部效应内部低碳化，实现生态农业效益的提升。

（三）碳汇交易与排污权交易

从现代产权经济学研究的成果来看，如果产权界定是清晰的，那么外部性内部化或者说生态农业效益方面的一个重要机制就是市场机制，应通过市场机制促进制度创新。

（1）碳汇交易

所谓碳汇是指从空气中清除二氧化碳的过程、活动、机制。碳汇是一种虚假交易，是一种责任担当或责任程度，是一种利益分配。一方的二氧化碳和二氧化硫排放侵害了另一方的利益，就要承担相应侵害程度的责任，以及分摊相应的利益。碳汇交易还是一种价值维度，即低碳价值和生态价值维度，这种价值维度以碳配额的形式出现，碳减排超过了一定的额度就要在碳汇市场购买。碳汇交易是一种制度约束，以制度形式约束碳排行为，以制度约束碳排主体，以制度促进排污权交易。

关于碳汇的制度主要有两种。一是以跨国投资为基础的碳汇项目。碳汇交易制度的具体设计与排污权交易有一些相似之处。二是以排放许可为交易对象的碳汇交易制度。制度包括问题控制、信息交流平台、配额的初始分配、交易之后的执行监督等制度。在碳汇交易中，实际排放的二氧化碳量少于配额的企业，可以在碳汇市场中出售多余的配额，而那些实际排放量超过配额的企业则需要到碳汇市场上购买配额，否则将受到处罚。这种配额在《京都议定书》的清洁发展机制中被称为"核证减排量"，在欧盟的碳汇市场中被称为"欧盟排放许可"。

通过以上分析，我们对碳汇交易提出如下建议：一是研究先行，全面提高碳汇管理的能力与水平，培养较高素质的专业队伍；二是积极探索全面碳汇交易，提高碳汇的购买需求，提高碳汇造林的可行性与吸引力；三是利用碳汇交易的契机，进行碳汇造林，增加农民收入；四是强化现有造林工程的碳汇经营与管理理念，增加造林融资渠道；五是做好碳汇造林技术与经验的积累，提升碳减排潜力。

（2）排污权交易

排污权交易的思路是19世纪60年代末由美国经济学家戴尔首先提出的，排污权交易这一理论的提出对于后来低碳经济的发展和生态农业效益的提升具有重要指导作用。排污权交易有质的规定性和量的规定性，质的规定性是排出二氧化碳和二氧化硫对空气质量的影响，量的规定性是指排污浓度的总体水平，都是以污染许可证的形式出现，污染许可证能够激励生产者积极控制污染源以提高生态农业效益。

通过对排污权交易的分析，特提出如下建议。

一是排污权价格政策的产业政策运用，实施有区别的排污权价格。鼓励发展现代服务业，对高新技术产业实行动态优惠的排污权价格，即排污权的损失由当地政府给予投资方适当的价格补贴。对于限制发展产品实行惩罚性政策，可以在排污权市场价格基础上适当加价，使排污权数量和价格纳入政府宏观调控的范畴。二是排污权交易机制与清洁发展机制的运用，着力培育排污权供给市场。这一政策主张是，市场主体需求的新增排污权可以从储备交易中心获得，根据具体情况也可以由该市场主体在主管部门允许的范围内，通过提供资金和技术帮助企业减排，并核定企业的排污量，其减排成果经核准后可以作为该企业的新增排污权。三是灵活运用差别价格引导排污权的空间优化配置，营造特殊的排污权供给区域。包括离饮用水源保护地较近的区域、离行政区交易面较近的敏感区域的废水排放权价格视具体情况也可以适当提高，因为随着跨界水污染补偿机制的推行，排污主体的交易断面水质将成为区域补偿的主要依据，而补偿价格必将高于补偿成本。由于排污权的价格总高于一些企业治理污染环境资源的外部性成本，从非合作角度分析，在很多时候，某个人（生产者或消费者）的一项经济活动给社会其他成员带来危害，但他自己却并不为此支付足够抵消这种危害的成本。此时，这个人为某活动付出的私人成本就不如外部经济，根据经济活动为主体的不同可分为生产外部的经济和消费外部的经济。

第三章　农业生态系统中的生态关系与系统结构

第一节　农业生态系统中的生态关系

一、农业环境要素间的生态关系

（一）农业环境与生态因子

环境是生物获取维持生命活动的物质和能量的场所，是与生物不可分割的生态系统组分。生物与其环境间的关系是协同性的：一是生物必须从自然环境中获取必需的能量和物质，因此环境对生物的分布与生长起着制约作用；二是生物通过自身在形态、生理的变化来适应不断变化的环境，同时生物还能通过不同的途径不断地影响和改造环境。但总体上环境对生物的作用呈主导性。生物的环境是综合的、多方面的，不仅有物理、化学环境，生物之间（种内和种间）也互为环境。农业是经人工驯化和改良自然过程而形成的，农业生产过程就是农业生物利用特定的自然、社会环境中的要素进行转化的过程。因此，农业生物生长过程中，必然受到自然与人工两个环境的协同影响，对农业生物的分布、生长具有重要作用。

1.自然环境与生态因子

是作用于生物的外界自然条件的综合体，包括生物维持生命活动的物质、能量、信息以及生存空间。自然环境中一切影响生物生命活动的因子均称为生态因子（ecological factor），如温度、湿度、风力、辐射强度、土壤酸碱度等。太阳辐射和地球表面的土壤圈、水圈、大气圈综合影响着这些生态因子的组成及理化性质。

（1）生态因子的分类方法。

生态因子因研究者在不同工作领域研究重心的不同，有多种分类方法，不同的分类方法有不同的用途。

①属性。将生态因子分为非生物因子和生物因子两大类。非生物因子（abiotic factor）包括温度、光照、水分、酸碱度、氧等理化因子。生物因子（biotic factor）包括同种和异种生物。

②性质。将生态因子分为气候因子、地形因子、土壤因子、生物因子、人为因子五大类。每一类生态因子都自成系统，并具有各自的生态功能，同时又相互影响、相互制约。在生态因子中，能够作为原料和能量输入系统并在系统中转换为生物产品的因子，称之为自然生态因子。例如：水、土壤肥力、光合有效辐射、大气中的二氧化碳（CO_2）和氮；天然林木、草场以及水体中的浮游生物、鱼群等都属于自然资源因子。就农业自然资源因子而言，在不同的时间和地点，通常多个自然资源因子相互结合，并以自然资源组合的形式而存在。要实现农业生态系统的高效率生产，则必须具备各种自然资源因子的良好组合。气候因子（climatic factor）也称地理因子，包括光、温度、水分、空气等。地形因子（topographic factors）指地面的起伏、坡度、坡向、阴坡和阳坡等，通过影响气候和土壤，间接地影响植物的生长和分布。土壤因子（edaphic factor）包括土壤结构、土壤的理化性质、土壤肥力和土壤生物等，是气候因子和生物因子共同作用的产物。生物因子包括生物之间的各种相互关系，如捕食、寄生、竞争和互惠共生等。人为因子（anthropogenic factor）指人类活动对生物和环境的影响。

③稳定性。原苏联生态学家蒙恰斯基将生态因子分为稳定因子和变动因子两大类。稳定因子是指终年恒定的因子，如地磁、地心引力和太阳辐射常数等，其作用主要是决定生物的分布。变动因子又可分为周期变动因子和非周期变动因子，前者如一年四季变化和潮汐涨落等，后者如刮风、降水、捕食和寄生等，变动因子主要影响生物的数量。

④对种群数量的影响。史密斯把生态因子分成密度制约因子（density dependent factors）和非密度制约因子（density independent factors）两大类，前者的作用强度随种群密度的变化而变化，因此有调节种群数量、维持种群平衡的作用，如食物、天敌和流行病等各种生物因子；后者的作用强度不随

种群密度的变化而变化，因此对种群密度不能起调节作用，如温度、降水和天气变化等非生物因子。生态因子作用方式有以下几种类型：

（2）生态因子的特点。

①生态因子的主导和次要作用。在一定条件下起综合作用的诸多环境因子中，有一个或几个对生物起决定性或主导作用的生态因子，称为主导因子。主导因子发生变化会引起其他因子也发生变化。例如，光照是光合作用的主导因子，温度和CO_2为次要因子；春化时，温度为主导因子，湿度和通气程度是次要因子。又如，以土壤为主导因子，可以把植物分为多种生态类型，有嫌钙植物、喜钙植物、盐生植物、沙生植物；以生物为主导因子，表现在动物食性方面，可分为草食动物、肉食动物、腐食动物、杂食动物等。生态因子作用的主次性在一定条件下可以发生转化，处于不同生长时期和条件下的生物对生态因子的要求和反应不同，某种特定条件下的主导因子在另一条件下会降为次要因子。如水稻秧苗进入3叶期后，由于胚乳中的营养物质和能量基本耗尽，这时秧苗进入离乳期，营养物质特别是氮素成为影响秧苗生长发育的主导因子。进入分蘖初期后，当满足秧苗的营养条件时，土壤中的氧气（O_2）就成为主导因子，其他因子变为次要因子。因此，在保证正常土壤供肥条件下，栽培上往往通过浅水增氧来促进水稻秧苗的早生快发。

②生态因子的直接和间接作用。生态因子对生物的影响有直接与间接作用之分，如环境中的地形因子，其起伏程度、坡向、坡度、海拔高度及经纬度等，能影响光照、温度、雨水等因子的分布，从而对生物产生间接作用，环境中的光照、温度、水分状况则对生物的类型、生长和分布起直接作用。但坡向、坡度等因素有时也会直接影响生物的生存与活动，所以生态因子的直接和间接作用的划分不是绝对的，而是相对的。生态因子的直接作用（效应）涉及一些条件的诱导与维持，当这些条件被解除，效应便立即停止，这一现象称为直接作用（direct effect）。比如沙漠中的一种福桂花科灌木——墨西哥刺木（Fouquieria Splendens），一旦生长所需的水分达到有效水平，植物就长出幼小的叶片，但当水分降低到植物萎蔫的临界水平时，这种植物的叶片就会很快脱落，表现出与外界水分条件紧密相关。

③生态因子作用的阶段性。由于生物生长发育不同阶段对生态因子的要

求不同，因此，生态因子的作用也具有阶段性，这种阶段性是由生态环境的规律性变化所造成的。例如，光照长短在植物的春化阶段并不起作用，但在光周期阶段则十分重要。另外，有些鱼类终生都定居在某一个环境中，根据其生活史的不同阶段，对生存条件有不同的要求。例如鱼类的洄游，大麻哈鱼生活在海洋中，生殖季节就成群结队洄游到淡水河流中产卵，而鳗鲡则在淡水中生活，洄游到海洋中去生殖。因此在考察或利用特定地区的环境资源时，必须充分考虑生态因子对生物作用的阶段性。比如栽培上必须根据生态因子的时空分布规律，选择或引进适宜的作物品种，确定合理的插播期和安全开花结实期，以实现生态因子的时空分布特点和作物不同生育阶段与生态因子作用的阶段性要求相吻合，从而达到高产稳产的目的。

④生态因子的不可替代性和可补偿性。生态因子虽非等价，但都不可缺少，一个因子的缺失不能由另一个因子来代替，因此生物所必需的生态因子具有同等重要性和不可替代性的特点。生态因子的不可替代性告诉我们，尽管生物对各生态因子的要求有量上的差别，但缺一不可。因此在营养管理上必须充分考虑其同等重要性原则，做到全面、适量、平衡供给，这是保证生物健康生长发育的必要条件。比如植物生长发育所需的营养元素有大量元素与微量元素之分，缺失任一元素都会影响植物的产量与品质。因此，施肥管理上既要重视氮、磷、钾三要素的使用，又要考虑平衡施肥，只有这样才能高产稳产。但环境中某一因子的数量不足，有时可以由其他因子来调剂或补偿，例如光照不足所引起的光合作用下降可由CO_2浓度的增加得到补偿。然而，生态因子的补偿作用只能在一定范围内做部分补偿，且因子之间的补偿作用也不是经常存在的。如软体动物在锶多的地方，能利用锶来补偿钙的不足，作物营养元素间的可补偿性例子也很多，人们经常应用营养元素间的可补偿性进行栽培调控，也可实现高产。

⑤生态因子的综合性。环境中各种生态因子不是孤立存在的，而是彼此联系、互相促进、互相制约，任何一个单因子的变化，都必将引起其他因子不同程度的变化。生态因子的作用虽然有直接和间接作用、主要和次要作用之分，但它们在一定条件下又可以互相转化。这是由于生物对某一个因子的耐受限度，会因其他因子的改变而改变，所以生态因子对生物的作用不是单一的，而是综合的。因此，在考察或开发特定区域的生态环境

时，必须充分考虑生态因子的综合作用特性，破坏任何一个因子都会导致该生态环境系统的恶化甚至破坏，因此保护和利用特定地区的环境资源，首先要保护影响该生境的生物资源，只有这样才能保证该区域环境资源的可持续利用。

2.人工环境

农业生态系统是受人类干预的生态系统。广义的人工环境包括所有受人类活动影响的环境，根据干预的程度可分为人工驯化的环境和人工创造的环境。

（1）人工驯化的环境。

人工驯化的环境是指在原有的自然环境中，由于人的因素使其发生局部变化的环境。如为改变局部地区气候，控制水土流失，使农作物高产稳产而人工经营的防风林、草地、水保林、森林等，为控制旱涝灾害而兴建的水利工程等。这些人工驯化的环境在一定程度上仍然依赖于大自然。

（2）人工创造的环境。

人工创造的环境是指人类模拟生物生长发育所需要的外界条件而塑造的环境。

①无土栽培环境。无土栽培是以人工创造根系环境取代土壤环境。这种人工创造的作物根系环境，可通过人为调控满足作物对矿质营养、水分和空气条件的需要，促进作物的生长发育，发挥作物最大的生产潜力。当前无土栽培主要用于蔬菜和花卉生产。

②大棚温室环境。通过建造塑料和玻璃大棚来提供生物生长发育所需要的适宜环境条件。在冬春寒冷季节，温度是生物生长发育的限制因子，温室栽培可以提高环境中的温度，使生物能像夏天温暖季节一样正常生长发育。大棚温室环境大多进行高度连作生产。

目前温室栽培主要用于蔬菜、花卉和药材的生产。

③集约化养殖环境。通过建造畜舍、禽舍控制饲养动物生长发育所需要的温度、湿度和光照条件，最大限度地节约饲料，提高家畜、家禽的生产力。在夏天炎热的气候条件下，强烈的太阳辐射长时间作用于畜禽，会引起热平衡的破坏，甚至引发日射病而死亡。畜禽舍的建造为畜禽提供了理想的生长环境，为畜禽的速生、优质、低消耗和高产稳产奠定了基础。

（二）农业自然环境要素及其相互作用

农业自然环境要素主要是指影响作物生长的各类环境因子，主要包括太阳辐射、大气、水、土壤及生物环境要素，这些环境要素通过改变其组成及理化性质来影响生存于其中的生物。

1.太阳辐射

太阳辐射是地球生命生存的基础能量来源。太阳辐射具有2种功能：一是通过热能形式使地球表面的水体、土壤变热，推动水循环，促进空气和水的流动，为生物生长创造合适的温度条件；另一功能是以光能形式被绿色植物吸收，并通过光合作用合成糖类，同时将太阳光能储存在有机物中，这些有机物中所包含的能量供给其他各种动物和异养生物，成为生态系统中其他生物能量的来源。通过植物的光合作用，使各生物和太阳能之间产生本质的联系。植物在光合作用过程中，主要同化波长400～700nm的可见光能量，约占总辐射的一半，称为光合有效辐射。光合有效辐射是植物生命活动、有机物合成和产量形成的能量来源。此外，光强、光质和光照时间的长短都会对植物的生长和发育产生影响。光对植物的生态作用受光照度、日照长度、光谱成分影响。这些光因素各有其时间和空间的变化规律，随着不同的时间和地理条件而发生变化。

2.大气圈

大气圈是地球表面保卫整个地球的一个气体圈层。从地球表面到高空1000km的范围内都属于大气层，但是大气质量的99%集中在离地表29km之内。根据温度变化情况把大气圈划分为四层：对流层、平流层、中间层和电离层。对流层空气的垂直对流运动显著，温度随高度升高而降低。平流层空气比对流层稀薄，主要是平流运动，气温变化不大。中间层又称散逸层，温度自下而上骤降，并有强烈的垂直活动。中间层以上是电离层，空气非常稀薄。大气圈厚度虽有1000km以上，但构成生物生长的气体环境部分主要是贴近地面的对流层。对流层厚度在不同的纬度地区是不同的，赤道附近厚度16km，在两极只有8km，中纬度地区10～20km。对流层的显著特点是空气上下不停地相对流动着，水蒸气最为集中，尘埃也多，主要的天气现象，如云、雾等都发生在这里，大气质量的75%都集中在这里。大气是一种混合气体，还含有一些悬浮的固体杂质和液体微粒。大气圈中的空气是复杂的混合物，如果没有严重的环境变迁和污染发生，它的组成是一定的。大气的主要成分是氮气、氧气、氢气和二氧化碳，在25km以下所占容积的比例分别为78.09%、20.95%、0.93%和0.03%，其他次要成分不足0.01%。

生物大多出现在地表50～70m以下的气层中，离地表面1km外的大气中就很少有生物了。大气圈在提供和保护地面生物的生存条件中起着良好的作用，同时也供给生物生存所必需的碳、氢、氧、氮等元素。大气圈不仅能够防止地球表面温度的急剧变化和水分的散失，还能保护地面的生物免受外层空间多种宇宙射线的辐射。大气层中的物理变化过程导致的气候各因素变化直接影响生物的生存、生长发育和分布。

3.水圈

地球作为太阳系的行星适于生命的发生发展，一个重要原因是它具有广泛分布的水。围绕地球表面各种类型的水所覆盖的部分统称水圈。地球表面的71%为海洋所覆盖，平均深度为3 600m，在陆地表面都有水的存在，大气圈中也有水汽和水滴的存在。地球上的水有两大特征：从动态看，水在全球循环更替，形成统一的、连续的水圈；从数量上看，地球上水的总量大约有14亿km³，是相对平衡的。水在全球循环有3种基本方式：一是通过固相、液相、气相三态变化与大气混合，随着大气环流或地区性环流，做远距离传播；二是在盛行风作用下，以洋流形式在海洋中做大规模运动；三是在重力作用下，以径流形式由陆地汇入海洋。水的分布影响着生物的生存与分布。陆地中的大气水和河川水最为活跃，它们每年更替，但又保持动态平衡，对农业有直接意义的水资源主要指这一部分。

（1）水是生命活动的基础。

水是生物新陈代谢的直接参与者。生物的新陈代谢是以水为介质进行的，水对许多化合物有水解和电离作用。生物体内营养物质的运输、废物的排除、信息的传递以及生命赖以生存的各种生物化学过程，都必须在水溶液中才能进行。水还能维持细胞和组织的紧张度，使生物保持一定的状态。水的比热大，吸热和放热过程缓慢，因此水对稳定环境温度有重要意义，是地球表面重新分配太阳能、缓和天气变化幅度的重要因子。

（2）水的运动有其深远的意义。

洋流调节全球热量分布和气候。径流输送元素和地表物质。环流实现全球水热再分配和水量平衡。降水对动植物的数量和分布也有影响，如降水量最大的赤道热带雨林中动植物数量多，荒漠地区单位面积物种数则少。

4.土壤圈

岩石圈表面的风化壳是土壤的母质，母质中含有丰富的矿质营养，在水分、有机质和生物的（特别是微生物）长期相互作用下形成土壤。土壤是岩石圈表面能够生长动物、植物的疏松表层，是陆地植物生活的基质，能提供植物生活所必需的矿物质元素和水分，是生态系统中物质与能量交换的重要场所。土壤是由固体（无机物和有机物）、液体（土壤水溶液）和气体（土壤空气）组成的三相复合系统。固相中无机部分由一系列大小不同的无机颗粒所组成，包括矿质土粒、沙、硅质黏土、金属氧化物和其他无机成分；有机部分主要包括非腐殖质和腐殖质两大类。除了上述三相成分之外，每种土壤有其特定的生物区系。土壤圈具有独特的结构和化学性质，同时拥有巨大的吸收能力和储藏能力，为生物的生长提供了相当适宜的条件。土壤是植物生长繁育的基础，也是物质和能量重要的储存和转化场所。

每一种植物，只能在适应于它的环境条件下生长和发育。植物的生态环境分为非生物因子和生物因子两大类，其中非生物因子包括气象因子（温度、光照、空气等）、土壤因子（土壤的物理性质、化学性质等）；生物因子包括了植物因子（如植物之间的共生、寄生、附生等关系）、动物因子（如传粉、摄食、践踏等）、微生物因子。如上所述，植物的生态环境对植物的生长发育能够产生重要的综合作用。

土壤对植物最明显的作用之一就是为植物的根系生长提供场所，同时还供应植物生长发育所需的水分以及营养物质等。土壤的物理性质（如通气、排水、黏性等）决定着土壤的供水及供氧能力，而其化学性质（如酸碱度、肥力、有机物含量等）则决定着土壤供应养分的能力。因此土壤的物理性质和化学性质会影响植物根系深入土壤的深度以及土壤保持水分及供应养分的有效深度。土壤中含有的各类微生物会将土壤中的有机物分解转化为无机养分供植物吸收，而植物残根及其他留在土壤中的部分作为养分回归土壤，供下期植物生长。土壤是生物进化过程中的过渡环境。土壤还是转化污染物的重要场地，土壤中大量的微生物和小型动物对污染物都具有分解能力。土壤在一定情况下，也有可能发生温度、湿度等的巨大变化。

5.生物环境

植物的生长除了非生物因子的影响，也有其特定的生物环境的影响。植物、动物及微生物之间的相互作用关系构成了植物的生物环境。其中植物间的相互作用关系包括营养关系、附生关系和竞争关系，植物与动物的相互作用关系包括植物与植食性动物的营养关系、植物与有益昆虫的共生关系及植物与有害昆虫的利害关系，植物与微生物的相互作用关系包括它们之间的共生关系、共栖关系和寄生关系。

二、农业生物间的生态关系

（一）植物间的相互作用关系

由于资源的有限性，植物间存在着争光、争肥和争夺空间等竞争，同时长期进化的结果，导致有些植物之间相互依存，从而形成了各式各样的关系。

1.营养关系

异养型寄生植物有的完全依赖寄主的营养物质，有一些植物如菟丝子，本身虽有少量的叶绿素，但不能满足自身需要，还需通过特殊的管状吸器插入寄主茎内吸取有机营养物质，还有一些半寄生植物可以自己进行光合作用，但需要从寄主摄取水和无机养料。

2.附生关系

附生植物着生在其他植物地上器官表面，相互之间并没有营养上的直接联系，属于自养型。附生植物不接触土壤，水分来源依靠雨水、露水乃至空气中的气态水。由于水分条件的多样性，附生植物包含水生、旱生等多种类型。藤本植物扎根于土壤，但茎不能直立，通过攀缘或缠绕支柱植物而向上生长。这样既可获得充足的光照，又无须过多消耗营养用于茎部加粗生长。缠绕性木质藤木对支柱植物影响大。幼藤遇到粗细适度的幼枝后开始缠绕，而且迅速延伸到树冠。绞杀植物开始附生于支柱植物上，长出气生的网状根系紧紧包围树干并向下扩展，直到伸入地面下形成正常根系。

3.竞争关系

在植物幼苗生长过程中，总是受到包括地下根竞争在内的各种竞争影响。植物间的竞争主要与光合有效辐射、水分和各种营养相关。当外来植物侵入森林群落时，可能受到群落中其他植物竞争的影响。植物间的竞争作用是影响植物生长、形态和存活的主要因素之一。

（二）植物与动物的相互作用关系

1.植物与植食性动物的营养关系

植食性动物以植物为直接营养来源，动物在这个过程中起到授粉及传播种子的作用。

2.植物与有益昆虫的共生关系

种子植物通过异花授粉实现基因交流，从而增强该种植物适应环境的能力。长期以来，动物对植物种子的散布使植物也具有相应的特征。附着式传播种子的植物借助果实上的钩状物或刺状物挂在动物身上，或分泌黏液附着在动物身上，其种子可被携带到一定距离的地方。被食型传播种子的植物会产生肉质果实以吸引动物来取食，但其种子有厚壳保护，可使其安全通过动物的消化道，被排泄在较远的地方。此外，鼠类或鸟类等动物迁移、存储某些植物果实，亦能起到散布种子的作用。

3.植物与有害昆虫的捕食关系

少数食虫类植物能利用变态叶捕食小虫，并分泌出含酶的消化液溶解捕获物，产生氨基酸以供吸收。

（三）植物与微生物的相互作用关系

1.植物与微生物的共生关系

植物与微生物之间的共生（symbiosis）现象表现为异种之间营养的相互交流和相互补充。植物与微生物紧密联系，共同生活，使双方都可以从中获得好处，如豆科植物与根瘤菌的互利关系。根瘤菌在土壤中单独生活时生有鞭毛，受豆科植物根毛排放出的物质吸引运动到根边，溶解细胞壁而进入根内，之后脱去鞭毛变成杆状。周围的根细胞受它刺激而加强分生机能形成根瘤（见图3-1）。根瘤菌从寄主体内获取水分、盐类、有机酸和糖类，供给寄主含氮化合物。借助这种共生关系，豆科植物能在贫瘠的土壤上保持正常生长，不同种类根瘤菌有不同共生的寄主。

图3-1　豆科植物根部的根瘤

2.植物与微生物的共栖关系

植物和微生物表现为共栖关系（commensalism），共同生存，但没有明显的利害关系，有时一方虽受益但不影响另一方。例如，在植物的根围和叶围通常有许多非病原微生物，如一些细菌、丝状真菌、放线菌和酵母菌等。这些微生物虽可利用植物分泌的有机物，但不会对植物的生长发育产生影响，甚至有些种类还能拮抗植物病原物，可作为生防菌开发利用。

3.植物与微生物的寄生关系

植物与微生物的寄生（parasitism）关系是指微生物依赖植物提供其所需的营养物质的生活方式。提供营养物质的植物称之为寄主（host），而得到营养的微生物为寄生物（parasite）。会导致植物产生病害的病原物均为异养生物，自身不能制造营养物质，需依赖寄主的营养物质而生存。

（四）农业生物间的生态网络

植物、动物和微生物这三类生物在生命的起源、演化进程中具有密切的亲缘关系。它们既具有普遍的共性，又各自进化出了互不相同的特性。在地球生物圈这个复杂的生态系统中，植物和一部分与植物有亲缘关系的自养微生物都是生产者，而包括人类在内的动物均为消费者，微生物则是分解者，三者息息相关，生物圈中的物质循环和能量流动主要由这三者协同作用运转。

其中，由植物根系所排放的分泌物是植物与土壤之间进行物质交换及信息传递的重要载体，也是植物响应逆境的方式之一，构成了植物独特的根际微生态环境，同时亦是根际对话的主要调控者。根系分泌物对于生物地球化学循环、根际生态过程的调控、植物生长发育等均具有重要作用，尤其是在调控根际微生态系统结构与功能方面发挥着重要作用，调节着植物与植物、植物与微生物、微生物与微生物间复杂的互作过程。植物化感作用、农作物间套作、生物入侵、生物修复等都是现代农业生态学的研究热点，它们均涉及非常复杂的根际生物学过程。越来越多的研究表明，不论是同种植物还是不同种植物之间相互作用的正效应或是负效应，都是由根系分泌物介导下的植物与特异微生物共同作用的结果。近年来，随着现代生物技术的不断完善，有关土壤的研究方法与技术取得了长足的进步，尤其是各种新技术，如环境宏基因组学、宏蛋白组学、宏转录组学、宏代谢组学等宏组学技术的问世，极大地推进了人们对土壤生物世界的认知，尤其是对植物地下部生物多样性和功能多样性的深层次剖析。根际生物学特性的研究成果被广泛运用于指导生产实践。深入系统地研究根系分泌物介导下的植物、土壤与微生物三者间的相互作用方式与机理，对揭示土壤微生态系统功能、定向调控植物根际生物学过程、促进农业生产可持续发展等具有重要的指导意义。

根系分泌物介导下的植物、土壤、微生物三者间相互作用的研究正成为现代科学研究的热点问题之一。近几十年来，随着现代生物化学与分子生物学研究手段与技术的日新月异，有关植物根际生物学特性的研究成果也日益丰富与深入。众多研究发现，植物的根系分泌物对根际微生物群落构成具有选择塑造作用，不同的植物体其根际微生物群落结构具有独特性与代表性，反之，根际微生物群落的结构变化也会影响植物根系分泌物的释放、土壤中物质的循环、能量的流动及信息传递，从而影响植物的生长发育过程。

三、农业生物与环境的生态关系

生物与环境作为一个整体是不可分割的，二者相互依存并相互影响。这种关系在生物界普遍存在，这意味着生物必须适应其所处的生活环境才能够继续生存、繁衍；在生物适应环境的同时，生物也深刻地影响着周围环境，使所处环境朝着有利于自身生存的方向发展。

适应环境的不同生物形成了生物的多样性。生物适应多变环境的能力来自生物自身的遗传基因，同时在表征上产生了一系列适应新环境的器官结构，甚至产生新的生物物种。如适应极端生存环境的嗜热菌、嗜盐菌、生活在火山周围的海洋鱼类以及因滥用抗生素所产生的耐药病菌等。

任何一种生态因子对每一种生物都有一个耐受性范围，范围有最大限度和最小限度，人们把这一耐受性范围称之为生态幅（ecological amplitude）。对环境变化比较敏感的物种其生态幅就比较狭窄，如大熊猫因为食性单一，自然分布少，成为濒危物种。生物适应环境变化的过程非常科学，人们从一些生物体的形态结构及功能的原理上受到启发，发展了仿生学。仿生学是许多重大科技发明的源泉，如模仿鸟的翼发明了飞机，模仿蝙蝠的回声定位发明了雷达等，都是我们学习和借鉴大自然智慧的结晶。

生物的进化的过程是从水生到陆生，从简单到复杂，从低级到高级的过程。随着地球环境的剧烈变化，生存的环境也日趋复杂，生物之间的相互影响使生物体在自身结构上不断完善，从细胞、组织到各种独特功能的器官，活动空间也不断扩大，最终产生多种多样不同进化地位的生物种类。随着种群不同个体之间联系交流、分工合作的程度不断加强，分化出各自独特的生态位，增强了物种抵御不良环境的能力，提高了群体的竞争力，彼此间相互适应相互影响，为物种的生存和繁衍提供了保障。经过漫长而又复杂的生物进化，生物与环境之间已经融为一个不可分割的整体，彼此相互作用、相互影响、相互依赖。生物也深刻地改变着原有的生存环境，为后来物种的出现创造了适宜的条件。苔藓植物、蕨类植物、裸子植物和被子植物先后出现，使生物与环境达到高度协调统一。但人类大肆砍伐森林、破坏草地与湿地、围湖造田、超量排放温室气体等无视生态规律的行为，导致全球气候异常变化，水土流失、土地沙漠化严重。同时过度捕杀某些生物造成食物链层次减少，甚至断裂，人类的过度开发使很多生物面临失去栖息地的危险，或成为濒危物种，生物多样性遭到破坏，最终对人类自身的生活也产生严重影响。

（一）生物对环境的生态适应

生物对环境的生态适应性（ecological adaptation）是生物在生存竞争中为适应环境而形成具有特定性状的一种表现。环境中各生态因子对生物的综合作用，最终表现出生物的趋同和趋异适应。所谓趋同适应（convergent adaptation）是指亲缘关系相当疏远的生物，由于长期生活在相同的环境条件下，通过变异、选择和适应在器官形态等方面出现很相似的现象。如哺乳类的鲸、海豚、海象、海豹，鱼类的鲨鱼，它们在亲缘关系上相距甚远，但都长期生活在海洋中，整个身躯形成适于游泳的纺锤形。同种生物的不同个体群，由于分布地区的差异，长期接受不同环境条件的综合影响，个体群之间在形态、生理等方面产生相应的生态变异，这种适应性变化被称为趋异适应（divergent adaption）。如蓖麻（ricinus communis）在我国北方是一年生的草本植物，而在南方却是多年生的亚灌木植物。北极熊是由棕熊进化而来，皮毛为白色，与北极的环境颜色相同，有利于其捕食；肩部呈流线型，足掌有刚毛，可以使其在冰上行走而不滑倒。另外，北极熊属肉食动物，而棕熊虽属于肉食目，但经常食用一些植物，这表明为了适应不同的环境，同种动物发生趋异适应来满足其生存的要求。

1.生活型

长期生存在相同的自然生态环境或人为培育环境条件下的不同种生物，发生趋同适应，经自然选择或人工选择后所形成的具有类似形态、生理和生态特性的物种类群，称为生活型（1ife form）。生活型主要从形态外貌上进行划分，是种以上的分类单位。生活型的划分方法有很多种，同一生活型在亲缘关系上可能相距很远，但亲缘关系相距很近的生物种则可能属于不同生活型。蝙蝠和大多数鸟类一样以飞行来捕捉空中的昆虫为生，它的前肢已经突出，像鸟类的翅膀，却属于哺乳动物。植物群落生活型的组成特征是当地各类植物与外界环境长期适应的反映。研究表明，一个大地域的典型植被，均有一定的生活型谱，而且一定的植被类型一般都以某一两种生活型为主，各拥有较丰富的植物种类。

2.生态型

同种生物的不同个体群，由于长期生长在不同环境中，受不同的生态环境或人工培育条件影响，种内的不同个体群之间产生了变异和分化，这些变异在遗传性上被固定下来，并经自然选择或人工选择所形成的在形态、生理和生态特性上不同的基因型类群，称之为生态型（ecotype）。生态型是分类学上种以下的分类单位。生态型是与特定生态条件相协调的基因型集群，是植物同一种内适应于不同生态条件的遗传现象，存在遗传基础的生态分化，是同一种植物对不同环境条件的趋异适应。一般来说，生态分布区域很广的种类，其生态型也多；适应性狭窄的种类，所形成的生态型也单一。有的植物种，其变异式样有部分的不连续性，所分化的生态型能够识别；也有许多广布种由于变异的连续性，虽然生态型性质有变异，却不能确切地识别出各个生态型。分布广泛的生物，在形态学上或生理学上的特性表现出空间的差异，这种变异和分化与特定的环境条件相关联，同时生态学上的变异是可以遗传的。

研究生态型有助于分析植物种内生态适应的形式和了解种内生态分化的过程与原因，也可为选种、育种、引种工作提供理论根据。生态型已成为育种工作中发展的新动向之一，通过研究植物的不同生态型，从而有目的、定向改造植物物种，加速新物种形成，并从中选择性状优良的生态型，利用其生产效能获得高产。通过环境条件的控制和改造，可使植物定向改变，形成更多优质的生态型，以促进农、林、牧业发展。总之，生态型的研究，对研究物种的进化具有重要意义，在生产上的应用也日益广泛。

3.生态位

生态位理论是生态学中重要的基础理论之一，物种竞争、物种多样性、群落结构和功能、物种演替与种群进化以及群落物种积聚等原理均建立在生态位理论基石上。生态位（ecological niche）是生物物种在完成其正常生活周期时所表现出的对环境综合适应的特性，即一个物种在生物群落和生态系统中的功能与地位。在具体研究中，又常把生态位分为基础生态位（潜在生态位）、现实生态位（实际生态位）和空闲生态位等几种，而且量化研究时也有人用生态位宽度、生态位体积、生态位重叠度等进行描述。

如果多种生物都利用同一资源，这时就会发生生态位重叠现象，当这种重叠是在环境容量已经充分饱和的情况下发生的，就会导致竞争排斥，最终结果是部分生态位相似的生物死亡或在特征置换后得以继续生存。在种植配置时，应该要考虑各个种的生态位相似性、生态位宽度和生态位重叠，以及它们之间是否存在利用性竞争的生态关系，使所建立的人工栽培群落处于一种高度和谐的系统之中，避免引入种与原有种之间产生较大的生态位重叠而出现激烈竞争，提高初级生产力。

生态位理论也是解释森林群落演替动态的一种方法。种群的资源利用能力是种群分布与群落演替的内在动力。随着群落的发展或演替，种群的生态位宽度会发生变化，对不同时期的种群生态位宽度进行测定，有利于深入了解整个群落的发展动态。实际生态位则可用于种内或种间的比较，还可以作为基础生态位研究的资料，从这些资料中能够探索种群和群落的动态等；不同于原始生态位（即竞争前生态位或生理幅度）的基础生态位，可以为群落结构和演替动态的研究提供线索。在群落演替过程中，当种群大小与资源的可利用程度呈现相对平衡时，由于资源可满足种群的需要，种群不会表现出生态位压缩和释放；当种群大小超过资源的负荷时，资源就出现匮乏，种群衰退。同时，种群的增长将进一步影响环境，资源的耗损也会加速，这样就会限制原有种群的发展，压缩其实际生态位，从而为其他物种的生态位释放奠定基础。

（二）生物与环境的协同进化

生物是环境的主体，生物有机体的存活需要不断地与其周围环境进行物质与能量的交换。一方面环境向生物有机体提供生长发育和繁殖所必需的物质和能量，使生物有机体不断受到环境的作用；另一方面，生物又通过各种途径不断地影响和改造环境。生物与环境相互作用，相互影响，构成了复杂的体系，使得生物不可能脱离环境而存在。生物与环境不断地相互协调过程在农业生产上有很大的实践意义。

1.协同进化

自然生物群落中，生物之间不仅有体现为负相互作用的竞争关系，同样也有互利互惠的协同关系。协同进化一般是指进化过程中2个相互作用的物种所达成相互适应的共同进化，即不同种生物间相关性状在进化中得以形成和加强的过程。广义上，协同进化也指生物与生物、生物与环境之间在长期相互适应过程中的共同演化或进化。

在捕食者和被捕食者的进化选择中，被捕食者向着逃避捕食者捕食的方向发展，而捕食者则朝着提高捕食效率的方向发展，协同进化限制了捕食者的食物范围。在植物与草食动物的协同进化中，草食动物形成了只能取食有限种类的植物，甚至只取食一种植物，例如三化螟只取食水稻。很多动物只吃植物的特定部位，避免了对自身生存基础的破坏。被吃的草本植物也形成了生长点受保护、耐践踏、有地下茎、种子数量较多、被采食后能良好再生等一系列适应性状。植物的次生代谢物在生物侵袭的胁迫下迅速进化发展，各种昆虫（及其他生物）与这些植物的化学防御物质有关的适应性进化也并行发展。寄生者与寄主的协同进化，也出现类似有害作用减弱的情况。寄生者在入侵的机体中形成的致病力也受到进化上的限制。假如致病力过强，将会使寄主种群消失，那么寄生者也会随之灭亡。致病力还遇到来自寄主的自卫防御，例如免疫反应等。

协同进化也可理解为相关发展，从这个意义上说，农业生物与相关的农业技术也产生协同进化。例如水稻品种特性与水稻栽培技术有明显的协同进化关系。

生物的生态过程具体表现为竞争与协调，竞争是两个生物争夺同一对象而产生的对抗作用，是生物在生态过程中的分离行为，其结果是生物之间相互制约。反之，协调是生物在生态过程中的一致性行为，协调的结果是生物之间相互平衡，共同受益。虽然竞争是由于资源或环境问题引起的，但竞争往往是指生物之间的关系，而协调既可以指生物之间，也可以指生物与环境之间的关系。

在自然选择的作用下，生存竞争推动了生物的进化。自然生物群落中构成群落的多个物种之间此消彼长，并在某一个阶段达到物种之间的平衡。竞争也是物种向多功能进化的作用力，在不同生物之间的生存竞争中，通过自然选择使竞争力最强、生长潜力最大，以及群体利用环境资源最充分的物种得以生存繁衍，从而体现了自然界生物进化的意义。竞争也促使环境资源被重新分配利用，只有那些在环境资源有限条件下，仍然能够维持较高水平的生存力、繁殖力的物种，才会取得竞争的成功。达尔文的进化论过分强调了生存竞争，而忽略了生物之间在其他环境等方面的诸多联系，即把生物之间实际存在的大量协调关系都一并归入"优胜劣汰"之列，这显然是不全面的。在反映生物对某种环境（非生物）条件的适应进化时，竞争进化只在一定范围或水平上发生。

在自然界中，生物与生物之间、生物与环境之间的协调关系也是影响生物进化的一个关键因素。自然群落中的种群，通过相互之间的竞争与协调，实现种群之间的协同进化。如当前处于食物链底层的某些低等生物，如某些微生物和低等植物等，在与其他生物长期的竞争中，表现出与环境的协同进化。

自然界存在许多协同进化的关系。如在温带地区，一年四季分明，由光照、水分和温度等因素所综合构成的环境条件，对生物的生长发育以及繁殖活动常有明显的影响。在热带的某些地区，光照和温度的变化幅度不像温带那样明显，但有旱季和雨季之分，也会影响到生物的生长活动，而它们对这种季节性变化的协调适应是由物种的遗传性来表达的。例如在某一环境条件中，一种昆虫要与特定的植物种类建立一种生态关系，二者必须有吻合的发生季节，即它们的相互作用发生的前提是时空的一致性。自然生态系统中的植物为昆虫提供了食物以及栖息的场所，同时有些昆虫也为植物传授花粉或搬迁种子，以协助植物繁衍和扩大生境，表现出协同进化现象。

　　从不同地质年代所发现的化石中可以发现，在地球演变过程中，不同时期各类生物发生和发展的过程，以及生物与环境的协同进化过程。目前，已知最早的生命痕迹，其生存年代大约在34亿年前。原始的地球缺乏氧气，大气中存在着许多还原性气体。当时地球缺乏臭氧层的保护，太阳的紫外线辐射很强。前寒武纪沉积岩薄片中存在类似细菌大小的微体古生物化石，经鉴定主要是一些细菌、蓝细菌（蓝藻）等元古代开始出现的一些原始动植物。一些早期生物还具有光合放氧的能力和抗紫外线辐射的能力，它们通过光合作用放出氧气，形成了保护地球的臭氧层，为以后其他真核生物的生存和演化创造了条件。在古生代，以水生无脊椎动物和藻类最繁盛，尤以甲壳类的三叶虫成为当时海洋的"主人"。随后，开始出现最早的脊椎动物——甲胄鱼类，古生代中期是鱼类的极盛时期。由于志留纪后期发生强烈的造山运动，出现了陆地，所以也出现了最早的陆生植物——裸藻类。泥盆纪时期，地球上海面缩小，形成了大量的高山，气候变得炎热干燥，生物开始逐渐脱离水生环境向陆地发展。中生代气温逐渐上升、稳定，由于各大陆接邻海洋，沙漠缩小，大气中的湿度和氧气含量增加，原始哺乳动物和原始的鸟类已经出现，繁盛的被子植物也在这时发展起来。新生代出现了气候变冷、旱化等现象。低纬度与高纬度地区的温度梯度增大，各地区水分条件的差异加大，导致全球自然环境的多样化。哺乳动物和被子植物大发展，出现了灵长类。

　　综上所述，以协调作用为前提的生物进化明显更有利于促进生物界的整体发展。从全球生物多样性的角度看，协同进化是占主导的。协调有利于增强生态系统的多样性和稳定性。生态系统内多种生物之间的协调，以及生物与非生物环境之间的协调，能够促进这些系统组分之间有效的联结，提高系统的能量转化效率、有序性以及组织能力，从而保证生态系统的稳定性。

2.生物与环境的协同进化在农业上的应用

生物的遗传变异是生物进化的内在因素和动力。环境条件的改变会引发生物性状的变异。当变异经过长期的积累和加强达到一定程度时，生物的新陈代谢类型就会发生变化。我们的祖先很早就根据生物与环境协同进化的规律，从野生动植物中选择和培育出了丰富多样的家畜、家禽和栽培植物。例如起源于我国的水稻，早在4000多年前，勤劳的劳动人民就把野生稻驯化为栽培稻。自然条件下的野生稻植株矮小，穗小粒少，但野生稻在人工栽培下，所处环境发生了巨大变化，导致水稻产生了变异。人们又根据生产需要选留穗大、粒重的植株，并给予更为精细的管理，这样经过长期的选优去劣，并不断优化其生态环境，才有了现代种类繁多的栽培水稻。同样，家禽中的鸡，最早是源于野生原鸡，经人类驯化饲养，在与环境协同进化的漫长过程中，才逐渐成为家养鸡。

根据生物与环境协同进化原理，在引种过程中，要使引种目的地环境的各生态因子尽量都能满足所引生物个体生长发育的需求。实践证明，如果能够按照生物与环境之间相适应的原则进行，引种就容易获得成功。如在东南亚，当地的生态环境与橡胶树的原产地——南美亚马孙河流域热带雨林的条件非常相似，所以引种获得了成功，当前东南亚成为世界橡胶的主产区之一。

引种是发展农业生产的一项重要措施。在这方面有很多成功的案例，如原产于日本的水稻品种农垦57和农垦58，以及原产于意大利的小麦品种阿夫，在引入我国后都曾增产明显。然而也有不少失败的教训，如在20世纪50年代，广东某地从河南引进了冬小麦品种，结果不抽穗，最终颗粒无收；东北引进湖南、湖北某些地区的青森5号粳稻品种，还在秧田里就开始幼穗分化、甚至抽穗，从而造成了大量减产。20世纪60年代浙江引入的新疆细毛羊，不适应高温多雨、潮湿的自然环境易染病虫，结果种羊大批死亡。

要根据不同地区的自然生态环境特点，充分利用当地的环境条件，因地制宜进行作物布局，使作物与环境之间协调统一，提高生态效益和经济效益。如山东、河北、河南三省，大部分地区地势平坦、土质疏松、土层深厚、日照充足，水热条件与棉花的生态习性相符，尤其是春季气温回升快，秋季晴天多，非常有利于棉花早发稳长和吐絮，皮棉产量高。而南方一些省份因环境条件相对较差，皮棉的产量就相对较低。又如甘蔗属于热带、亚热带作物，在与环境的长期协同进化过程中，形成了喜高温多雨、生长期长的特点，适合在广东、广西、福建等地种植。

新开垦的荒地、荒滩，其土壤环境条件会随着种植措施以及时间而发生变化，需要合理安排农茬。如在盐分高、肥力贫乏，又缺水灌溉的滩地，可以先种植耐盐碱的黑麦草等，以改良土壤，待含盐量变低、肥力有所提高后再实施诸如棉花、麦类与绿肥之间的套作轮作制度。还可以采取必要的工程措施改造环境，为生物提供适宜的生态环境，另外应特别重视生物方面的措施，充分发挥生物对环境的改造作用。如营造防护林能够有效改善农田小气候，防御自然灾害，有利于形成适宜作物生长的生态环境。

人类与环境之间的关系非常密切。虽然，人类可以改变生活的环境，但人类的活动同样离不开地理环境，因此人地协调统一至关重要。一方面，人类能够适应环境，另一方面，人类还可以积极地改造环境，使之适应人类生存发展的需要。人类对自然环境的改造主要是为了满足自身的利益，但是生态系统的内部结构极为复杂，各组分之间相互依存、相互作用，往往一个因素的变化会导致其他因素也发生改变。人类对自然环境的改造所带来的影响有一些可能有利于人类，有一些可能相反。因此，必须处理好人类与环境之间的协调统一关系。人类的主观要求与环境的客观规律之间会存在一些冲突，这就要求人类在改造自然环境时尊重自然规律，实现人与自然和谐相处。

第二节　农业生态系统的结构分析

一、农业生态系统的组分结构

（一）农业生态系统的基本组分

自然生态系统的组分在结构上按照有无生命活动分为2大类：非生物组分（又称环境组分）以及生物组分（见图3-2）。前者包括太阳辐射、无机物质、有机物质和土壤等；后者则包括以绿色植物为主的生产者、以动物为主的消费者和以微生物为主的分解者三大功能类群。

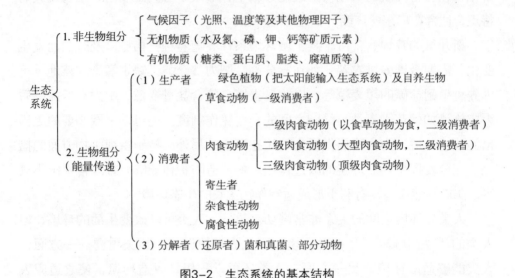

图3-2　生态系统的基本结构

农业生态系统与自然生态系统相类似，也包括生物组分和非生物组分2大基本组分。但因为受到人类的参与及调控，其组分的构成不同于自然生态系统，其生物成分主要是人类驯化的农业生物，环境包含了人工改造的环境部分。

1.非生物组分（环境组分）

非生物组分是农业生态系统中物质和能量的来源，包括无机物（如参加物质循环的碳、氮、钙、硫、磷、钾、钠等无机元素及化合物）、有机物（如蛋白质、糖类、脂类和腐殖质等联系生物与无机物之间的成分）和气候条件（如温度、压力、辐射、磁场等物理条件）等，是农业生态系统的重要组成部分，也是农业生态系统中生物赖以生存和发展的物质基础。

（1）太阳辐射。

农业生态系统的主要能源来自太阳辐射，包括直射辐射和散射辐射。通过自养生物的光合作用，太阳辐射能被转化为有机物中的化学能。同时，太阳辐射也为农业生态系统中的生物提供生存所需的温热条件。

（2）无机物质。

农业生态系统环境中的无机物质，部分来自大气中的氧气、氮气（N_2）、二氧化碳、水蒸气和其他物质，另一部分则来自土壤里的氮、磷、钾、钙、镁、硫、水、氧气和二氧化碳等。

（3）有机物质。

农业生态系统环境中的有机物质，主要来源于生物的残体和排泄物以及植物根系的分泌物，是连接生物与非生物组分之间的物质，如蛋白质、脂类、糖类和腐殖质等。

（4）土壤。

作为农业生态系统的一个特殊环境组分，土壤不仅是无机物与有机物的储藏库，同时也是陆生植物最重要的生存基质和众多微生物、动物的栖息场所。

2.生物组分

与自然生态系统一样，在生态系统的物质循环和能量转化过程中，根据生物组分的作用以及它们获取营养的方式，可以将其划分为3大功能类群，即以绿色植物和化能合成细菌为主的生产者、以动物为主的消费者和以微生物为主的分解者。

（1）生产者。

指利用简单的无机物合成有机物的自养生物（autotrophs），主要是绿色植物和化能合成细菌等。绿色植物具有通过光合作用固定太阳能的能力，并从环境中摄取无机物质进而合成有机物质，如糖类、脂肪、蛋白质等，同时将吸收的太阳能转化为生物化学能，储藏在有机物中。绿色植物包括光合细菌、藻类、地衣以及各种高等植物。化能细菌则能够从化学物质的氧化中获得能量。这类微生物能氧化特定的无机物，并利用所产生的化学能还原二氧化碳或碳酸盐，生成有机化合物，例如土壤中的亚硝酸细菌、硝酸细菌、硫细菌、氢细菌、铁细菌等。对于农业生态系统来讲，生产者主要是各种作物和林木，它们通过光合作用，能够将环境中的能量和物质首次转化成为生态系统的有机物质，同时将太阳能储存为化学能，供其自身和其他消费者利用，它们合成的产物成为农业生态系统中其他生命活动的能量来源，因此这个同化过程被称为初级生产，能够利用环境中的无机物和能量制造有机物的自养生物被称为初级生产者。这些初级生产者是农业生态系统的必要成分，在生态系统的构成中起到了重要的主导作用，直接影响生态系统的生存与发展。

（2）消费者。

消费者是指直接或间接以初级生产者或其他动物为食物来源的各种大型异养生物，主要包括各种动物。对于农业生态系统来讲，主要是以畜牧和渔业养殖为主的生物。消费者是生态系统物质和能量转化的重要环节。根据不同的食性，消费者分为肉食性动物、草食性动物、杂食性动物、寄生性动物和腐生性动物5种类型。

（3）分解者。

主要指以动植物残体为生的异养微生物，包括细菌、真菌、放线菌，还有一些原生动物和腐食性动物，如白蚁、蠕虫、甲虫和蚯蚓等。分解者又被称为还原者。从消费食物的角度看，它们也属于广义的消费者。它们数量多且分布广，把复杂的生产者和消费者的有机残体分解为简单的有机化合物，最终使之转化成为无机物归还到周围环境中，从而被生产者再吸收和利用。在物质循环过程中发挥着巨大的作用。消费者和分解者都依赖初级生产同化的有机物质中的能量和养分，因此被统称为次级生产者。消费者和分解者形成其生物量的生产称为次级生产。生态系统中由生产者—消费者—分解者（还原者）组成的食物链是能量流动的渠道。

农业生态系统的生物组分同样可以划分为以绿色植物为主的生产者、以动物为主的消费者和以微生物为主的分解者。但是，在农业生态系统中占据主导地位的生物是人工驯化过的农业生物，包含各种蔬菜、果树、林木、养殖水产类、家畜和家禽等，也包括农田杂草、细菌、昆虫等生物。更重要的是在农业生态系统的生物组分中，人类为最为重要的主体消费者和调节者。由于人类有目的地选择和控制，农业生态系统中的生物种类一般较少，生物多样性往往低于同地区的自然生态系统。

农业生态系统中的生产者、消费者、分解者和环境构成了系统的4大组成要素，它们之间通过物质循环和能量转化相联系，构成了一个具有复杂关系和一定功能的系统。农业生态系统中各组分间的关系见图3-3。

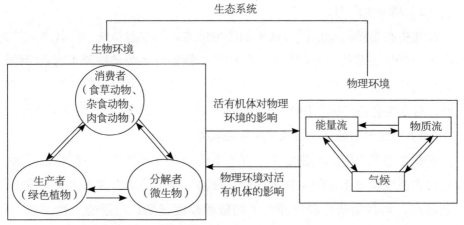

图3-3　典型陆地生态系统中生物组分和非生物组分之间的相互关系

3.人工环境组分

农业生态系统的人工环境组分是自然生态系统中没有的各种生产、加工、储藏设备和生产设施，例如温室、大棚、禽舍、畜棚、加工厂、仓库等。人工环境组分通常会影响生物的生存环境，在研究时常部分或全部被划在农业生态系统的边界之外，归于社会系统范畴。

4.生态系统组分之间的关系

从上述可知，农业生态系统中，各成分相互影响，互为依存，通过复杂的营养关系结合为一个整体。农业生态系统通常被认为是以种植业为中心的受人类控制的农区，由于人类的强烈参与，该系统在结构、功能、生产力等方面都发生了显著的变化，具有以下特点：

（1）人类参与。

农业生态系统是在人类的生产活动下形成的。人类参与农业生态系统的根本目的在于将众多的农业资源高效地转化为人类需要的各种农副产品。例如通过育种、栽培及饲养等调节和控制农业生物的数量并提高质量，或是通过农业基本设施建设和农田耕作、灌溉、施肥、防治病虫草害等技术措施，调节或控制各种环境因子为农业增产服务。但是，农业生态系统并不完全受人类控制，在某种条件下，自然生态对它也具有一定的调节作用。农业生态系统以产出大于投入为目的，而自然生态系统则需要实现最大生物量的收支平衡。

（2）高净生产力。

农业生态系统的总生产力低于相应地带的自然生态系统，但其净生产力却高于自然生态系统。农业生态系统中的生物组分多数是按照人的意愿配置的，加上科学管理的作用，使其中优势种的可食部分或可用部分得到较好的发展，对人类有益的物质和能量产出大幅增长，从而获得了较高净生产力。

（3）组成要素简化、自我稳定性能较差。

农业生态系统中的生物大多经过人工选择，与天然生态系统相去甚远。农业生态系统没有丰富的生物多样性，食物链结构简单。农业生态系统简化程度越高，对栽培条件和饲养技术的依赖程度越高，抗逆能力也越差。同时，由于人为减少了其他物种，农业生物的层次变少，系统自我稳定性下降。因此，农业生态系统要维持其结构与功能的相对稳定，必须人为不断地进行调节与控制。

（4）高开放性。

自然生态系统通常都是自给自足的系统，生产者所生产的有机物质，几乎全部保留于系统之内，众多营养元素基本上可以在系统内部进行循环和平衡。而农业生态系统则不然，其生产除了满足系统内部的需求外，还要满足系统外部和市场的需求，这样就有大量的农、林、牧、渔等产品离开系统，导致参与系统内再循环的物质数量较少。因此，为了维持系统的再生产过程，除太阳能以外，还需要向系统输入大量化肥、电力、机械、灌溉水等物质和能量。农业生态系统的这种"大进大出"现象，表明它的开放性远超自然生态系统。

（5）受自然与社会"双重"规律制约。

自然生态系统服从于自然规律，农业生态系统不仅受自然规律的制约，还受社会经济规律的支配。农业生态系统的生产既是自然再生产过程，也是社会再生产的过程。例如，在确定农业生态系统中优势生物种群的组成时，需要根据生物自身的生态适应性，以及市场需求规律，评估该生物种的市场前景和发展规模。

（6）明显的区域性。

与自然生态系统一样，农业生态系统也有明显的地域性；不同的是，农业生态系统除了受气候、土壤、地形、地貌等自然生态因子的影响外，还受社会、经济、技术等因素的影响，从而形成了明显的区域性特征。在进行农业生态系统区划与分类过程中，要更多考虑区域间社会经济技术条件和农业生产水平的差异。如低投入农业生态系统与高投入农业生态系统，集约农业生态系统与粗放农业生态系统等，都是根据人类的投入水平和经济技术水平进行划分的。

（二）农业生态系统组分结构的类型

在农业生产活动中，农业生态系统的结构根据复杂与否有单一结构和复合结构之分。前者指种植业、养殖业、渔业等单一结构；后者通常是2种或2种以上行业组成的复杂结构，通过各行业间相互结合，合理布局，从而达到对资源充分利用。例如，在生态农业园中，集生态、社会、经济效益于一体的种植、养殖和沼气的生产布局，即将种植业和畜牧业相搭配，结合粪便生物氧化塘多级利用的能源生态工程，以沼气发酵为主，将家畜排泄物和农作物秸秆等废弃物能源化，向农户提供生产和生活能源；还可将农作物秸秆和家畜排泄物等废弃物肥料化，提供高效有机肥料回归农田，可逐步提高土壤的有机质含量，促进农业的可持续发展。此模式中，农作物的秸秆、果实和家畜排泄物等都可循环利用，输出各种清洁能源或有机肥料，综合效益明显。实质上农业生态系统组分结构是农、林、渔、牧、副（加工）各业之间的量比关系，还包括各业内部的物种组成和量比关系。对农业生态系统组分结构的定量描述常有以下几种，如用各业用地面积占总土地面积的比例，或各业产值占总产值的比例，各业产出的生物能占系统生物能总产出量的比例，以及各业蛋白质生产量占系统蛋白质生产总量的比例等来表示。

生产上单一结构是最常见的，如单一种植冬小麦、玉米、花生、水稻等。为了发挥更大的效益，农业生态系统的结构多采用2种或多种结合，形成多种多样的农业生态系统结构。主要类型如下：

1.种植业与养殖业相结合的组分结构

种植业与养殖业相结合，二者可以通过一定的生产技术，在不同土地单元里实现，也可以在同一土地单元里将种植业和养殖业结合起来。发展草牧业，增加青贮玉米和苜蓿等饲草料种植，实施种养结合模式，能够促进粮食作物、经济作物、饲草料三元种植结构协调发展。在种植业与畜牧业的结合方面有饲草生产技术，以作物产品为原料的配合饲料生产技术。例如饲料作物种植与养牛、养猪、养鸡、养鱼的结合，作物秸秆饲喂动物，动物粪便肥田；再如，果园内放养各种经济动物，以野生取食为主，辅以必要的人工饲养，从而生产更为优质、安全的多种农产品。主要有果基鱼塘、果园养禽、果园养畜、果园养蚯蚓等以及它们的复合模式等。

2.种植业与林业相结合的组分结构

当前，常有把栽培作物和（或）动物与多年生木本植物在空间上进行合理搭配，形成综合利用土地及技术系统的模式，例如农林间作、林药间作等。从小规模农林结合的土地利用，逐渐发展成规模较大的区域性生物资源、土壤、水体、气候、地形的综合开发，最终形成具备多级生产且稳定高效的复合循环生态体系。农林间作在我国有许多成功的模式，如河南、安徽的桐粮间作，山东、河北的枣粮间作，江苏的稻麦与池杉间作，热带地区的胶茶间作、桉树菠萝间作等。

3.种植业与渔业相结合的组分结构

将农作物种植业和渔业有机地结合起来，充分高效地利用各种资源，从而提高综合效益，如桑基鱼塘、蔗基鱼塘、果基鱼塘、稻田养鱼（虾、蟹）技术等。各种生物之间互为条件、相互促进，形成良性循环的生态系统。

4.养殖业与渔业相结合的组分结构

在养殖业与渔业的连接方面，有鱼塘养鸭技术、塘边养猪技术等。利用鲜禽粪作为养鱼的肥料和饲料，直接投喂养鱼；或者将干禽粪作为鱼配合饲料的重要组成部分。

5.大农业的组分结构

大农业是指种植业、林业、渔业、牧业及其延伸出来的农产品加工业、农产品贸易与服务业等密切联系协同作用的耦合体。各产业间的相互作用以及结构的整体性是建立合理的农业循环经济产业链的基础。大农业型发展模式实质上就是在同一土地管理单元上进行立体种植，横向延伸，建设农、林、牧、副、渔一体化。

这种农、林、牧、副、渔各业兼有的综合型模式相对复杂，需要因地制宜地进行组合。如在山区半山区，可以实施林、牧、能一体化建设，或建设以沼气利用为主的林果种植和养殖业并举的"围山转"生态农业工程，如湖北郧阳区柳陂镇王家学村"山顶松杉戴帽，山腰果树缠绕，山下瓜果飘香"，河北在丘陵山区创造的"山上松槐戴帽，山坡果林缠腰，山下瓜果梨桃"，重庆大足区的"山顶松柏戴帽，山间果竹缠腰，山下水稻鱼跃，田埂种桑放哨"，广东省的"山顶种树种草，山腰种茶种药，山下养鱼放牧"，以及河北省的"松槐帽，干果腰，水果脚"等生态农业格局；在平原地区，则可以实施农、能、牧、商或农、能、渔、商等一体化建设，如桑基鱼塘，还有以沼气利用为纽带的蔬菜或花卉种植业、养殖业及加工业并重的生态农业工程等。

二、农业生态系统的营养结构

（一）农业生态系统营养结构的概念

生态系统是在一定空间范围内，各生物成分和非生物成分通过能量流动和物质循环而相互作用、相互依存所形成的一个功能单位。生态系统4大组分之间以食物关系为纽带，把生物和它们的无机环境联系起来，构成了生态系统的营养结构，使得物质循环和能量流动得以进行。

生态系统各要素之间最本质的联系是通过营养来实现的，这种营养关系是生态系统功能研究的基石。生态系统的营养结构（trophic structure），即以营养关系作为纽带把生态系统中生物与生物、生物与环境之间紧密联系起来的结构，简而言之，就是指生态系统中3大功能类群——生产者、消费者、分解者之间以食物营养关系连接而成的食物链（food chain）、食物网（food web）结构。它们和环境之间发生密切的物质循环，是生态系统中物质循环、能量流动和信息传递的主要路径。

农业生态系统的营养结构是由人与农业生物、农业生物与农业生物之间，以及与其所处环境之间通过能量转化和物质循环而形成的结构。其实质主要是在农业生态系统中，由人类按食物供需关系从植物开始，联结多种动物和微生物建立起来的多种链状结构和网状结构，即食物链结构和食物网结构。

生态系统中的物质是处在不断的循环之中，每一个生态系统的营养结构都具有其特殊性和复杂性。与自然生态系统相比，农业生态系统的营养结构易受人类的影响。农业生态系统不但具有与自然生态系统类似的输入、输出途径，如通过降水、固氮的输入，通过地表径流和下渗的输出，而且有人类有意识增加的输入，如灌溉水，化学肥料，畜禽和鱼虾的配合饲料；也有人类强化了的输出，如各类农、林、牧、渔的产品输出。有时，为了提高农业生态系统的生产力和经济效益，常对食物链进行"加环"处理来改造营养结构，又或为了防止有害物质沿食物链富集危害人类的健康与生存，通过"解列"食物链来中断食物链与人类之间的关联，以减少对人类健康的危害。

（二）农业生态系统营养结构的类型

1.食物链

（1）食物链的概念。

农业生态系统的营养结构是指农业生态系统中由生产者、消费者和分解者3大生物功能群所组成的食物链与食物网结构。生态系统中生产者固定的能量和物质，通过一系列的取食与被取食关系在系统中传递，这种生物成员之间通过取食与被取食关系所联结起来的链状结构称为食物链。这个词是英国动物学家埃尔顿于1927年首次提出的。食物链是生态系统营养结构的基本单元，同时也是物质循环、能量流动、信息传递的主要渠道。

通常，食物链是从生态系统中能生产能量的绿色植物（生产者）开始，食物链中有多种生物，一般后者可以取食前者。各种作物和杂草是生产者，在食物链上处于第一营养级；植食性昆虫以作物、杂草为食，处于第二营养级；肉食性昆虫和两栖类以植食性昆虫为食，处于第三营养级；捕食两栖类的动物处于第四营养级。如鼠类以作物为食，处于第二营养级，而鼠鼬以鼠类为食，处于第三营养级。这样，各种生物以营养为纽带，形成若干条链状营养结构，并进而形成食物网的网状营养结构。在农田生态系统中，营养结构反映各种生物在营养上的相互关系，同时也反映每一种生物所占的营养位置。食物链上不同生物之间通常用向右的箭头表示物质和能量的流动方向。一条完整食物链的最后往往是最高营养级，没有别的生物可取食它。谚语"螳螂捕蝉，黄雀在后"就是一条食物链：树—蝉—螳螂—黄雀。

（2）食物链的类型。

食物链是生物群落中动植物由于食物关系而形成的一种联系，是能量流动和物质循环的主要渠道。按照生物与生物之间的关系可将食物链分为捕食食物链、腐食食物链和寄生食物链。

①捕食食物链（grazing food chain）：捕食食物链是由生态系统中的生产

者和消费者之间以及消费者和消费者之间通过捕食与被捕食的关系形成的。捕食食物链都以生产者为食物链的起点，如植物—植食性动物—肉食性动物，这种食物链既存在于水域，也存在于陆地环境。如草原上的青草→兔子→狐狸→狼；在湖泊中，藻类→甲壳类→银飘鱼→鳜鱼。捕食链是生态系统中最重要的食物链形式。

②腐食食物链（detritus food chain）：又称碎屑食物链，农业生态系统内有些生物成员主要以死的有机体或生物排泄物为食物，并将有机物分解为无机物。腐食食物链一种是以碎食（植物的枯枝落叶等）为食物链起点，碎食被其他生物所利用，分解成碎屑，然后再为多种动物所食。其构成方式如碎食物→碎食生物→小型肉食性动物→大型肉食性动物。在森林中，90%的净生产是以食物的碎屑作为消耗品，如以落叶和枯木等作为食物。另外一种是在动植物死亡残体上，从繁殖细菌、真菌及某些土壤生物开始，动植物残体为土壤中蚯蚓分解，蚯蚓死后可被营腐生生活的真菌或细菌分解。其构成方式如植物残体→蚯蚓→线虫类→节肢动物。实质上腐生链是营腐生生物通过分解作用在不同生物尸体的分解过程中形成的相互联系。

③寄生食物链（parasite food chain）：指生态系统中一些寄生生活的生物之间存在的营养关系，以寄生方式取食活的有机体而构成的食物链。由宿主和寄生物构成。它以大型动物为食物链的起点，然后是小型动物、微型动物、细菌和病毒。后者与前者是寄生性关系，如哺乳动物或鸟类—跳蚤—细菌—病毒。哺乳动物可能成为营寄生昆虫的寄主，而所寄生的昆虫又可能是原生动物的寄主。

（3）食物链的长度。

生物处于食物链的某一环节称为营养级。生态系统中的能量在沿着捕食食物链的传递过程中，从上一营养级转移到下一营养级时，能量大约要损失90%，即能量转化率大约只有10%。通常，能量从太阳能开始沿着捕食食物链传递几次以后就所剩无几了，导致营养级数受到限制，因此食物链一般都比较短，通常为3~5个环节，很少有超过6个的。因此地球上的植物不论是从个体数量、生物量还是从能量的角度来看都要比动物多得多，呈现出下大上小的类似金字塔的结构称为生态金字塔（ecological pyramids）。这种数量关系可采用个体数量单位、生物量单位、能量单位和生产力单位来度量，采用这些单位所构成的生态金字塔就分别称为数量金字塔、生物量金字塔、能量金字塔和生产力金字塔。

2.食物网

在生态系统中，生物之间实际的取食和被取食关系并不像食物链所表示的那么简单。各种生物成分通过食物传递关系形成了一种错综复杂的普遍联系，这种联系像一个无形的网，把所有生物都囊括在内，使它们彼此之间都有着某种直接或间接的关系，从而形成了食物网。例如民间根据观察曾经有"夏季蛇吃老鼠，冬季老鼠吃蛇"的说法，因为冬眠的蛇无法反抗掘地的老鼠。这些复杂的关系往往不是一根链条能说明的，把各种关系联系起来就会组成一个"食物网"，即食物链彼此交错连接，形成网状营养结构。食物网是生态系统中物质循环、能量流动和信息传递的主要途径，不同的生态系统其食物网存在很大的差异（见图3-4）。

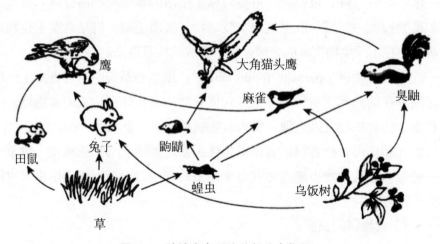

图3-4　陆地生态系统的部分食物网

一般来说，食物网可以分为2大类：草食性食物网（grazing web）和腐食性食物网（detrital web）。前者始于绿色植物、藻类或有光合作用的浮游生物，并向植食性动物、肉食性动物传递；后者始于有机物碎屑（来自动植物），向细菌、真菌等分解者传递，也可以向以腐肉为生的肉食动物传递。

一般认为，一个复杂的食物网是生态系统保持稳定的重要前提。食物网越复杂，生态系统抵抗外力干扰的能力就越强。相反，食物网越简单，生态系统就越容易发生波动甚至毁灭。假如一个岛屿上的生物只有草、鹿和狼这3种。在这种情况下，一旦鹿消失，狼就会因无猎物而饿死。但如果除了鹿以外，岛屿上还有其他的食草动物（如羚羊），这样鹿一旦消失，对狼的影响就要小得多。反之，如果狼首先灭绝，那么鹿会因失去控制而数量激增，这样草就会被过度啃食，最终鹿与草的数量都会大大下降，甚至会同归于尽。但如果除了狼以外，还存在另一种肉食动物，那么狼一旦灭绝，这种肉食动物就会加大对鹿的捕食力度从而压制鹿群的发展，这样就有可能避免生态系统的崩溃。在一个具有复杂食物网的生态系统中，通常不会因为一种生物的消失而引发整个生态系统的失调，但任何一种生物的灭绝都会在不同程度上降低生态系统的稳定性。而当一个生态系统的食物网变得极为简单的时候，任何外力（环境的改变）都有可能引发这个生态系统产生剧烈的波动。

（三）农业生态系统营养结构的特点

农业生态系统营养结构的特点主要表现在以下几个方面：

1.农业生态系统的营养结构是由人决定的

与自然生态系统营养结构不同，农业生态系统的生物组成是人类按生产目的而精心安排的。栽培或养殖的生物以经过人工驯化、选择、培育的优质、高产品种为主。食物链上的链环往往较少，食物网结构往往比较简单。各营养级的生物都通过人类的意志调节、控制，输入各种辅助能的条件下进行再生产，输出各种生物产品。因此，农业生态系统的营养结构不像自然生态系统那样符合客观规律。如果人们能遵循客观的生物规律，按自然规律来配置生物种群，疏通物质流、能量流渠道，提高能量、物质的利用率，那么生态系统的营养结构就更科学合理；否则，将会破坏生态平衡，使环境受到污染，最终经济生态系统的营养结构也遭到严重破坏。

2.无机物转化为有机物非常充分，而有机物转化为无机物不一定在系统内进行

农业生态系统中，一般种植的各种作物光合能力较强，把无机物转化为有机物的生产效率较高。系统生产的有机物通常有3种去处：一部分有机物在系统内由分解者转化成无机营养物质，归还土壤；大部分有机物作为生物产品输出系统后再被微生物分解；还有部分有机物虽未输出系统，但由于农民用火烧毁，或用其他措施处理而使生物能和有机物白白浪费。因此，后两种

有机物的去处会导致系统内的土壤肥力难以保持或提高。这样农田生态系统的营养结构就很不完全，农田土壤养分不能平衡，需要不断地从系统外输入营养物质来达到平衡。

3.输入的营养物质以无机物质为主，有机物质较少

很多情况下，输入能量、物质以无机物质为主，有机物质较少；有时还不能满足下一茬植物生长的需要。因此，土壤养分仍不能达到平衡状态。久而久之，可更新的土壤资源就受到破坏。由于这种掠夺式的生产，土壤有机质含量减少，土壤肥力下降；当超过自动调节和反馈作用的极限时，将会逐渐变成恶性循环。农业生态系统地下部的营养结构是通过微生物的活动，把动植物有机体及其排泄物分解为无机物，归还给环境供植物利用。土壤微生物的活动与土壤中碳、氮比关系很密切，碳素是微生物生命活动的能量来源，氮素是微生物躯体的主要结构物质。

合理的农业生态系统营养结构要求：地上部分有尽可能高的光合产量和转化效率，以尽可能少的转化环节把能量与物质转化为人类直接利用的产品。而且在能量转化过程中，要尽可能提高人类对能量、物质的利用率；地下部分尽可能把一切废弃物分解成能被植物吸收利用的无机养料。

三、农业生态系统的时间结构

（一）农业生态系统时间结构的概念

农业生态系统中环境因子，例如光照度、光照时间长短、温度、水分、湿度等，随着季节变化而变化，农业生物生长发育所需的自然资源和社会资源也都是随着时间（季节）的推移而变化，使得植物和动物的生长发育、繁殖、种类数量有明显的季节变化。在社会资源中，劳动力的供应有农忙与农闲之分，电力、灌溉、肥料等的供应亦有松紧之分。因此，农业生产表现有明显的时间节奏，即农业生产有明显的季节性。

农业生态系统的时间结构是指在农业生态系统内部，根据各种资源的时间节律和农业生物的生长发育规律，从时间上合理安排各种农业生物种群，使自然资源和社会资源得到最有效的利用，使生物的生长发育及生物量积累时间错落有序，形成农业生态系统随着时间推移而表现出来的时序结构。时间结构的变化反映了生物为适应环境因素的周期性变化而引起整个生态系统

组成外貌和季相上的变化，同时也反映了生态系统环境质量好坏的波动。

一般来说，环境因素在一个地区是相对稳定的。因此，时间结构在农业生产上的体现主要是农业生物的安排，即根据各种生物的生长发育时期及对环境条件的要求，选择搭配适当的物种，实现高产、高效的周年生产。搭配的方法有长短生育期搭配，早、中、晚品种搭配，喜光作物与耐阴作物时序搭配，籽粒作物和叶类、块根类作物搭配，绿色生物与非绿色生物搭配，通过增加大棚温室等设置延长生长季节，通过化学催熟、假植移栽等减少占用农田时间。例如在福建开展的稻萍鱼模式中，几种混养的鱼进行分期投放，分批捕捞，实现周年养鱼，也是一种巧妙的时间结构。

（二）农业生态系统时间结构的类型

在农业生产上，根据资源的时间节律和农业生物的生长发育规律，从时间上合理搭配各种类型的农业生物，可使自然资源和社会资源得到最有效的利用。

农业生态系统时间结构的类型包括3个方面：

1.种群嵌合型

根据资源节律将2种或2种以上的农业生物种群进行科学的嵌合，以充分利用环境资源。例如，棉花与大、小麦套作既可充分利用作物生长前期和生长后期的光热资源，又可解决有效积温不足与多熟种植的矛盾。

2.种群密结型

根据资源节律将2种或2种以上的农业生物种群安排在同一生长环境中，或将某种农业生物以高密度的方式安排在同一环境中进行生产或繁育。例如，作物生产中的间作、混作和集中育苗，畜禽的集中育雏，水产养殖中的混养等。该方式的原理是充分利用幼龄期群体过小而存在的剩余资源，或者充分利用多种农业生物种群间相互促进的种间关系，实现农业生态系统的高效率生产。

3.人工设施型

通过人工设施改变对生物生长发育不利的环境因素，延长生长季节，实行多熟种植，变更产品的产出期，避开上市高峰，既解决产品淡季供应不足，又增加经济收入。例如，利用日光温室、塑料大棚和小拱棚等设施，栽培蔬菜、培育苗木，进行反季节栽培；延长或缩短光照时间，使花卉提前或延迟开花，都属于人工设施型的时间结构。

（三）调整农业生态系统时间结构的方式

在农业生产中，常常根据作物生长期的长短，在一年内将作物的种植安排加以合理布局，其目的是更好地利用土地、光照等资源。调节农业生态系统时间结构的方式有单作、多作、套作、育苗移栽等。

1.单作

（1）单作一熟型。

指一年内在同一块土地上只种、收一季作物的种植方式，是由单一作物种类组成单一群体结构，实行一年一熟制的种植模式，是农业生产中应用历史最久、最基本的种植模式。如冬小麦一年一熟、春玉米一年一熟、春棉花一年一熟等都属于此类。

这种种植方式一般在生长季节较长的地区比较适用，不足之处是生长季节气候和土地资源有富余，未能充分利用，农田产出量低，只适于生长季节较短或地广人稀、机械化程度较高的地区。如我国西北、东北大部分生长季节较短或降雨较少的旱作农业区，均以此类种植模式为主。

（2）单作多熟型。

指由单一作物种类组成单一群体结构，但一年之内种、收2次以上作物的种植模式。两茬作物之间需要经过一定的空闲时间，采用直播或移栽方式种植后茬作物，是从时间上集约利用资源的高效种植方式。可以分为以下几种类型：

①一年内按顺序种植两茬作物。如小麦—玉米、小麦—大豆、小麦—水稻、水稻—水稻等。

②一年内按顺序接茬种植三季作物。如小麦—水稻—水稻。

③一年内按顺序种植四茬作物。如水稻—水稻—水稻—水稻。

④再生种植。作物收获后，通过作物根茬自生生长进行再生产的种植模式。在多年生牧草和水稻栽培中运用较多，蔬菜中的韭菜也是此种模式。

⑤隔年复种。在热量资源两季不足但一季有余，或者热量资源充足，但降水不足以连年复种的旱作地区，在两年内种植三季作物，如春玉米—冬小麦—夏甘薯、春玉米—冬小麦—大豆、冬小麦—冬小麦—谷子等种植模式。

单作多熟型适于生长季节较长、水肥及劳力、畜力充足和机械化程度较高的地区。

2.多作

（1）多作一熟型。

指2种或2种以上作物组成的复合群体结构，由于生育期相近，种、收同时或基本同时，一年只种、收一次。该方式在空间上实行种植集约化，具有充分利用空间的作用。多作一熟的主要类型：

①混作。指在同一块土地上，同时无规则地混合种植2种或2种以上生育期相近作物的种植方式。如胡麻×芸芥、小麦×豌豆。

②间作。指在同一田地上于同一生长期内，分行或分带相间种植2种或2种以上作物的种植方式。

间作的作物播种期、收获期相同或不相同，但作物共生期长，其中有一种作物的共生期超过其全生育期的一半。间作因田间作物结构复杂，主要依靠手工管理，机械化作业较为困难，故主要适应于人多地少、生长季节较短的地区。

（2）多作多熟型。

指在同一块地上，一年内分期种植2种或2种以上不同作物并构成复合群体结构的种植方式，既在空间上实行种植集约化，又在时间上实行种植集约化。两茬或两茬以上作物套作是多作多熟型的典型代表。

如小麦/棉花、小麦/玉米/甘薯。多作多熟型由于田间作物种类多，群体结构复杂，共生期间的田间管理难以实行机械化作业，适宜于劳动力资源丰富、水肥条件好的地区运用。

3.套作

套作是集约利用时间和空间的高产、高效模式。不同地区由于自然资源和社会经济状况不同，套作类型和方式很多，其中麦田套作最为普遍。

（1）麦田套作两熟。

这种类型主要分布在热量一年一熟有余，但接茬复种热量不足的地区，适用于华北、西南等地，主要类型有小麦/玉米、小麦/春棉、小麦/花生、小麦/烟草、小麦/喜凉作物、小麦/瓜菜。

（2）麦田套作三熟。

分布于热量一年三熟不足、两熟有余地区，主要类型有小麦/玉米/甘薯、小麦/玉米/玉米、小麦/烟草/甘薯、裸大麦/春玉米（糯高粱）/棉花等，该类模式的栽培关键是麦类作物收获后，在玉米行间套种其他作物，由于生长期的延长和作物覆盖度的增大，一年三熟套作比一年两熟可产生显著的增产作用。

（3）其他作物套作。

主要有绿肥作物和粮食作物套作、不同经济作物套作、粮食作物与饲料作物套作等，该模式是实现农牧结合和耕地用养结合的有力措施。不同地区都有与其生态条件和社会经济条件相适宜的模式存在，套作作物大多为草木樨、绿豆、田菁、柽麻、箭舌豌豆、毛苕子等。

复合群体的组合中，不同作物间可能同时存在间作、套作或复种关系，形成了典型的间套复种模式。间套复种模式是现代集约多熟种植的主要类型之一，对资源要求和利用率都高于套作和间作，生产潜力巨大。

4.育苗移栽

育苗移栽技术是指对植物生长节律进行时间上的控制，这对于植物抗御干旱、寒冷、盐碱、病虫害，保证苗全、齐、匀、壮，缩短田间生长期，特别是多茬种植中具有重要意义，通过移栽可以提高单位面积产量。

例如，玉米、水稻和油菜的适时移栽，一方面能解决两季茬口矛盾造成的节令偏紧问题，提高苗的质量，另一方面能保证亩株数，达到全苗壮苗。

第四章　我国典型生态农业模式分析

第一节　北方"四位一体"模式分析

农村可再生能源高效利用是发展中国家面临的重大课题，如何解决这一问题也是许多国家共同关心的。

从目前我国农村能源结构来看，可再生能源占绝大部分，其中最主要的包括生物质能、太阳能、风能等。因此农村能源不仅和农业生产过程的能量流动有关，而且和物质循环过程有关，农村能源是支持系统平衡的基本物质之一，如作物秸秆、人畜粪尿中的营养成分都是构成土壤生态平衡的基本因素。农村能源资源的不合理开发利用，可直接造成农业生态破坏和不平衡。

农村可再生能源高效利用必须基于大系统的观点，把农村能源的建设与农业生态环境的改善结合起来，贯彻因地制宜、多能互补、多层次利用、经济效益与生态效益并重的原则。"四位一体"工程将为补充农村能源、合理利用自然资源、提高土地生产力、改善生态环境等问题提供有益的借鉴。特别是对于推动菜篮子工程，促进中小城镇农村经济的持续稳定发展，提高农民生活水平，加速城乡社会主义现代化建设进程具有一定的指导意义。

一、基本模式（基于北方庭院）

所谓"四位一体"是指沼气池、保护地栽培大棚蔬菜、日光温室养猪（禽）及厕所四个因子，合理配置，最终形成以太阳能、沼气为能源，以人畜粪尿为肥源，种植业（蔬菜）、养殖业（猪、鸡）相结合的保护地"四位一体"能源高效利用型复合农业生态工程（见图4-1）。

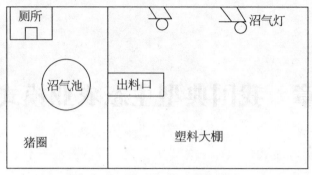

图4-1 "四位一体"基本模式

其主要功能特点是:一是解决了农村生活用能(照明、炊事等);二是猪、鸡增重快,料肉比下降,蛋鸡产蛋增加;三是生产蔬菜不仅产量高而且无污染。该种模式现在在我国北方广为推广。

其循环效能是:一是猪生长快;二是猪粪为沼气产生提供原料,沼气为猪提供热量;三是保证沼气池越冬;四是沼气水、渣为蔬菜提供优质肥料;五是沼气可为民用;六是解决了蔬菜生长中CO_2不足的问题。

其模式是"开发了菜园子,满足了菜篮子,丰富了菜盘子"。高度利用能源、高度利用土地资源、高度利用时间资源、高度利用饲料资源、高度利用劳动力资源,经济效益高、社会效益高、生态环境效益高。

二、模式基本设计和技术参数

(一)场地选择

场地应建在宽敞、背风向阳、没有树木或高大建筑物遮光的地方,一般选择在农户房前。总体宽度5.5~7m,长度20~40m,最长不宜超过60m,一般面积为80~200m²。工程的方位坐北朝南,东西延长,如果受限制可偏西,但不能超过15°。对面积较小的农户,可将猪舍建在日光温室北面,在工程的一端建15~20m²猪舍和厕所(1m²),地下建8~10m³沼气池,沼气池距农舍灶房一般不超过15m,做到沼气池、厕所、猪舍和日光温室相连接。

(二)沼气池建设

为了提高沼气池冬季的温度,修建的沼气池必须居工程中间,防止冬季外围冰冻层侵袭,避免降低池温。

1.沼气池池型结构

沼气池是由发酵间、水压间、贮气间、进料口、出料口、活动盖、导气管等部分组成。进料口和进料管分别设在猪禽舍的地面和地下，进料口、出料口及池盖中心点位置均在工程宽度的中心线上。为了便于日光温室蔬菜施肥和出料口释放二氧化碳，把出料间（即水压间）建在日光温室内（见图4-2、图4-3）。

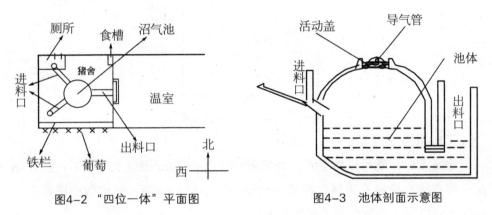

图4-2　"四位一体"平面图　　　　图4-3　池体剖面示意图

2.沼气池的发酵工艺

沼气池投料为半连续投料发酵方法，这种发酵方法兼顾了生产沼气和用肥的需要，具有很好的综合效益。

3.沼气池的施工顺序

（1）定位定点。

①根据当地的地质水文情况，选择一个土质坚实的地方，以沙壤土为宜。如是黏土或是沙土，则在施工时要采取一些加固措施。

②地下水位低的场所为好，如地势低洼，地下水位高，可采取挖渗水井的办法，以保证建池质量。即在池坑挖好后，砌筑之前，将渗水井挖好。渗水井有2种，在地势较高、水位较低的地方，水量小，可直接在沼气池坑底部挖渗水井；在地下水位高、水量大的地方建池，在池外挖渗水井。

③选择背风向阳的地方，有利于猪舍的冬季保温，也保证沼气池的产气质量。

④选择距旧井、旧窖和树根远一点的地方，防止发生塌方。

⑤离使用场所近些。

具体来说，对一坐北朝南的房子，在房屋前划一平行线，一般距房屋4～5m，然后划出沼气池的尺寸（见图4-4）。

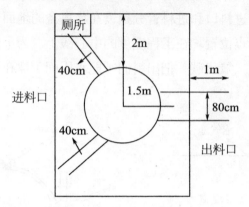

图4-4　沼气池平面尺寸图

（2）破土施工。

定好点后，就可以施工了。具体要求（以8～10m³沼气池为例）：池1.8m深；要有排水措施；进料口挖成45°斜槽，不用1.8m深；池底做成锅底形，并向出料口有小角度倾斜（见图4-5）。

图4-5　沼气池施工要求

土方施工完成后用砖石砌。为了加固池底，在整个池底铺一层10cm厚的粗砂浆混凝土（用鸡蛋大小的石块或鹅卵石在池底和出料口铺上10cm，然后在上面放一层4：1砂灰，最后用水浇灌，花1d左右时间牢固）。该10cm为池底基础。基础打好后，开始用砖砌。先找好沼气池中心位，然后选一块小的砖头，放在中心位置上作为基点，然后用半截砖围绕中心基点向外一圈一圈铺，铺几圈后再用整砖铺，直至整个池底铺满。

池底建好后建池壁。如土质坚实，不用太厚（6cm厚）；离开原土3cm（作为沙漏）；每层砌完后，用4：1沙灰填平沙漏（坚固作用）；要砌成圆形。

　　墙砌好后，连同池底再抹一层沙灰起固定作用。同时，砌出料口，包括两侧墙和上拱盖，两侧墙要和池壁墙一起砌起。一般墙厚12cm（砖横放）。出料口墙和池壁墙间的灰口一定要严实，最好是咬合在一起。出料口墙外侧也要留沙漏。出料口内径一般50cm宽即可。两侧墙砌到6层砖（40cm左右）时开始砌上拱盖。

　　先用土把出料口填平，做成拱形，高度24cm左右。压实后继续用砖砌，灰口灌满沙灰。完工后，把土掏出。这样整个出料口总高度65cm左右，长度根据猪舍与温室墙厚度及出料口位置而定（见图4-6）。

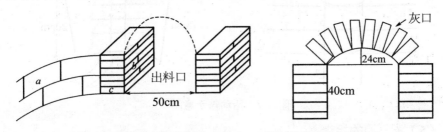

图4-6　出料口基本形状（a、b、c分别代表砖的长宽高）

　　当池壁砌好2层砖后，开始砌进料口，约离地面25cm。将已准备好的2个陶瓷管（30cm×60cm）安在斜槽内，角度45°～50°，一端延伸到池体内5～10cm，接口处用水泥抹实。

　　池壁墙砌6～8层后（1m左右），开始砌池体上盖。先将砖平放砌一圈，以此每一层都向池内压5cm左右（每圈缩5cm），每砌完一层，靠近砖头处用砂灰填实，然后马上用土填满踏实。每一层要形成标准的圆形。上盖砌到直径40～50cm时不砌，留活动盖口。用砖头砌成一圈楞，并做成上口大下口小的形状（坡形），形状要圆（可用水泥抹），最好用几根钢筋（或8号线）围几圈后再用小砖头或石头块等灌制而成。同时出料口建成与上盖同高。

　　（3）池体抹灰。

　　池体砌完后要立即抹灰。第一遍砂灰（2∶1）从上盖往下抹。一般上盖处1.5cm厚，壁墙2cm厚，池底1.5cm厚。1～2h后，打成麻面。隔1d抹第二遍砂灰（2∶1）；再隔1d抹素灰（水泥不加沙子和成泥状），厚0.5cm左右，然后压光；再隔1d涮灰浆（水泥用水调成稀糊状），隔1d涮1次，涮3～4次，甚至更多。整个抹灰过程中都要注意养生，特别拐角处要细心。

（4）制作活动盖。

活动盖的大小根据沼气池上盖上口留的大小而定，形状要正好符合于上口。具体做法是：取一根直径1.5cm、长1.5m以上的无缝钢管，作导气管，可用铁丝缠几圈，加强牢固性。然后在地上挖模型，用混凝土灌制。一般活动盖底面呈凹形，边厚20cm，中间厚15cm。可安装1个或2个把柄（见图4-7）。整个活动盖边缘用砂灰或素灰抹圆滑。盖塑料薄膜（农膜）养生。

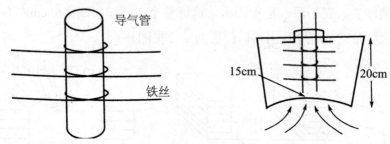

图4-7　活动盖示意图

（5）沼气池的检查。

沼气池建好后，能不能用，漏不漏气，在使用前要做一下检查。

检查方法有：直接检查法、装水刻记法、水压检查法。这里介绍水压检查的方法。

取一根无色透明胶管（2.5m左右），做成U字形，固定在木板上（一般长1.3m，宽20cm）。在管内灌一定量的有色水，水量大约是木板体积的一半，以两个水平面为基点作为0压线。从0压线开始向上以1cm为一个刻度直划出60cm，每一刻度1个水压。表的一端可接气源，另一端水平面指示刻度即为池中气压（见图4-8）。

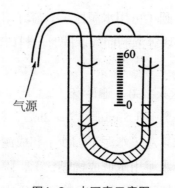

图4-8　水压表示意图

把沼气池活动盖盖上，用黄泥封好。接水压表，这时池内池外气压平衡，水压表指示为0。

从出料口向池内加水，加到一定高度，池内压力上升，水压表液面变化（右侧上升，左侧下降），右侧水面升高的刻度即为池内气压。加水，达到50～60个水压时，停止加水，待水压平衡后，记下刻度，过一段时间再观察压力变化情况。看是否漏水。如果压力有变化，则说明漏水。

4.料的准备与投料

在建池的同时，要备好加入池内的发酵原料。方法是好氧堆沤。即把草类、作物秸秆等粉碎、铡短，铡成3cm的小段，堆放在地面上踏实。浇粪尿水，再加一层石灰水，然后盖上塑料布，使温度达50～60℃，发酵使秸秆软化，颜色呈棕色或褐色。

秸秆软化后，含水量达60%，再与马、羊、禽粪等混拌，继续堆沤至温度达60～70℃（烫手）。

投料比例（参考）：马粪（湿）1000kg，猪粪1000kg，人厕所粪便1000kg，鸡粪250 kg，青草150kg，秸秆100kg。

经过这样的预处理，可以缩短发酵时间，下池后的发酵原料不易上漂，有利于厌氧发酵。因此产气较快、产气较好。

投料时要把试压时的水全部抽出。加完原料后，再向里面加污水（沼气菌）。加水至沼气池容积的2/3～3/4处，留1/4～1/3空间作贮气间。要把漂浮在水面上的料搅进水下。完毕把活动盖盖严。

5.沼气的产生和使用原理

沼气是一种混合气体，无色略带臭味，主要成分是碳氢化合物。其中，CH_4约占60%～70%，CO_2约占25%～40%，还含有少量氧、CO、H_2S。1份甲烷和2份氧气混合燃烧最高温度可达1400℃。

（1）沼气的产生过程。

沼气的产生过程分3个阶段（见图4-9）。

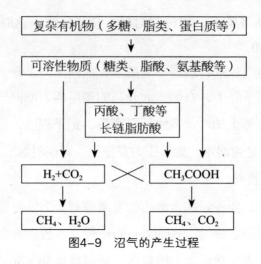

图4-9 沼气的产生过程

第一阶段水解过程：在沼气发酵中首先是发酵性细菌群利用它所分泌的胞外酶、淀粉酶、蛋白酶和脂肪酶等，对有机物进行体外酶解，也就是把畜禽粪便、作物秸秆等大分子有机物分解成能溶于水的单糖、氨基酸、甘油和脂肪酸等小分子化合物的过程。

第二阶段产酸过程：这个阶段是3个细菌群体的联合作用，先由发酵性细菌将水解阶段产生的小分子化合物吸收进细胞内，并将其分解为乙酸、丙酸、丁酸、氢和二氧化碳等，再由产氢产乙酸菌把发酵性细菌产生的丙酸、丁酸转化为产甲烷菌可利用的乙酸、氢和二氧化碳。另外还有耗氢产乙酸菌群，这种细菌群体利用氢和二氧化碳生成乙酸，还能代谢糖类产生乙酸，它们能转变多种有机物为乙酸。

水解阶段和产酸阶段是一个连续过程，通常称之为不产甲烷阶段，它是复杂的有机物转化成沼气的先决条件。在这个过程中，不产甲烷的细菌种类繁多、数量巨大，它们主要的作用是为产甲烷菌提供营养和为产甲烷菌创造适宜的厌氧条件，消除部分毒物。

第三阶段产气过程：在此阶段中，产甲烷细菌群可以分为食氢产甲烷菌和食乙酸菌2大类群，已研究过的就有70多种产甲烷菌。它们利用以上不产甲烷的3种菌群所分解转化的甲酸、乙酸等简单有机物分解成甲烷和二氧化碳等，其中二氧化碳在氢气的作用下还原成甲烷。这一阶段叫产甲烷阶段，或叫产气阶段。

沼气的产生需创造以下几个条件：①沼气池应密闭，保持无氧环境。②配料要适当，纤维含量多的原料（秸秆、青草等），其消化速度和产气速度慢，但产气持续期长；纤维少的原料（人、畜粪），其消化速度和产气速度快，但产气持续期短。③原料的氮碳比也应适当，一般以1：25为宜。④原料的浓度要适当，原料太稀会降低产气量，太浓则使有机酸大量积累，使发酵受阻，原料与加水量的比例以1：1为宜。⑤保持适宜温度，甲烷细菌的适宜温度为20～30℃，当沼气池内温度下降到8℃时，产气量迅速下降。⑥保持池内pH值7～8.5，发酵液过酸时，可加石灰或草木灰中和。⑦为促进细菌的生长、发育和防止池内表面结壳，应经常进行进料、出料和搅拌池底。⑧新建的沼气池，装料前应加入适宜的接种物以丰富发酵菌种。老沼气池的沼液是最理想的接种物，如果周围没有老沼气池，粪坑底脚的黑色沉渣、塘泥、城镇泥沟污水等也都是良好的接种物。

（2）沼气的使用原理。

发酵间内产生的沼气聚集贮存在贮气间内，随着气体增多，贮气间压力增大，压迫液面下降，使右边出料口液面上升，以保证发酵间压力正常。当贮气间内沼气被利用后，贮气间压力下降，液面上升，右边出料口液面下降，保证贮气间内一定的压力。通过这种调节，可以使沼气池不至于压力过大发生爆炸，也不至于因压力过小点不着火。

（3）沼气的使用。

使用沼气之前要先放净不纯的甲烷气。一般每天放一次气，连放10～15d。这样在投料20d左右时就可以使用了。可用四通分别连接气源、水压表、炉具、沼气灯（见图4-10）。水压表固定在墙上，为方便，设几个开关。使用前检查一下各接头及开关处有无漏气现象。

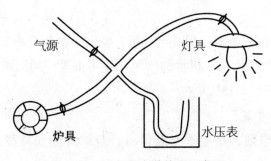

图4-10　沼气的安装使用示意图

6.沼气肥的使用

主要指沼气渣、沼气水。沼气渣要通过沼气盖口取出，可养鱼、种蘑菇等。沼气水可用来喂猪（营养丰富，无臭味，有芳香味）。渣、水用作农家肥，肥效大，作用强，营养可直接被植物所利用。用时要先稀释，否则会烧死植物。

7.使用沼气注意事项

（1）注意人畜安全，沼气池的进、出料口要加盖，以防人、畜掉进去造成伤亡。

（2）严禁在沼气池出料口或导气管口点火，以避免引起火灾或造成回火致使池内气体爆炸，破坏沼气池。用气时最好不出料，以防压力小引起火苗倒吸。

（3）经常检查输气管道、开关、接头是否漏气，如果漏气要立即更换或修理，以免发生火灾。不用气时要关好开关。在厨房如嗅到臭鸡蛋味，要开门开窗并切断气源，人也要离去，待室内无味时，再检修漏气部位。

（4）在输气管道最低的位置要安装凝水瓶（积水瓶），防止冷凝水聚集冻冰，堵塞输气管道。

（5）入池出料和维修人员进入沼气池前，先把活动盖和进出料口盖揭开，清除池内料液，敞1～2d，并向池内鼓风排出残存的沼气，再用鸡、兔等小动物试验。如没有异常现象发生，在池外监护人员的监护下方能入池。入池人员必须系好安全带。如入池后有头晕、发闷的感觉，应立即撤出池外。禁止单人操作。入池操作，可用防爆灯或电筒照明，不要用油灯、火柴或打火机等照明。

（6）做好防水工作，防止雨水等进入池内。加强日常管理，注意防寒保温。

（7）可增设搅拌装置以提高产气量，特别是在低温季节。搅拌可使池内温度均匀，增加微生物与有机物的接触，并防止浮壳的形成，利于气体的释放。搅拌可提高产气率15%左右。

（三）猪舍建筑

猪舍的建筑原则，是冬季增温保温，夏季降温。其技术要点有以下几方面。

（1）猪舍应建成后坡短、前坡长、起脊式圈舍，东西长度以养猪规模而定，但不少于4m。

（2）由猪舍后坡顶向南棚脚方向延伸1m；用木椽搭棚，起避雨遮光的作用。

（3）前坡舍顶与南棚脚之间用竹片搭成拱形支架，在冬季支架上面覆盖薄膜，南面建围墙，北面留人行道。

（4）在猪舍后墙中央距地面1.3m处留有40cm的通风窗，以便夏季通风。

（5）在日光温室与猪舍间砌筑内山墙，墙中部留出高低2个通气孔，作为氧气和二氧化碳气体的交换孔。通气口大小和数量根据养猪数量而定。

（6）在猪舍靠北墙角建1m²的厕所，厕所蹲位高出猪舍地面20cm，厕所蹲坑口与沼气池进料口相连。

（7）在猪舍地面距外山墙1m处建蝶形溢水槽兼集粪槽，猪舍地面用水泥抹成5%的坡度坡向溢水槽（猪舍地面高出自然地面20cm），溢水槽南端留有溢水通道直通外面，防止夏季雨水灌满沼气池的气箱。

（四）日光温室

1.温室骨架设计参数

日光温室与普通温室相同，温室骨架设计采用固定荷载10kg/m²。

2.墙体厚度

后墙及外山墙厚度50～60cm，也可采用24cm和12cm之间留空心建成复合墙体，墙体厚度大于80cm。

第二节　南方以沼气为中心的生态养殖模式分析

在我国南方各地，以沼气建设为中心，以各种农业产业为载体，以利用沼肥为技术手段，产生了多种农业生产模式，如"猪—沼—果""猪—沼—稻（麦、菜、鱼）"等。这些模式使传统农业的单一经营模式转变成链式经营模式，延长了产业链，减少了投入，提高了能量转化率和物质循环率。

在这些模式中，利用山地、农田、水面、庭院等资源，采用"沼气池、猪舍、厕所"三结合工程，围绕主导产业，因地制宜开展"三沼"（沼气、沼渣、沼液）综合利用，达到对农业资源的高效利用和生态环境建设、提高农产品质量、增加农民收入等效果。沼气用于农户日常做饭点灯，沼肥（沼渣）用于果树或其他农作物，沼液用于拌饲料喂养生猪，果园套种蔬菜和饲料作物，满足育肥猪的饲料要求。除养猪外，还包括养牛、养鸡等养殖业；除果业外，还包括粮食、蔬菜、经济作物等。模式的作用主要表现在：一是实现了农村生活用能由烧柴到燃气的转变，因此保护和培植了绿色资源，为维护和恢复大自然的生态环境治理了源头；二是由于开展了沼肥综合利用技术，充分合理地利用了农业废弃物资源，在农业生产系统中，实现了能流与物流的平衡和良性循环，以及多层次利用和增值，几乎是一个闭合的生态链。

一、"猪—沼—果"生态模式

（一）基本模式组成

"猪—沼—果"一体化生态农业模式包括林业工程建设、畜牧工程建设、沼气工程建设、水利配套工程建设及其综合管理。其模式见图4-11。

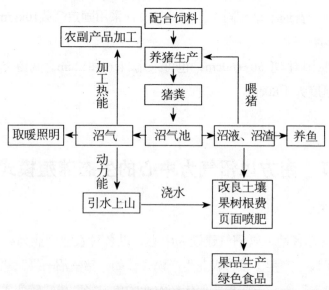

图4-11 "猪—沼—果"一体化生态农业模式结构图

（1）太阳能猪场。猪场建在山体上部、果树上方、水围下位的南面背风向阳平坦的坡面上，猪舍坐北朝南，东西向排列。在猪舍的一端建有与猪舍走廊相通的加工贮料室、饲养人员工作室和宿舍。猪舍为单列式一面坡半敞棚建筑。单列建设10～12间（一栋）猪舍，生猪存栏规模为80～100头，年出栏生猪150～200头。超过6.67hm²（100亩）的山场，可在下阶的平面上并列建设相应规模的猪舍。猪舍地面设计要有利于排水；冬季夜间舍内温度在8℃以上，日间舍内温度在18℃以上；夏季要通风凉爽，郁闭度0.7以上。

每间猪舍跨度为5.7m左右，养猪圈舍面积不小于300cm×360cm。北墙距地面 100cm处开设一扇70cm×50cm通风窗（冬季封闭）；靠北墙留100～120cm宽走廊通道，通道的两端设有门口。

自走廊往南依次建100cm高、12cm厚的猪舍隔墙，宽50cm、深25cm食槽和鸭嘴式自动饮水器，100cm高、37cm或24cm厚的南圈墙。

猪舍地面比周围地面高30cm，北高南低，有（2∶100）～（3∶100）的坡降，15～20cm碎石水泥基础，上为1∶2.5水泥防滑地面。顶棚北向滚水，由上至下依次为水泥瓦、草泥、苇帘、椽子、檩木结构。猪舍南墙与沿檩之间拉上8号铁丝网，冬季罩上塑料薄膜，膜的透光率不低于0.72。采光面积与猪舍地面面积比不小于0.7∶1。

（2）沼气工程。依据猪场规模确定池体容积大小，存栏100头育肥猪的太阳能猪场配建的沼气池（主体发酵池、水压间）的容积最小不应低于30m³。生猪日产鲜粪按3kg/（日·头）计量。入池粪便按1∶3比例加水，池内干物质与水的比例为1∶9；原料池池内发酵腐熟周期为23～40d。沼气池主体发酵池为1/3气容、2/3料体。

沼气池建在猪舍内猪床的下面。主体发酵池、水压间按东西排列。沼气池的主体发酵池与水压间要求用混凝土浇注，内径大于350cm时，池体拱盖部位加注钢筋。

（3）贮肥池。贮肥池建在猪舍墙外，也可建在下阶水平沟上。贮肥池与水压间有管道相通。水压间的沼液溢口高在距地面以下20cm处，排出的沼液自行流入贮肥池。贮肥池可用砖、石砌块，水泥砂灰抹面，在底部设一沼液排放闸门，用软管疏通。

（4）水利配套工程。蓄水池建在猪舍、林业等设施方的背风向阳处，容积为20～30m³。蓄水池建设采取地上或半地下方式。在水泥基础上建圆形双层夹心墙体，内壁为钢筋水泥浇注，或水泥砂浆砌体，内层套水泥砂灰，外壁为砖灰防风保温砌体，中间充填锯末等防冻保温材料；顶盖用水泥拱顶或水泥盖板，墙体上沿留一溢水管孔，低部设置进出水管道。蓄水池的引水管道、排放管道应埋在土层下边。根据需要，对养殖场和果园配置供水和灌溉。

（二）模式的管理

1.养殖场及沼气池管理

（1）饲养畜禽坚持自繁自养的原则，按照地方畜牧部门防疫规划建立无疫病养殖场，严格搞好预防性消毒、灭病工作。

（2）坚持早、中、晚3次清扫粪便入沼气池和冲洗圈舍。圈舍内的排粪沟最低处向墙外开设一排水口，沼气池入料口处设雨水挡板。

（3）严禁农药废水、消毒药水、酸性和碱性水流入沼气池。

（4）饲养的畜禽品种按地方政府规划和饲养管理技术规范执行。

2.果树管理

（1）果树根部追肥：在果树生长期，结合浇水施入沼渣、沼液肥。在贮肥池内按肥水1∶3的比例加水，搅拌后打开排放闸门，使沼液随水顺管道向果树盘（树掩）内自行施肥浇水。

（2）叶面喷肥：在5～8月份，采取中层清液（沼液），用纱布过滤后，按肥水1∶2的比例加水，5～7d喷施1次。

（3）整形修剪：按规定对果树进行修剪。此外要坚持促花保果、疏花疏果、防治病虫害等常规管理。

二、"猪—沼—莲—鱼—菜"五位一体生态模式

"猪—沼—莲—鱼—菜"五位一体模式，是以土地和水资源为基础，以太阳能为动力，以设施为保障，以沼气为纽带，将种植与养殖、温室与露地、作物与水产相结合，实现积肥、产气、生活、种养同步并举。该模式以400m²日光温室为基本生产单位，温室内建一个8～10m³的沼气池，出料口位于室内，进料口留在室外所建的10～15m²的猪舍内，冬季猪舍上部用塑膜覆盖。同时，温室前挖一个667m²的长方形"莲鱼共养池"。基本流程为：

温室蔬菜及莲藕销售后剩下的残菜可喂猪，猪粪和秸秆入沼气池，经充分发酵产生的沼渣作为无菌的优质肥料可供温室和莲池肥田改土；沼气除供农户照明、炊事、取暖外，还可于冬日增补温室蔬菜二氧化碳气肥；沼液不但是蔬菜和莲菜的优质追肥和叶肥，还可以喂猪和养鱼，这样形成一个有机、完整、协调、循环的良性生态链。

三、"猪—沼—果—鱼—灯—套袋"六位一体生态模式

"猪—沼—果—鱼—灯—套袋"六位一体模式，是以种养业为龙头，以沼气建设为纽带，串联种、养、加工等产业，并开展沼气肥全程利用的综合性生态农业生产方式。生产者通过种植促进养殖业的发展，建设沼气池，利用人畜粪便、作物秸秆、生活污水等下池发酵，产生的沼气用于做饭、点灯，沼肥用于农作物施肥、喂猪、养鱼等；应用诱虫灯诱虫喂鱼，减少病虫害；同时通过果树套袋保护果实，实现高效循环利用农业资源，生产安全优质农产品。其主要做法：一是发展养猪，猪粪是整个生态产业链条的源头，是沼液的主要原料。沼液作为猪饲料的添加剂，能加快生产、缩短育肥期，提高肉料比。二是修建鱼池养鱼，以投喂商品饲料为主，结合投放沼渣、沼液和诱杀昆虫补充。三是安装诱虫灯，利用灯光诱杀害虫可减少农作物的虫害，减少农药使用量，减少对环境的污染，减少对天敌的杀伤，不会引起人畜中毒。四是发展沼气，为农户提供清洁的生活能源。五是沼液、沼渣可用于果树种植，其中沼渣宜作为基肥深施，沼液宜作为追肥施用。六是采取果实套袋，在生长期内进行保护。

第三节 以稻田为主体的生态养殖模式分析

我国自然资源特色明显，地区差异显著，各农区结合本地优势，因地制宜构建了众多农牧结合的生态农业模式。南方地区以稻田生态系统为主，发展了以水稻生产为核心的众多农牧结合模式，如稻鹅、稻鸭等农牧结合模式。

一、稻鹅结合模式

（一）基本模式

稻鹅结合模式主要是在我国稻作区，利用稻田冬闲季节，种植优质牧草，养殖肉鹅（四季鹅）。一般情况下，黑麦草是比较普遍的牧草品种。多数地区在水稻收割前7~10d，将黑麦草种子套播到稻田，利用此时稻田土壤还比较湿润，利于牧草种子发芽出苗。套播能延长牧草的生育期，提高牧草产量，并提前牧草的刈割时期，提早肉鹅上市时间，增加养殖利润。肉鹅多半是圈养与放牧结合，在苗鹅时期，气温比较低，鹅的抗病能力差，牧草生长量小，苗鹅多在农田周边的鹅舍中圈养，并注意鹅舍的增温保温。农户将牧草收割回去后，切成小段，与精饲料配合喂养苗鹅。待春暖花开，气温升高并相对稳定后，则进行放牧。有计划地将稻田划分为若干区域，进行轮牧。晚上收鹅回舍，并补充一些精饲料。鹅舍边挖建一水池，供鹅活动。正常情况下，一般每667m²稻田可饲养50~100只肉鹅，具体数量要看牧草生长情况，即料料补充量的多少。稻鹅结合模式，在稻麦两熟地区发展非常迅速，其典型模式为水稻套播牧草喂养肉鹅，即稻/草—鹅模式。

（二）技术关键

1.牧草种植技术

为确保冬春菜鹅饲养所需青草，减轻劳动强度，牧草应采用套种方式，散播黑麦草37.5~60kg/hm²。栽培要点：①适时套播，提早青草采收期。根据田间土壤水分和天气状况，在水稻收割前7~10d将黑麦草散播在稻田中，同时施入25kg/hm²复合肥（氮磷钾有效成分为15：15：15），并开好灌排水沟。②及时追施起苗肥，促进早发。在水稻收割后10~15d，结合田间灌水，追施尿素150kg/hm²。③分次收割，及时补肥。同一田块每隔10~15d采青草1次（株高30~40cm），留茬5~6cm，收后2~3d内，补施尿素150~225kg/hm²。

2.鹅饲养技术

提前整理鹅舍，适时引进苗鹅。在商品鹅出售完后，选晴天及时对鹅舍进行清理、日晒消毒。进鹅前，将鹅舍的保温设施安装、调整好，并对鹅的活动池、活动场进行清理，给活动池换水。在南方农区，第1批苗鹅在12月下旬至次年1月初买进，第2批苗鹅在2月下旬至3月初买进，两批相差40~50d。

冬季保温防湿，适时放养。鹅舍必须备有保温、排风设施，并同时采用简易增温设备，如煤炉烧水、热气循环增温。在苗鹅出壳10～15d后，视天气和鹅的体质情况，适当进行放养。苗鹅应晚放早收，雨天不放，适当补料，及时防病。在前10d，每只每天补料0.01kg，11～20d为0.02kg，31～60d为0.05kg，61～70d为0.1kg，71d至出售时为0.25kg。苗鹅及时注射抗小鹅瘟血清，如出现鹅霍乱，则应对鹅舍进行全面消毒，并将病鹅烧毁或深埋。适时上市，提高商品鹅的品质。

3.系统耦合技术

稻/草—鹅生产模式是一个复合农牧系统，实现水稻、牧草种植系统与菜鹅饲养系统间的耦合至关重要，只有建立一个农牧结合的有机整体，才能获得最高效益。系统耦合的技术要点之一是合理的品种搭配。水稻品种应选用中熟优质高产品种；黑麦草选用一年生、叶片柔软、分蘖力较强、耐多次收割的四倍体品种，如国产的四倍体多花黑麦草等；菜鹅选用个体中等、生长速度较快的品种，如太湖鹅与四川隆昌鹅的杂交品种等。其次是种植进程与养殖进程的协同。水稻采用有序种植方式，后期搁田适当，并最好进行人工收割。牧草采用套种方式，并间作部分叶菜类作物，如油菜、青菜等，供苗鹅食用。鹅采用圈养方式，并分批购进，两批间相隔40～50d，以错开青草的需求时期和上市时间，提高牧草利用率和经济效益。

（三）效益分析

1.经济效益

稻/草—鹅模式是稻—麦两熟农区及双季稻区冬闲田的一种高效利用模式。张卫建等在江苏的试验表明，与当地的稻—麦两熟相比，尽管稻/草—鹅生产模式的耕地粮食单产比稻—麦模式低47.09%，但是稻/草—鹅模式的耕地生产率和耕地生产效益分别是稻—麦模式的2.64倍和3.94倍，其投入产出比也显著低于稻—麦模式，可见，稻/草—鹅模式具有明显的经济效益。另外，稻/草—鹅模式的经济效益显著高于稻—麦模式，主要在于改冬季种小麦为种牧草饲养菜鹅，效益递增明显。其中，冬种牧草饲养菜鹅所增效益占该模式全年新增效益的80%以上。冬种牧草与种小麦相比，减少了全年农药、除草剂的使用量，从而降低了生产成本。另外，稻/草—鹅模式可为农田提供大量优质有机肥（鹅粪及鹅舍垫料），减少了水稻的化肥用量，进一步降低了生产成本，提高了水稻产量。

2.生态效益

稻/草—鹅模式不仅经济效益显著，而且生态综合效益也非常明显。首先在农田杂草控制效应上，江苏的试验发现，发展一轮稻/牧草种植方式后，其冬闲田杂草群体密度为85株/m^2，而稻—麦模式后的冬闲田杂草群体密度高达957株/m^2。可见，稻/草—鹅生产模式具有明显的杂草控制效应。同时，施行不同复种方式后，不仅杂草总量差异明显，而且杂草的群落结构差异显著。稻/牧草种植方式的冬闲田杂草群体中单子叶类杂草密度比例为27%，而稻—麦模式冬闲田杂草中单子叶所占的比例达72%，杂草以单子叶占绝对优势。其次，在土壤肥力维持方面，稻/牧草种植方式下，土壤总氮、有机质、速效氮、速效磷、速效钾分别比稻—麦复种方式高23.13%、27.10%、31.25%、98.374%和46.73%。土壤肥力明显提高，主要是因为稻/草—鹅生产方式下，有大量的黑麦草根系和部分后期鲜草被翻入土壤之中，增加了土壤的有机质来源。同时，因该农牧结合模式有大量的鹅粪产生，这些有机肥均投入到这些田块之中，使土壤肥力得到明显提高。另外，从田间实地考察来看，稻/牧草复种方式下的田块，土壤富有弹性，土层疏松，这表明其土壤团粒结构、疏松度和耕层等土壤物理性状也有明显改良。

3.社会效益

尽管稻/草—鹅生产模式的耕地粮食单产比稻—麦模式低，但稻/草—鹅生产模式所提供的食物总量明显高于稻—麦模式。如果把所饲养的菜鹅以2：1饲料转化率（实际生产中的转化率还要低）折算为粮食，则稻/草—鹅生产模式的耕地粮食单产为16913kg/hm^2，比稻/麦模式粮食产量高45.91%。可见，该模式粮食生产能力较强。另外，该模式的应用还将有利于我国南方稻/麦两熟地区农业生产结构的全面调整，从根本上减轻因农产品结构性过剩给政府带来的财政压力。同时，该模式每发展0.67hm^2，可吸纳4～5个农村劳动力，如果进一步发展产后加工业，则可吸纳更多的劳动力，因此该模式还能充分利用南方农区劳动力资源，缓解农村就业问题。可见，该模式不但可明显提高农业效益，增加农民收入，而且对确保我国农村社会的稳定性意义重大。

二、稻鸭共作模式

（一）基本模式

稻鸭共作系统是以稻田为条件，以种稻为中心，家鸭田间网养为纽带的人工生态工程系统。国内对稻鸭共作有共生、共育、共栖、生态种养和稻丛间家鸭野养等不同提法，其系统结构和技术规程基本类似。稻鸭共作系统的农业生物主要由肉鸭和优质水稻组成，其中肉鸭以中小役用型品种为主。役用鸭好动，抗病耐疲劳，对水田病虫草害的捕食能力强，生态环境效益突出。水稻则因地方特征而定，可以是双季稻区的早籼稻、杂交籼稻，或单季稻区的中晚稻品种。一般情况下，水稻株型紧凑，植株生长势强，抗倒伏。另外与常规稻作系统相比，稻鸭共作系统中的有益昆虫种群数量较大，有害生物种群数量小。虽然有不少学者提出在现有的稻鸭共作系统中增加诸如红萍、绿萍、鱼等生物，以丰富系统组分，提高系统整体效益，但实际应用不多。在系统营养结构上，鸭子以昆虫、水生动物、杂草和水稻枯叶为主要食物。为提高经济效益，生产上也对鸭子补充一定量的饲料。鸭子的排泄物、作物秸秆、有机肥为水稻生长提供全部所需养分，不施用化学肥料，稻鸭构成一个相互依赖、相互促进、共同生长的复合系统。

（二）技术关键

1.系统耦合技术

我国各地实施稻鸭共作技术的步骤基本类似，一般包括田块的选择与准备、水稻和鸭子品种的选用与准备、防护网与鸭棚的准备、水稻的移栽与鸭子的投放（雏鸭的训水，放养的时间、密度）、稻鸭共作的田间管理和鸭子的饲喂、鸭子的回收和水稻的收获等主要过程。当然各地由于季节和稻作制度的不同，在种养模式的具体技术上亦略有不同。以江苏省为例，稻鸭共作田施肥措施以秸秆还田、绿肥、生物有机肥（菜饼）等基施为主；旱育秧株距20~23.3cm，行距26.7~30cm，每667m²栽插1.0万~1.2万穴，基本苗5万~6万，放鸭15~20只。中国水稻研究所在推广稻鸭共育技术时实行大田贩、小群体、少饲喂的稻田家鸭野养共作模式，施肥措施以一次性基施腐熟长效有机肥、复合肥为主，以中苗移栽为主，实行宽行窄株密植方式，在秧苗返青、开始分蘖时放鸭（雏鸭孵出后10~14d），每667m²放养12~15只。

湖南省稻鸭生态种养田肥料处理实行轻氮重磷钾，一次性基施措施，每667m²施N 10～11kg，N∶P$_2$O$_5$∶K$_2$O为1∶0.5∶1。水稻栽插密度，早稻每667m²2.0万～2.2万穴，常规早稻基本苗12万～13万，杂交早稻8万～10万；晚稻1.8万～2.0万穴，常规晚稻基本苗10.5万～11.5万。鸭子育雏期18～20d，早稻栽后15d，中、晚稻栽后12d放入鸭子，每667m²放鸭12～20只。安徽省农业科学院在推广稻鸭共作技术时确定的放鸭数量为：常规稻田每667m²放养7～13只，早期栽插的水稻田则为6～7只。华南农业大学在广东省增城市的示范应用中每667m²放鸭25只左右，在秧苗抛植12d左右放鸭下田。云南农业大学在昆明基地的试验中水稻栽插采用双行条栽（窄行距10cm、宽行距20cm、株距10cm），每穴3～4苗。

2.鸭子选用、防护及鸭病防治

鸭子的选用是稻鸭共作技术的重要组成部分。虽然我国鸭种资源丰富，但各地现有鸭品种在灵活性、杂食性、抗逆性等方面还不能真正满足稻鸭共作要求，例如东北稻区就表现出鸭子昼夜耐寒性不够。江苏省镇江市水禽研究所选育的役用鸭，稻田活动表现出色，肉质鲜嫩，但鸭子体型较小，羽毛黑色，宰杀后商品性稍差，应加强选育体型色泽更美观、功能用途更多样的专用鸭。另外，可用脉冲器来防止天敌危害，但首次投入较大，大面积应用时可省去电围栏，在稻田四周用尼龙网围好，这样可节本增效。做好鸭子的免疫和病害防治，如发现病鸭要及时处理。

3.水稻栽插方式及农机配套

稻鸭共作生产中，考虑到鸭子在田间的活动，应扩大水稻种植的株行距，常采用较宽大的特定株行距来进行栽插，但对水稻高产稳产来说，基本苗数往往显得不够。朱克明等认为适当提高移栽密度不影响鸭子除草捕虫效果而利于获得优质高产。生产上如何协调稻鸭共作稀植要求与保持水稻高产稳产的栽插密度之间的矛盾，应针对不同水稻类型、不同生育期的品种来进行试验研究，不能一概而论。

4.施肥制度与病虫防治

现行稻鸭共作技术一般只在基肥中施入适量的有机肥或绿肥，即使加上鸭粪还田，在水稻抽穗后往往仍出现肥力不足的现象，导致产量下降。有研究表明，鸭粪有肥田作用，但仅相当于水稻20%左右氮肥用量。同时有研究认为在不施肥条件下并未显示因养鸭而增产的情况，提出不能因运用此项技术而减少肥料施用量。施用适量有机复合肥作为稻鸭共作技术的水稻促花肥，对水稻有明显的增产作用。如果一味地强调只在基肥中多施有机肥，也会对稻田生态带来负面影响。另外，鸭能够有效清除稻田主要害虫并减轻病害发生，但对危害稻株上部的三化螟、卷叶螟防效较差，尤其在抽穗收鸭后还有1个多月的水稻灌浆期，难于继续发挥鸭子的除虫作用。虽有调查认为稻鸭共作的白穗率比非养鸭田降低74.2%，但更多的结果是抽穗后水稻白穗率增多9.3%～10.3%，严重的达到18.4%。因此，做好稻田后期的生物防治显得尤为重要。生产上除通过种子处理防止原种带菌、调整播栽期避开螟虫危害和适当使用生物农药防治外，还可采用物理防治方法来减轻病虫危害，如采用频振式杀虫灯来防治害虫。

（三）效益分析

1.经济效益

试验表明，发展稻鸭共作系统，改传统稻作为有机稻作，生产有机稻米和鸭产品，经济效益非常突出。浙江省对1.5万公顷稻鸭共作示范户统计发现，由于养鸭收入与无公害大米加价以及节省成本等，稻鸭系统的纯收入比传统稻作模式增加3500元/hm²以上。在湖南省长沙市秀龙米业公司示范推广稻鸭共作系统所生产的农产品，大米在普通优质米基础上加价5%～10%，生态鸭、生态蛋比普通鸭、蛋价高20%以上，平均纯收入增加2000元/hm²左右。发展稻鸭共作模式，有利于提高农业效益和农民收入。

2.生态效益

稻鸭共作系统的生态效益主要表现在对病虫草害防治、土壤质量保持和农田环境保育上，尤其是对田间杂草的防治，效果显著。现有试验均表明，鸭喜欢吃禾本科以外的水生杂草，再加上田间活动产生浑水控草作用，稻鸭共作除在少数田块少数稻丛间有少量稗草出现外，对其他杂草有90%以上的防效，显著高于化学除草效应。江苏省镇江市稻鸭共作区水田杂草控制率在99%以上，其中鸭子活动产生的浑水控草效果也达75%以上。湖南省的调查结果显示，早稻田杂草减少95%以上，晚稻田杂草减少65%以上。同时，稻鸭共作的除虫防病效果也比较显著，能消灭稻飞虱、稻叶蝉、稻象甲、福寿螺等。另外，稻鸭共作对土壤改良和增肥效果也非常明显。鸭在田间活动，具有很好的中耕和浑水效果，能疏松土壤，促进土壤气体交换，提高土壤通透性。鸭的排泄物具有显著的增肥培土效应，1只鸭排泄在稻田的粪便约为10kg，所含的养分相当于N 47g、P_2O_5 70g、K_2O_3 1g，等于$50m^2$水稻所需的N、P和K的需求量。可见，稻鸭共作可大大减少除草剂、农药、化肥等用量，对稻田生态环境健康非常有利。

3.社会效益

首先，将家鸭饲养纳入水田有机种植系统之中，可提高农产品的供应量，丰富人民的食物结构，提高食物安全的保障水平。据中国水稻研究所的试验结果，通过发展稻鸭共作模式，在确保水稻单产不变甚至有所提高的基础上，可产出$300\sim400kg/hm^2$左右的家鸭。江苏省镇江市几年的实践也表明，不计算鸭蛋的产量，稻鸭模式也可生产肉鸭$250\sim300kg/hm^2$。其次，将家鸭饲养纳入有机优质稻米生产系统后，不仅可以促进水田种植结构的调整，而且也可扩大农区家禽饲养量，节省饲料用粮，进而有利于调整农区以生猪饲养占绝对优势的畜牧业结构。而且，稻鸭模式的发展及其产后加工链的跟进，也有利于农村剩余劳动力的安排。试验和调研表明，发展$1hm^2$稻鸭共作模式，就可多安排$2\sim3$个农村劳动力，如果再进一步发展农产品加工，则可安排更多的劳动力。稻鸭共作模式的发展可以加快农业产业化进程，促进农民生产意识的转变与提升。

第四节　以渔业为主体的生态养殖模式分析

以渔业养殖为主导，综合运用生态环境保护新技术以及资源节约高效利用技术，注重生产环境的改善和生物多样性的保护，实现农业经济活动的生态化转向。

一、渔牧结合模式

渔牧结合模式是畜禽养殖与水产养殖的结合，主要有鱼、畜（猪、牛、羊等），鱼、禽（鸭、鸡、鹅等），鱼、畜、禽综合经营等类型，都是各地较为普遍的做法。在池边或池塘附近建猪舍、牛房或鸭棚、鸡棚，饲养猪、奶牛（或肉用牛、役用牛）、鸭（鹅）、鸡等。利用畜、禽的废弃物——粪尿和残剩饲料作为鱼池的肥料和饵料，使养鱼和畜、禽饲养共同发展。在鱼、畜、禽结合中，有的还采取畜、禽粪尿的循环再利用，如将鸡粪作猪的饲料，再用猪粪养鱼，以节约养猪的精饲料，降低生产成本；或进一步将鸡粪经过简单除臭、消毒处理，作为配合饲料成分，重复喂鸡（或喂鱼），鸡粪再喂猪。以鱼鸭结合为例，一般以每公顷水面载禽量1500只，建棚225m^{2}为宜。每周将地面上的鸭粪清扫入池，每隔30~45d更换一次鸭的活动场所。鸭粪与其他粪肥一样，入水后能促使浮游生物大量繁殖。一般农户规模为养鸭800~1500只，养鱼0.5~lhm^2。鱼鸭混养，每667m^{2}多收鱼150kg，产鸭100多只。在利用鱼、鸡、猪三者相结合时，一般每公顷鱼池配养2250~3000只鸡，45~60头猪。

二、渔牧农综合模式

将渔、农和渔、牧的形式结合起来，以进一步加强水、陆相互作用和废弃物的循环利用，主要有鱼、畜（猪、牛、羊等1种或数种）、草（或菜），鱼、畜、禽（鸭、鸡或鹅）、草（或菜），鱼、桑、蚕综合经营等类型。前2种类型在各地较为普遍，都是以草或菜喂鱼、畜和禽，畜、禽粪尿和塘泥作饲料地或菜地的肥料，部分粪尿下塘肥水，或进行更多层次的综合利用，例如牛—菇—蚓—鸭—鱼类型，利用奶牛粪种蘑菇、养鱼，蘑菇采收后的土用来培养蚯蚓，蚯蚓养鸭，鸭粪再养鱼。鱼、桑、蚕类型因要求的条件较高，故分布不及前2种普遍，过去主要集中在珠江三角洲和太湖流域，目前分布区域有所扩展。这种类型广东称"桑基鱼塘"，堤面种桑，桑叶喂蚕，蚕沙养鱼或部分肥桑，塘泥肥桑，桑田的肥分部分随降水又返回池塘，这样往复循环不息。

三、生态渔业模式

（一）鱼的分层放养

分层立体养鱼主要是利用鱼类的不同食性和栖息习性进行立体混养或套养。在水域中按鱼类的食性分为上层鱼、中层鱼、下层鱼，鲢鱼、鳙鱼以浮游植物和浮游动物为食，栖息于水体的上层；草鱼、鳊鱼、鲂鱼主要吃草类，如浮萍、水草、陆草、蔬菜和菜叶等，居水体中层；鲤鱼、鲫鱼吃底栖动物和有机碎屑等杂物，耐低氧，居水体底层。通过这种混合养殖，可充分利用水体空间和饲料资源，充分发挥不同鱼类之间的互利作用，促进鱼类的生长。应用这种方法时应注意，在同一个水层一般只适宜选择一种鱼类。此外，池塘条件与混养密度、搭配比例和养鱼方式要相适应。

鱼的立体养殖一般可选1~2种鱼作为主要养殖对象，称"主题鱼"，放养比例较大；其他鱼种搭配放养，称"配养鱼"。

（二）鱼的轮养、套养

珠江三角洲地区的鱼类养殖，多采用分级轮养和套养相结合，以适应在大面积养殖中，能及时有充足的鱼类上市。采用"一次放足，分期捕捞，捕大留小"，或是"多次放养，分期捕捞，捕大补小"。轮养与套养大体有3种类型：①春季一次放足大小不同规格的鱼种，然后分期分批捕捞，使鱼塘保持合理的贮存量。这种形式的养殖主要是皖鱼和统鱼。②同一规格的鱼种，多次放养，多次收获，使鱼塘的捕出和放入鱼种尾数基本平衡。这种形式适用于放养规格大、养殖周期短的鳙鱼、鲢鱼（每年轮捕轮放3~5次）。③同一规格的鱼种，春季放完，到冬季干塘时才收获一次，但由于饲养过程个体生长参差不齐，部分可以提早上市，因而该部分可以多次收获。这种形式以鲤、鳊、鲫等为主要对象。

（三）鱼蚌混养

在传统水产养殖的基础上，利用水质良好的中等肥度鱼塘、河沟或水库，吊养（或笼养）三角帆蚌，在不影响鱼类生长活动的前提下，增加珍珠的收入。一般鱼塘结合育珠，平均每667m^{2}一年可收珠0.5~1kg，净收入900~1500元，江、浙、鄂、皖一带鱼蚌混养育珠，收入相当可观。山东聊城市水产局进行鱼蚌混养，在同一水域不同水层放养草、鲢、鳙、鲤等鱼种，在上层水层吊养接种珍珠后的皱纹冠蚌，合理搭配杂食性鱼与滤食性鱼。

（四）鱼鳗混养

选择池堤结实、堤坝较高、防洪设施较好的鱼塘，在养殖鲢鱼、草鱼、罗非鱼、青鱼的同时混养河鳗，单产可提高5.3%，产值增长约40%，商品鱼规格率高，质量较好。

（五）水生植物—鱼围养人工复合生态系统

传统的水面网围养鱼，由于采取高密度放养和大量投饲外源性饵料的运作方式，因而，鱼类的排泄物和残饵量大量增加，造成了资源的浪费和水质的污染。所以在养鱼区外围布设一定宽度的水生植物种植区，选择既能为鱼类提供优质饵料，又能净化水质的水生植物（如伊乐藻）繁殖。这样养鱼区所产生的N、P等有机物随水流通过水生植物种植区时，为伊乐藻等水生植物所吸收和同化，然后将收割的水生植物作为饵料再投入养鱼区，如此循环往复，从而建立起从水体中的营养物质（鱼类排泄物和残饵中的N、P经微生物分解和转化）—伊乐藻等水生植物（吸收和利用）—鱼类（用作饵料）的生态模式，以达到良性循环。

（六）愚公湖（洪湖–子湖）生态渔业模式

愚公湖位于洪湖东南角，面积近2000亩（1亩≈667m²），形状近似梯形。1976年建堤，曾2次用于养鱼，以后均因调蓄时被洪水淹没而失败，最后被迫放弃，荒废达10年之久。残留土堤的堤面高程平均23.8m，湖底最低高程22.8m，平均23.2m。冬、春季节最低水位时，平均水深仅0.5m。

愚公湖的拦网养鱼模式属于湖湾拦网养殖类型，即筑土堤以蓄水，布网以拦鱼。它是在人工控制下，按照生态学原则，进行半开发式的渔业生产。由于子湖水体与大湖水体相通，采用拦网养鱼方式，可以保证子湖在高水位时能分流蓄洪，在低水位时能照常养鱼。

首先是合理控制草食性鱼类的放养密度。愚公湖水草茂盛，水体理化条件良好，加上洪湖大湖面水草资源丰富，能够向愚公湖提供大量的青饲料，因而愚公湖适宜于主养草鱼和少量的团头鲂等草食性鱼类。经过几年的实践表明，欲要保持湖泊良好的生态环境，而且又能获得良好的和持续稳定的经济效益，必须合理地控制和及时调整草食性鱼类放养密度。

其次是确定放养鱼类的种群结构。根据几年的试验和测算，每2~2.5尾草鱼排出的粪便所转化的浮游生物量，可供给1尾滤食性鱼生长所需，从而推算出，草鱼与滤食性鱼的放养比例约为70∶30或2.3∶1。这样，既能充分发挥生态效益，又能降低生产成本。

在采用拦网养鱼以前，愚公湖水草丛生，一片荒凉，是荒芜多年的沼泽地。采用拦网养鱼后，水草急剧减少，水体N、P含量均未超过富营养标准，水质也明显好于附近的金潭湖和精养鱼池。

第五章　生态种植技术

第一节　典型生态种植技术

一、因土种植技术

作物因土种植技术是指按照作物对土壤水分、养分、质地、酸碱度及含盐度等的适应性科学安排作物种植的一种技术。

（一）作物对水分的适应性

不同的作物在生长过程中，需要的水分不同。根据作物对水分的需求量，可以分为以下几种类型。

（1）喜水耐涝型。喜水耐涝型作物喜淹水或应在沼泽低洼地生长，在根、茎、叶中均有通气组织，如水稻。

（2）喜湿润型。喜湿润型作物在生长期间需水较多，喜土壤或空气湿度较高，如陆稻、烟草、蚕豆、莜麦、马铃薯、油菜、胡麻及许多蔬菜。

（3）中间水分型。中间水分型作物既不耐旱也不耐涝，或前期较耐旱，中后期需水较多。在干旱少雨的地方虽然也可生长，但产量不高不稳，如小麦、玉米、棉花、大豆等。

（4）耐旱怕涝型。许多作物具有耐旱特性，如谷子、向日葵、花生、绿豆等。

（5）耐旱耐涝型。耐旱耐涝型作物既耐旱又耐涝，适应性很强，在水利条件较差的易旱地和低洼地都可种植，并可获得一定产量，如高粱、田菁、草木樨等。

（二）作物对土壤肥力的适应性

土壤的瘠薄与肥沃是作物布局经常遇到的问题，不同作物对土壤养分的适应能力有显著差别。根据作物对土壤肥瘦适应性的不同，可分为以下几种类型。

（1）耐瘠型。耐瘠型作物是指能适应在瘠薄地上生长。这类作物主要有3种。一是具有固氮能力的豆科作物，如绿豆、豌豆及豆科绿肥（苜蓿、紫云英等）；二是根系强大、吸肥能力强的作物，如高粱、向日葵、荞麦、黑麦等；三是需肥较少的作物，如谷、大麦、燕麦、胡麻等。

（2）喜肥型。这类生物根系强大，吸肥多；或要求土壤耕层厚、供肥能力强，如小麦、玉米、棉花、杂交稻、蔬菜等。

（3）中间型。这些作物需肥幅度较宽，适应性较广。在瘠薄土壤中能生长，在肥沃土壤中生长更好。如籼型水稻、谷子等。

（三）对土壤质地的适应性

土壤质地是土壤物理性状的一个重要特性，它影响到土壤水分、空气、根系发育及耕性，也影响到保水保肥的能力。不同作物对不同的土壤质地适应性是不同的，大致可分为以下几种类型。

（1）适沙土型。沙土质地疏松，总孔隙度虽小，但非毛管孔隙大，持水量小，蒸发量大，升温降温较快，昼夜温差大。蓄水保肥性差，肥力较低。凡是在土中生长的果实或块茎块根类作物对沙性土壤有特殊的适应性，如花生、甘薯、马铃薯等。另外，西瓜、苜蓿、红豆草、草木樨、桃、葡萄、大枣、大豆等对沙土地较适应。

（2）适黏土型。黏土保肥保水能力强，但通透性不良，耕作难度大。适宜种植水稻，小麦、玉米、高粱、大豆、豌豆、蚕豆也适宜在偏黏的土壤上生长。

（3）适壤土型。多数农作物都适宜在壤土上种植，如棉花、小麦、玉米、谷子、大豆、亚麻、烟草、萝卜等。

（四）作物对土壤酸碱度和含盐量的适应性

因土壤酸碱度和含盐量的不同，适应的作物有如下几种。

（1）宜酸性作物。在pH值5.5～6的酸性土壤中，适宜的作物有：黑麦、燕麦、马铃薯、小花生、油菜、烟草、芝麻、绿豆、木薯、茶树、紫云英等。

（2）宜中性作物。pH值6.2～6.9的中性土壤一般各种作物皆宜。

（3）宜碱性作物。在pH值＞7.5的土壤中适宜生长的作物有：苜蓿、棉花、甜菜、苔子、草木樨、枸杞、高粱。

（4）耐强盐渍化作物。如向日葵、蓖麻、高粱、苜蓿、草木樨、紫穗槐等。

（5）耐中等盐渍化作物。如水稻、棉花、黑麦、油菜、黑豆等。

（6）不耐盐渍化作物。如谷、小麦、大麦、甘薯、马铃薯、燕麦、蚕豆等。

（五）地貌对作物布局的影响

我国地貌十分复杂，有"七山二水一分田"之说。地貌的差别影响到光、热、水、土、肥的重新分配，从而影响到作物的分布和种植。

（1）地热对作物布局的影响。集中表现在作物分布的垂直地带性上。随着地势的升高，温度下降、降水增多。气候的变化势必对作物种植类型产生影响。

（2）地形对作物布局的影响。地形主要是指地表形状及其所处位置。在山区，阴坡与阳坡对作物布局影响很大。在作物配置时，阳坡应多种喜光耐旱的甘薯、扁豆等作物；阴坡应多种耐阴喜湿润的马铃薯、黑麦、荞麦、油菜等作物。

二、立体种植技术

（一）立体种植的概念和类型

1.立体种植的概念

立体种植是指在一定的条件下，充分利用多种农作物不同生育期的时间差，不同作物的根系在土壤中上下分布的层次差、高矮秆作物生长所占用的空间差以及不同作物对太阳能利用的强度等的相互关系，有效地发挥人力、物力、时间、空间和光、温、气、水、肥、土等可能利用的层次和高峰期，最大限度地实现高产低耗、多品种、多层次、高效率和高产值，以组成人工生态型高效复合群体结构的农业生产体系。

立体种植是发展立体农业的主要组成部分。它是根据植物生态学和生态经济学原理，组织农业生产的一种高效栽培技术。一方面，立体种植要利用现代化农业科学技术，充分利用当地自然资源，尽可能为人类生存提供更多、更丰富的农业产品，以取得最佳的经济效益；另一方面，还要利用各种农作物之间相互依存、取长补短、共生互补、趋利避害、循环往复与生生不息的关系，通过种类、品种配套和集约安排，创造一个较好的生态环境，通过一年和一地由多种农作物相互搭配种植的形式（这种形式是多种多样的），以达到提高复种指数，增产增收的目的。

2.农作物立体种植的类型

农作物立体种植主要包括间作、混作和套作3种类型。

（1）间作。

间作是指在同一田地上于同一生长期内，分行或分带相间种植2种或2种以上作物的种植方式。

所谓分带是指间作作物成多行或占一定幅度的相间种植，形成带状，构成带状间作，如4行棉花间作4行甘薯，2行玉米间作4行大豆等。间作因为成行种植，可以实行分别管理，特别是带状间作，较便于机械化或半机械化作业，与分行间作相比能够提高劳动生产率。

农作物与多年生木本作物相间种植，也称为间作。木本植物包括林木、果树、桑树、茶树等；农作物包括粮食、经济作物、园艺、饲料、绿肥作物等。平原、丘陵农区或林木稀疏的林地，采用以农作物为主的间作，称为农林间作；山区多以林（果）业为主，间作农作物，称为林（果）农间作。

间作与单作不同，间作是不同作物在田间构成人工复合群体，个体之间既有种内关系又有种间关系。

间作时，不论间作的作物有几种，皆不计复种面积。间作的作物播种期、收获期相同或不相同，但作物共处期长，其中，至少有1种作物的共处期超过其全生育期的一半。间作是集约利用空间的种植方式。

（2）混作。

混作是指2种或2种以上生育季节相近的作物，在同一田块内，不分行或同行混种的种植方式。混合种植可以同时撒播于田里或种在1行内，如芝麻与绿豆混作，小麦与豌豆混作，大麦与扁豆混作，也可以一种作物成行种植，另一种作物撒播于其行内或行间，如玉米条播后撒播绿豆等。混作属于比较原始的种植方式，方法简便易行，但由于混作的作物相距很近，不便于分别管理。

（3）套作。

套作是指在前作物生长期间，在其行间播种或栽种生育季节不同的后作物的种植方式，如每隔3垄小麦套种1行花生，或6行小麦套种2行棉花。它不仅比单作充分利用了空间，而且较充分地利用了时间，尤其是增加了后作物的生育期，这是一种较为集约的种植方式。因此，要求作物的搭配和栽培技术更加严格。

（二）发展立体种植应具备的条件

1.气候条件

温度、光照和降水量等气候条件，是作物生长和发育的基本条件，也是各种农作物赖以生存的基础。立体种植是一种高层次的种植方式，要求温度适宜，光照充足、降水量较多，生育期较长。

2.自然资源

自然资源是发展立体种植业的先天因素。如果一个地区有丰富的水资源，加之公路交通方便，产销渠道畅通，煤、油和电的资源以及各种农作物的品种资源都相当丰富，那么该地区是适宜发展立体种植的。

3.水、肥和土壤条件

立体种植业是一种多品种和多层次的综合种植方式。由于种植的品种多、范围广，经营的层次也高，一年当中，有时要种四五茬或更多，因而需要有足够的水源和肥料，同时，还要求有较好的土壤条件。没有充足的水源和配套的水利工程与器械，要想发展立体种植业，获得较高的产量和较高的经济效益，是不可能的。

4.品种配套

从事立体种植业，不仅参与的作物种类较多，在同一种作物中，还要求与各类立体种植形式有相应的配套品种，诸如早熟与晚熟、高秆与矮秆、抗病与高产、大棵与小棵等。因为立体种植不同于一般单一种植，在不同时期和不同形式中，都要求有其相适应的配套品种，这样才能充分利用时间和空间，发挥品种的优势，获得高产和高效益。

5.劳力和资金

立体种植业能够充分利用土地、资源和作物的生育期，各种作物在不同季节交错生长，一年四季田间的投工量大，几乎没有农闲时间。因此，需要有足够的劳力。此外，经营立体种植业，不仅要求水肥充足，还要增加地膜、种子和各种农用器械的开支。因此，没有较多的资金投入是不行的。

6.科学技术水平

发展立体种植业，要求引进新技术、新的配套品种和先进的生产手段，因而生产者还要具备一定的科学文化水平，要通过不断的学习，才能较好地掌握各项新技术，取得较高的效益。

（三）作物间作套种技术

作物间作套种，可充分利用地力和光能抑制病、虫、草的发生，减轻灾害，实现一季多收，高产高效。

（1）株型要"一高一矮"，即高秆作物与低秆或无秆作物间作套种。如高粱与黑豆、黄豆，玉米与小豆、绿豆间作套种。上述几种作物间套作，还有补助氮肥不足的作用。

（2）枝型要"一胖一瘦"，即枝叶繁茂、横向发展的作物和无枝或少枝的作物间作套种，如玉米与马铃薯间作，甘薯地里种谷子。这样易形成通风透光的复合群体。

（3）叶型要"一尖一圆"，即圆叶作物（如棉花、甘薯、大豆等）与尖叶作物（如小麦、玉米、高粱等）搭配。这种间作套种符合豆科与禾本科作物搭配这一科学要求，互补互助益处多。

（4）根系要"一深一浅"，即深根和浅根作物（如小麦与大蒜、大葱等）搭配，以充分利用土壤的养分和水分。

（5）适应性要"一阴一阳""一湿一旱"，即耐阴作物与耐旱作物搭配，有利于彼此都能适合复合群体中的特殊环境，减轻旱涝灾害，旱也能收，涝不减产，稳产保收。

（6）生育期要"一大一小""一宽一窄"，即主作物密度要大，种宽行，副作物密度要小，种窄行，以保证作物的增产优势，达到主作物和副作物双双丰收，提高经济效益。

（7）株距要"一稠一稀"，即小麦、谷子等作物适合稠一些，因为这类作物秸秆细，叶子窄条状，穗头比较小，只有密植产量才会高；而间作套种的绿豆或小豆叶宽，又是股（枝）较多，只有稀植才能有好收成。

（8）直立型要间作爬秧型，如玉米间种南瓜，玉米往上长，南瓜横爬秧，不但互不影响，并且南瓜花蜜能引诱玉米螟的寄生性天敌——黑卵蜂，通过黑卵蜂的寄生作用，可以有效地减轻玉米螟的为害，胜过施农药。

（9）秆型作物间种缠绕型作物，如玉米是秆型作物，黄瓜是缠绕型作物，两者间作，不但能减轻或抑制黄瓜花叶病，并且玉米秸秆能代替黄瓜架，都能得到丰收。

三、作物轮作技术

（一）作物轮作概述

1.轮作的概念

轮作是指在同一块田地上，在一定年限内按一定顺序逐年轮换种植不同作物的种植制度。如一年一熟条件下的大小麦—玉米三年轮作，这是在年间进行的单一作物的轮作。在一年多熟条件下，既有年间的轮作，也有年内的换茬，如南方的绿肥→水稻→水稻→油菜→水稻→水稻→小麦→水稻→水稻轮作，这种轮作由不同的复种方式组成，因此，也称为复种轮作。

2.连作的概念

连作，又叫重茬，与轮作相反，是指在同一块地上长期连年种植一种作物或一种复种形式。两年连作称为迎茬。在同一田地上采用同一种复种方式，称为复种连作。

（二）轮作换茬的作用

作物生产中轮作换茬与否主要取决于前后茬作物的病虫草害和作物的茬口衔接关系，而茬口的衔接还与作物的营养关系、种收时间有关。

1.减轻农作物的病虫草害

作物的病原菌一般都有一定的寄主，害虫也有一定的专食性或寡食性，有些杂草也有其相应的伴生者或寄生者，它们是农田生态系统的组成部分，在土壤中都有一定的生活年限。如果连续种植同种作物，通过土壤而传播的病害，如小麦全蚀病、棉花黄枯萎病、烟草黑胫病、谷子白发病、甘薯黑斑病必然会大量发生。实行抗病作物与感病作物轮作，更换其寄主，改变其生态环境和食物链组成，使之不利于某些病虫的正常生长和繁衍，从而达到减轻农作物病害和提高产量的目的。

一些作物的伴生性杂草，如稻田里的稗草、麦田里的燕麦草、粟田里的狗尾草等，这些杂草与其相应作物的生活型相似，甚至形态也相似，很不易被消灭。一些寄生性杂草，如大豆菟丝子、向日葵列当、瓜列当等连作后更易滋生蔓延，不易防除，而轮作则可有效地消灭之。

2.协调、改善和合理利用茬口

（1）协调不同茬口土壤养分水分的供应。

各种作物的生物学特性不同，自土壤中吸收养分的种类、数量、时期和吸收利用率也不相同。

小麦等禾谷类作物与其他作物相比，对氮、磷和硅的吸收量较多；豆科作物吸收大量的氮、磷和钙，但在吸收的氮素中，40%~60%是借助于根瘤菌固定空气中的氮，而土壤中氮的实际消耗量不大，而磷的消耗量却较大；块根块茎类作物吸收钾的比例高，数量大，同时，氮的消耗量也较大；纤维和油料作物吸收氮磷皆多。不同作物对土壤中难溶性磷的利用能力差异很大，小麦、玉米、棉花等的吸收利用能力弱，而油菜、荞麦、燕麦等吸收能力较强。如果连续栽培对土壤养分要求倾向相同的作物，必将造成某种养分被片面消耗后感到不足而导致减产。因此，通过对吸收、利用营养元素能力不同而又具有互补作用的不同作物的合理轮作，可以协调前、后茬作物养分的供应，使作物均衡地利用土壤养分，充分发挥土壤肥力的生产潜力。

不同的作物需要水分的数量、时期和能力也不相同。水稻、玉米和棉花等作物需水多，谷子、甘薯等耐旱能力较强。对水分适应性不同的作物轮作换茬能充分而合理地利用全年自然降水和土壤中贮积的水分，在我国旱作雨养农业区轮作对于调节利用土壤水分，提高产量更具有重要意义。如在西北旱农区，豌豆收获后土壤内贮存的水分较小麦地显著增多，使豌豆成为多种作物的好前作。

各种作物根系深度和发育程度不同。水稻、谷子和薯类等浅根性作物，根系主要在土壤表层延展，主要吸收利用土层的养分和水分；而大豆、棉花等深根性作物，则可从深层土壤吸收养分和水分。所以，不同根系特性的作物轮作茬口衔接合理，就可以全面地利用各层的养分和水分，协调作物间养分、水分的供需关系。

（2）改善土壤理化性状，调节土壤肥力。

各种作物的秸秆、残茬、根系和落叶等是补充土壤有机质和养分的重要来源。但不同的作物补充供应的数量不同，质量也有区别。如禾本科作物有机碳含量多，而豆科作物、油菜等落叶量大，豆科作物还能给土壤补充氮素。有计划地进行禾、豆轮作，有利于调节土壤碳、氮平衡。

轮作还具有调节改善耕层物理状况的作用。密植作物的根系细密，数量较多，分布比较均匀，土壤疏松结构良好。玉米、高粱根茬大，易起坷垃。深根性作物和多年生豆科牧草的根系对下层土壤有明显的疏松作用。土壤物理性质的改善，可使土壤肥力得以提高。

（3）合理利用农业资源，经济有效地提高作物产量。

根据作物的生理生态特性，在轮作中前后作物搭配，茬口衔接紧密，既有利于充分利用土地、自然降水和光、热等自然资源，又有利于合理使用机具、肥料、农药、灌溉用水以及资金等社会资源。还能错开农忙季节，均衡投放劳畜力，做到不误农时和精细耕作。

（三）特殊轮作的作用与应用

1.水旱轮作

水旱轮作是指在同一田地上有顺序地轮换种植水稻和旱作物的种植方式。这种轮作对改善稻田的土壤理化性状，提高地力和肥效有特殊的意义。

水旱轮作比一般轮作防治病虫草害效果尤为突出。水田改旱地种棉花，可以扼制枯黄萎病的发生。改棉地种水稻，水稻纹枯病大大减轻。同时，水旱轮作更容易防除杂草。

在稻田，特别是在连作稻区，应积极提倡水稻和旱作物的轮换种植，这是实现全面、持续、稳定增产的经济有效措施。

2.草田轮作

草田轮作是指在田地上轮换种植多年生牧草和大田作物的种植方式，欧美较多，我国甚少，主要分布在西北部分地区。

草田轮作的突出作用是能显著增加土壤有机质和氮素营养。多年生牧草在其强大根系的作用下，还能显著改善土壤物理性质。在水土流失地区，多年生牧草可有效地保持水土，在盐碱地区可降低土壤盐分含量。草田轮作有利于农牧结合，增产增收，提高经济效益。该种轮作应在气候比较干旱、地多人少、耕作粗放、土地瘠薄的农区或半农半牧区应用。

3.轮作与作物布局的关系

作物布局对轮作起着制约作用或决定性作用。作物的种类、数量及每种作物相应的农田分布，直接决定轮作的类型与方式。旱地作物占优势，以旱地作物轮作为主；水稻和旱作物皆有，则实行水旱轮作；城市、工矿郊区以蔬菜为主，实行蔬菜轮作。一方面，作物种类多，轮作类型相对比较复杂，较易全面发挥轮作的效应；另一方面，作物布局也要考虑轮作与连作的因素。

第二节 生态粮食生产技术

生态粮食在生态农产品中占有重要地位。我国粮食主要包括水稻、小麦、玉米和大豆。下面选取水稻作为粮食的代表，来介绍主要粮食产品的生态生产技术。

水稻在我国北方和南方均可种植。生态稻适栽区在规划时，基地选点一般应远离工矿区和公路、铁路干线，避开工业和城市污染源的影响，同时生态稻生产基地应具有可持续生产的能力。目前推广的稻田养鱼、蟹稻共生、虾稻共生、鳝稻共生、泥鳅水稻共生等模式都要具备生态水稻生产条件，在生态环境较好的地区，推广这些栽培模式既可保证一定的生态水稻生产面积，又可获得较高的经济效益。

一、产地要求

产地周边5km以内无污染源，上年度和前茬作物均未施用化学合成物质；稻农种稻技术好，自觉性高；交通条件好，排污方便，旱涝保收；土壤具有较好的保水保肥能力；土壤生态质含量2.5%以上，pH值为6.5～7.5；光照充足；空气质量、农田灌溉水质及土壤质量符合第二章中提到的生态农业对产地环境的基本要求。

从生态稻栽培所需的环境条件看，除了大部分山区较适宜外，目前平原湖区的几种种养共生模式也是可行的。山区的种植模式类型主要有一季稻区、油稻区、绿肥稻区等，平原湖区的类型模式主要是稻田种养结合型。种养结合型模式以养为主，以种为辅，因此，大田内不用或少用化肥，绝对不用农药，水土基本无污染。从目前看，这种模式生产的水稻可以成为平原湖区生态稻生产的基础。但必须具备优越的生态环境条件和高标准的水源。

二、品种选择

生态稻栽培依据规定必须使用已通过审定，适合当地环境条件的优质高产、抗逆性好、抗病虫能力强、耐储存的品种。

在我国南方地区，早稻品种目前可选用舟优903、嘉育948、鄂早16、嘉育202、中鉴100等，中稻品种目前可选用扬稻6号、鉴真2号、鄂中4号、扬辐糯4号、鄂荆糯6号等品种，一季晚稻品种目前可选用鄂香1号等，双季晚稻品种目前可选用金优928、金优12、湘晚籼13、鄂晚9号等。

在我国北方地区，根据当地积温等生态条件对品种的要求，选用熟期适宜的优质、高产、抗病和抗逆性强的品种。第一、第二积温带选用主茎12~14叶的品种；第三、第四积温带选用10~11叶的品种，保证霜前安全成熟。第一年的种子可从有关科研单位或专业种子公司提供，从第二年起，在生态农场自繁提纯。要保证品种的多样性。严禁使用转基因品种。

种子质量按GB4404《粮食作物种子质量标准禾谷类》的要求，纯度不低于99%，净度不低于98%，成苗率不低于85%（幼苗），含水量不高于14.5%。不允许使用包衣种子。

若从外地引种，一定不要从有水稻象甲、水稻细菌性条斑病等检疫对象发生的种子繁育基地引种；从国外引种，则严格按照农业部〔1993〕（农）字第18号文《国外引种检疫审批管理办法》执行，以保护本地水稻生产的安全。

三、培育壮秧

种子处理有关内容如下。

（1）晒种。播种前将种子摊晒1~2d，提高种子发芽率和发芽势。

（2）种子消毒。将晒好的种子用1%的生石灰水浸泡1d。浸种时使石灰水高出谷种10cm。

（3）育秧方式。旱育秧或水育秧。旱育秧可旱地直播或塑料软盘育秧，也可以在水田实行塑料软盘水整旱育。

（4）秧田与大田比例。旱地直播按30m²净面积秧床播1kg杂交稻种或2kg生态常规稻种，栽667m²大田。塑料软盘育秧一般每667m²需361孔软盘50个左右，每孔播杂交稻种1~2粒，播生态常规稻种2~3粒，也可根据大田所需栽插密度计算育秧盘数。一般每667m²塑料软盘秧苗可抛或插50亩（1亩≈667m²，下同）大田。

水育秧按每667m²秧田播7.5kg杂交稻种或15kg生态常规稻种，可栽7.5亩大田。

（5）整地与培肥。①旱育秧。冬翻冬凌或播前20d进行翻耕，每1m²施腐熟的厩肥5kg。播种前2～3d再次耕耘，并施入腐熟的人粪尿1担/30m²，做到田平土细，按1.3m宽厢面开沟。②水育秧。如果是专用秧田，就实行冬翻冬凌或播种前半个月左右结合耕整按每667m²施入2000kg农家肥，播种前3～5d按每667m²施入750kg腐熟的人粪尿再次耕整，做到田平泥烂，按1.3～1.5m宽开沟分厢。

（6）播期与秧龄。早、中、晚稻的播期不同，在早稻播期上，南方（湖北）采取先播迟熟，后播早熟，先插早熟，后插迟熟，也就是说，越早熟品种越要注意短秧龄；中稻播种期要注意避开高温阶段抽穗扬花，特别是不耐高温的品种以及易出现高温的区域，必须把预防高温热害，提高结实率，提高稻米品质作为一项重大措施；晚稻播种期在长江中下游地区十分重要，要根据品种的安全齐穗期倒推最佳播种期。至于最佳插秧期一般是在气温许可或适宜的情况下，早插比晚插好，软盘抛秧的秧苗叶龄以3叶左右为宜，最迟抛栽期的秧苗高度不超过20cm，晚稻抛栽秧龄不超过25d（抛栽秧苗一般小苗比大苗效果好）。

我国南方除广东、广西、海南外，早稻一般在3月中下旬播种，晚稻6月中下旬播种。

（7）浸种催芽。将消毒处理过的种子进行浸种，当种子吸足水分后便进行催芽，催芽标准一般为破胸露白。长江中下游早稻、中稻催芽实行保温催芽，晚稻催芽实行"三漫三滤"（昼浸夜滤）。

（8）播种。将已露白的谷种均匀撒播，播种量根据品种特性、秧龄长短、育秧期间的气温高低而定。一般早稻气温较低，保温育秧的播量稍大一点；中、晚稻育秧气温较高，播量少一点；常规稻稍高一点，杂交稻分蘖力强，播量可少一点。

（9）苗床管理。早春气温低于12℃时，秧床要盖膜保温。播种至1叶1心苗床密闭，保温保湿，2叶1心开始通风炼苗，使膜内温度保持在25℃左右，日均气温稳定在12℃以上时，昼夜通风炼苗，并逐步揭膜，防止失水，青枯死苗。

①灌水。旱育秧从播种到立针现青不浇水。现青后，床面发白变干，应及时在早、晚喷水，切忌大水漫灌；水育秧，播种到现青，保持沟中有水，厢面无水，现青后，厢面保持薄水层。

②施肥。以腐熟的稀人粪尿为主。2叶1心时施好"断奶肥"。旱育秧按50 kg/30m²，水育秧按250kg/667m²；移栽前5d施好"送嫁肥"，旱育秧按80kg/30m²，水育秧按400kg/667m²。

③病虫防治。苗期应加强草、禽害防治，病虫害以防为主，山区要注意稻瘟病防治，晚稻要防好稻蓟马，移栽时要做到带药"出嫁"。

四、栽培技术

（一）大田耕整

在耕整大田之前，首先对田间杂草、残茬进行清除，减少田间杂草和病虫基数，再通过耕耙、耖等田间作业，达到土壤松软，耕层活化，田平泥烂，真正做到灌水棵棵到，排水满田跑，同时田面平整，亦可提高秧苗成活率。

（二）施好施足底肥

结合耕整，每667m²施入各类农家肥2500kg作底肥。底肥的主要品种有堆肥、沤肥、厩肥、沼气肥、绿肥、作物秸秆肥、泥肥、饼肥、草木灰等。

生态肥料的施用技术：绿肥是红花草籽压初花、蓝花草籽压盛花，把绿肥全部翻压在土下，然后翻耕耙匀，压青后10～15d插秧；秸秆、落叶、山草、青蒿和人粪尿及少量泥土混合堆制发酵分解后作基肥；菜籽饼、花生饼、大豆饼等饼粕是高含氮量的植物性生态质肥料，需经腐熟后施用或在水稻移栽前10d结合耕整一并施下。

禁止使用的生态物有城市垃圾和污泥、医院的粪便垃圾和含有害物质的垃圾及各类可能引起污染的废弃物。

（三）移栽

（1）起秧不论是旱育秧（包括软盘育秧）还是水育秧，都必须是当天起秧当天移栽到大田不过夜。

（2）栽插密度根据早、中、晚稻及常规稻和杂交稻等不同类型，同时按照不同分蘖能力，土壤的肥力水平安排不同的密度。早稻品种：常规稻3.0万～3.5万蔸/667m²，杂交稻2.5万蔸/667m²。中稻（一季晚）品种：常规稻2.0万～2.5万蔸/667m²，杂交稻2.0万蔸/667m²。双晚品种：常规稻3.0万～3.5万蔸/667m²，杂交稻20万～2.5万蔸/667m²。

杂交稻每蔸插1粒谷苗，常规稻每蔸插2～3粒谷苗。

栽植方式可因地制宜，灵活掌握。但都必须是秧苗随取随栽，不插隔夜秧，移栽入泥浅，密度要均匀。免耕抛秧的密度应比翻耕抛秧的密度增加10%。

（四）大田管理

1.灌水

常规灌水是浅水（2cm）插秧，寸水（4cm）返青，浅水（1.5cm）分蘖，适时晒田，复水后浅水勤灌，深水（5cm）孕穗，抽穗扬花若遇高温可灌5～7cm深水降温，灌浆期间干干湿湿，收获前3～5d断水。对有二次灌浆特性的品种，要干干湿湿到成熟。

2.追肥

返青后，每667m²施腐熟的人粪尿（或沼液）8～10担作分蘖肥；晒田复水后，每667m²施腐熟的饼肥80kg，草木灰50kg作穗肥。

3.中耕除草

插秧后5～7d待秧苗返青后，结合追施分蘖肥进行第一次中耕，分蘖末期进行第二次中耕，把杂草消灭在萌芽状态，同时促使秧苗平衡生长。

4.晒田

晒田原则是：苗到不等时，时到不等苗，常规稻30万～35万苗/667m²，杂交稻22万～25万苗/667m²即开始晒田，若是抛秧栽培，晒田时间应提早到要求苗数的80%。晒田程度要看田、看天、看苗。看田是说该田的泥脚深浅，田底肥瘦。深泥脚肥多的田晒得重一些，浅泥脚瘦田则晒得轻一些。看天是说在晒田期间的天气状况，天气好太阳大则晒田时间短一些；天气不好，晒田效果差，则相对晒田时间就长一些。看苗就是对旺苗田重晒，弱苗田轻晒。总的讲是因田制宜，灵活掌握。

5.病害虫的防治

水稻病虫害主要有：稻瘟病、纹枯病、白叶枯病、三化螟、二化螟、稻纵卷叶螟、稻飞虱和稻蓟马等。生态水稻栽培在病虫害防治上更要注意依靠病虫测报信息，将农业防治、物理防治、生物防治结合起来。

在以上措施不能有效控制病虫害时，允许使用以下农药。

（1）中等毒性以下植物源杀虫剂、杀菌剂、驱避剂和增效剂，如除虫菊素、鱼藤根、大蒜素、苦楝、川楝、印楝、芝麻素等。

（2）释放寄生性捕食天敌动物，如寄生蜂、捕食螨、蜘蛛及昆虫病源线虫等。

（3）矿物源农药中的硫制剂、铜制剂。

（4）微生物制剂，如真菌及真菌制剂、细菌制剂、病毒制剂等。

第三节　生态蔬菜生产技术

生态蔬菜种类繁多，其生产技术各有特点。尽管技术措施不尽相同，但对产地环境条件、生产用种、用肥以及防治病虫害等方面，有许多共同的技术标准和要求。本节首先介绍这些共同的技术标准，然后介绍2类常见蔬菜的生态生产技术。

一、产地要求

生态蔬菜生产基地附近应没有造成污染源的工、矿企业。基地的灌溉水应是深井地下水或水库等清洁水源，不能使用污水灌溉。基地河流的上游没有排放有毒、有害物质的工厂。菜园距主干公路线50～100m以上。基地未施用过含有毒、有害物质的工业废渣；也可选择交通比较方便，适于种植蔬菜的山区耕地。

生态菜园要与进行常规生产的果园、菜园、棉田、粮田等保持百米以上的距离，或在两者之间设立物理屏障，减少生态菜园外的病虫害传播进来，同时也防止外界的农药、化肥等可能带来污染的物质传播到生态菜园，这包括通过大气、灌溉水、土壤渗透或其他媒介的传播。

生态菜园应当建立在肥力较高的土壤上，以轻壤土或沙壤土为佳，要求熟土层厚度不低于30cm，土壤质地疏松，生态质含量高，没有特殊障碍（如地下水位过高、土壤含盐量过高、pH值不适宜等）。基地的土壤肥力需要在检测各项指标的基础上，根据各因素的重要性进行综合评价，生态菜园的土壤肥力建议达到高级肥力水平，若土壤肥力较低，则要增施生态肥，积极培肥地力，保证生态蔬菜生产的持续进行。

二、品种选择

在生态蔬菜栽培中必须选用抗病优质的蔬菜品种。品种的抗病性较强，可以减轻防治病害的压力。只要注意病害发生环境的控制并加强栽培管理，即可实现在不用化学农药的条件下控制病害的发生，保证基本产量，降低生产成本。

三、种植制度

生态蔬菜生产基地应采用包括豆科作物或绿肥在内的至少3种作物进行轮作；在1年只能生长一茬蔬菜的地区，允许采用包括豆科作物在内的2种作物轮作。

合理轮作、发展间套作是生态蔬菜生产中一项重要的技术措施。生态蔬菜间作、套作的基本原则如下。

（1）利用生长"时间差"。选择作物生长前期、后期或利于蔬菜生长但不利于病虫害发生的季节套作。

（2）利用生长"空间差"。选用不同高矮、株型、根系深浅的作物间作套种。

（3）利用引起病虫害的"病虫差"。在确定间作套种方式时，为避免病虫害的发生和蔓延，不宜将同科的蔬菜搭配在一起或将具相同病虫害的作物进行间套作。

（4）利用病虫发生条件的"生态差"。综合"土壤—植物—微生物"三者关系，运用植物健康管理技术原理，选择适宜作物间作套种。一方面利用不同科属作物对养分种类的吸收不完全一致的特点，有利于保持地力和防止早衰；另一方面也使病原菌和害虫失去寄主或改变生存环境，减轻、消灭相互间交叉感染和病虫基数积累，使病虫害发生为害轻。此外也可利用不同作物喜阴、喜光等特性，达到阴阳互利。

间作、套种的类型主要有以下几种。

①菜菜间、套作。如葱蒜类同其他科蔬菜间作；番茄和甘蓝套种；平菇与黄瓜、番茄、豆角间作等。

②粮菜间、套作。玉米与瓜果等蔬菜间套作，如玉米行内种黄瓜，可防止黄瓜花叶病的发生；玉米行内栽种白菜，可减少白菜的软腐病和霜霉病的发生。

③果菜间、套作。葡萄与蘑菇、草莓间作栽培，枣树与豆类、西瓜等间作。另外，还有设施桃与草莓间作、山楂与蔬菜间作、大棚杏与番茄间作栽培等。

④花菜间、套作。万寿菊、切花菊、郁金香、菊花、玫瑰等与蔬菜间套作。如万寿菊等与蔬菜间作后，可预防多种虫害。

⑤草生栽培。即在作物的行间种植各种杂草或牧草，以增加生物的多样性，减少蒸发，保护天敌，培肥土壤，防治病虫杂草等。在日本的许多果园和菜地普遍种植苜蓿属植物红三叶草，生长到30cm左右时进行割草作业，留2~5cm长的基部，其他部分作堆肥后还田，以改善土壤结构，提高土壤肥力。

⑥林菜间、套作。分林菌类、林菜类间套作等。

蔬菜间作、套种组合适宜情况参见表5-1。

表5-1　生态蔬菜间作套作组合（北京市科学技术协会，2006）

蔬菜	宜间作、套种作物	不宜间作、套种作物
番茄	洋葱、萝卜、结球甘蓝、韭菜、莴苣、丝瓜、豌豆	苦瓜、黄瓜、玉米
黄瓜	菜豆、豌豆、玉米、豆薯	马铃薯、萝卜、番茄
菜豆	黄瓜、马铃薯、结球甘蓝、花椰菜、万寿菊	洋葱、大蒜
毛豆	香椿、玉米、万寿菊	
（甜、糯）玉米	马铃薯、番茄、菜豆辣椒、毛豆、白菜	
南瓜	玉米	马铃薯
马铃薯	白菜、菜豆、玉米	黄瓜、豌豆、生姜
青花菜	玉米、韭菜、万寿菊、三叶草	
萝卜	豌豆、生菜、洋葱	黄瓜、苦瓜、茄子
菠菜	生菜、洋葱、莴苣	黄瓜、番茄、苦瓜
生姜	丝瓜、豇豆、黄瓜、玉米、香椿、洋葱	马铃薯、番茄、茄子、辣椒
洋葱	生菜、萝卜、豌豆、胡萝卜	菜豆

生态蔬菜栽培中间、套作要注意的问题如下。

（一）注意合理组配

在蔬菜的组配中必须考虑植株高矮、根系深浅、生长期长短、生长速度的快慢、喜光耐阴因素的互补性，选择能充分利用地上空间、地下各个土层和营养元素的作物间套作。并尽量为天敌昆虫提供适宜的环境条件。

（二）注意种间化感作用

蔬菜在生长过程中，根系常向土壤中排出一些分泌物，如氨基酸、矿物质、中间代谢产物及代谢的最终产物等。不同种类的蔬菜，其根系分泌物有一定的差异，对各种蔬菜的作用也不同。因而在安排间作套种组合方式时，要注意蔬菜间的生化互感效应，尽量做到趋利避害。只有掌握各类作物分泌物的特性，进行合理搭配、互补，才能达到防病驱虫的目的。

（三）搞好病虫害的预测预报

掌握作物病虫害发生规律、主要种类，为害、不为害的作物等情况。在此基础上，选择适宜作物间套作，注意在同一间作套作组合方式中，各种蔬菜不能有相同的病虫害。

（四）加强田间管理

注意协调作物对光、肥、水需求的矛盾。注意选择高产、易种（省工省力、病虫害轻）或肥水管理相近的作物间套作，并采用大、小畦或大、小行间作，适当加宽行距、缩小株距等方式，合理进行间套作。

（五）培肥土壤

选择豆科蔬菜及绿肥等能利用根瘤菌固氮的作物间套作，有利于培肥土壤。

除了轮作、间作、套作外，其他系列的栽培技术也都需要有目的地综合运用。通过调整作物合理布局，选择适宜播种期、培育壮苗、嫁接换根、起垄栽培、地膜覆盖、合理密植、优化群体结构、合理植株调整等技术，创造一个有利于蔬菜生长发育的环境条件，使作物生长健壮，增强抗病虫杂草的能力，以达到优质、高产、高效的目的。

四、生态萝卜的生产技术

萝卜主要以肉质直根为产品器官，营养丰富，可作蔬菜、水果及加工用，在我国南北均有栽培，为骨干蔬菜种类之一。

（一）品种选择

生态萝卜栽培宜选用的类型和品种如下。

（1）秋冬萝卜。秋季播种，冬季收获，生长期60～120d。多为大型和中型品种。产量高，品质好，耐储藏。长江流域一般在8月中旬到9月中旬播种，11～12月大量上市。品种有黄州萝卜、武昌美依、浙长大、德日杂交萝卜等10余个。

（2）冬春萝卜。在长江流域及其以南地区冬季不太寒冷的地区栽培。武汉地区一般在10月中旬播种，露地越冬，翌年3月中下旬到4月上旬收获。品种有四月白、春不老等。

（3）春夏萝卜。一般从12月上旬开始，一直可播种至翌年3月上旬，收获期4～5月，生育期70d左右。可露地栽培，也可地膜覆盖栽培。品种有春红1号、春红2号、春白2号、醉仙桃、春罗1号等。

（4）夏秋萝卜。夏季播种，秋季收获，生长期40～70d。一般7月上旬至8月上旬播种，8月下旬至10月中旬收获。品种有双红1号、短叶13号、夏抗40天、豫萝1号等10余个。各生态食品产区可根据具体情况，选择适应性强的品种。

（二）大田准备

整地时，耕深宜为20～30cm，宜耕耙3次，并充分冻垡晒垡，做到畦面细碎平整，同时施用基肥。深沟高畦，畦面宽宜为80～100cm，畦沟宽宜为40cm，畦高宜为20～25cm。畦可为长条形，亦可做成梳子形。基肥宜每667m^{2}施用腐熟的牛厩肥3300kg或腐熟的猪厩肥2500kg、施天然磷矿粉60kg及天然硫酸钾10kg。施用方法宜为沟施或穴施。

（三）播种

直播，穴播，每穴5～7粒种子，每667m^{2}用种0.5～0.75kg，播种深度宜为1～2cm，播后覆熟化的细碎菜园土。夏秋播种者，宜覆盖遮阳网保墒、防暴雨。行距宜为40cm，每畦2～3行，穴距宜为20～30cm，视萝卜大小类型适当调整。要求根据品种特性适期播种。

（四）大田管理

1.间苗与定苗

第1片真叶展开时第1次间苗，每穴留3～4株壮苗；第3～4片真叶展开时第

2次间苗，每穴留2～3株壮苗；第5～6片真叶展开时定苗，每穴留1株壮苗。

2.灌溉

播种时充分浇水，使土壤有效含水量80%以上，保证苗壮出苗后少浇勤浇，土壤有效含水量宜60%以上，切勿忽干忽湿。夏天宜在傍晚浇水。莲座期或叶部生长盛期需水渐多，浇水量较前期为多。根部生长盛期（"露肩"后的一段时期）应充分均匀供水，土壤有效含水量以70%～80%为宜。肉质根生长后期要求适当浇水，防止空心。不论何时，雨水多时均应及时排水。

3.追肥

第1次追肥宜在植株大"破肚"时进行，第2次肥追肥宜在肉质根膨大盛期"露肩"时进行，最后一次追肥应在产品收获30d前进行。生态生产中天然钾矿粉是允许使用的。对于生长期较短的品种，可将追肥时期适当提前。

4.中耕除草

生态萝卜栽培过程中，采用人工中耕除草。幼苗期宜浅中耕，莲座期宜深中耕，封行后宜停止中耕。中耕、除草、培土要结合进行。

5.病虫害防治

萝卜霜霉病、萝卜黑斑病、萝卜白斑病、萝卜白锈病及萝卜炭疽病等病害主要通过轮作、晒垡、冻垡、晒种和温汤浸种消毒等措施防治。药剂防治用氧氯化铜50%可湿性粉剂800倍喷雾，或用石硫合剂、波尔多液等喷雾，安全间隔期15d。

虫害可用频振式杀虫灯、黑光灯、高压汞灯、双波灯等诱杀。还可用昆虫性信息素、黄板或白板诱杀。铺挂银灰膜可驱蚜虫。蚜虫还可用2.5%乳油鱼藤酮400～500倍喷雾防治，安全间隔期30d；菜青虫可用100亿活芽孢/g苏云杆菌可湿性粉剂800～1000倍液喷雾；蚜虫和菜青虫均可用1%水剂苦参碱600～700倍喷雾防治，安全间隔期20d。

（五）采收

一般在肉质根充分膨大、基部已圆、叶色转淡变黄时采收。秋冬萝卜中的三白萝卜、武杂3号等大型萝卜，可根据市场情况提前、分批采收，每667m²可产4000～5000kg；冬春萝卜宜在薹高15～0cm时采收，也可按大小分批采收。若在薹高1～2cm时摘薹，则可推迟5～7d收获，每667m²可产3500kg左右；春夏萝卜采收时，薹高不超过10cm，否则易糠心和木质化。每667m²可产1000~1500kg；夏秋萝卜收获期一般10d左右，采收过晚易糠心。每667m²产2000~2500kg以上，但不同品种之间、不同采收期之间产量差异较大。

五、生态大白菜的生产技术

大白菜别名结球白菜、黄芽菜等，原产我国，是我国的一类重要蔬菜。

（一）品种选择

生态大白菜栽培可选用的品种有鲁白8号、山东19号、早熟5号、夏阳白、丰抗80、春夏王、白4号及早熟6号等20多个。大白菜品种繁多，各生态食品基地应根据当地气候条件和市场需求，选择相应的品种。

（二）大田准备

生态大白菜栽培，适宜耕层深厚、土质疏松的沙质壤土和黏质壤土。整地前，充分冻垡晒垡。整地时，耕深宜为30cm以上，做到畦面细碎平整，同时施用基肥。深沟高畦，畦面宽宜为80~100cm，畦沟宽宜为40cm，畦高宜为20~25cm。畦可为长条形，亦可做成梳子形。宜每667m²施用腐熟的牛厩肥3300kg或腐熟的猪厩肥2500kg、施磷矿粉60kg及硫酸钾10kg。施用方法宜为沟施或穴施。

（三）栽培方式与播期

大白菜栽培，可以采用大田直播或育苗移栽2种栽培方式，主要取决于前作腾茬时间的早晚。在某一品种的适宜播种时内，若前作已腾茬，并施肥、整地，一般采用直播。若前作不能及时收获腾茬，则应先在苗床播种育苗，然后移栽大田定植。

一般情况下，秋冬大白菜宜在处暑前后播种，视情况灵活掌握。根据当年天气预报，8月中、下旬平均温度接近或低于常年时，可适当早播，否则适当晚播。抗病、生长期长的晚熟品种可以适当早播；生长期短的中熟品种宜晚播数日。土壤肥沃、肥料充足、病原物较多的菜田，应适当晚播；实行粮、菜轮作，地力较差，病原物较少的菜田可适当早播。育苗移栽的适当早播；直播者适当晚播。

（四）育苗

1.苗床准备与播种

育苗苗床宜选择地势高、干燥、距水源和大白菜大田较近，前茬不是十字花科蔬菜生产田或留种田的地块作育苗床。苗床内应施入充足的肥料，床土挖松达15~20cm，使床土与施入的肥料混合均匀，然后耙平床面。初步整平床面后浇水1次，使床土自然沉实后再耙平，然后再浇水、播种。

采用营养土切块法育苗或直接用营养钵育苗亦具有良好效果。营养土可用无病原物园土6份、充分腐熟的圈肥4份配成，每1m³培养土中再加入充分腐熟的大粪干或鸡粪30~50kg，充分掺匀，填入苗床或装入营养钵中。

育苗面积较大时，可以采取撒播法，每1m²床面播种2~3g；切块定植者在床面浇水渗下后，按8~10cm见方划格，每方格播种2~3粒，宜播于方格中央；营养钵育苗时，在钵内浇透水后，每钵播种种子4~5粒。播种后，均宜撒盖0.8~1cm厚的细土，且宜覆盖防虫网或遮阳网降温和防止蚜虫传毒。

2.苗期管理

在幼芽出土前和出土后的1~2d内不宜浇水，以免土面板结。高温干旱天气及时浇水，多雨积涝时及时排水。防治蚜虫宜采用尼龙纱、银灰色塑料纱等避蚜。苗出齐后，可于子叶期、拉十字和3~4片真叶期进行间苗。撒播育苗的苗床内，最后一次间苗，苗距应达到10cm左右。方块或营养钵育苗时，每个方块和每一营养钵中只留1株壮苗。

（五）大田定植或直播

1.大田定植

育苗移栽定植者，一般以15~20d苗龄，幼苗有5~6片真叶为移栽定植适宜期。移栽应在下午进行。栽后立即点浇水。以后每天早、晚各点浇1次，连续点浇3~4d，以利缓苗。根据品种的生产特性，确定适宜的定植密度。一般行距50~70cm、株距30~60cm。每667m²种株数：大型晚熟品种为1200~1300株、中型中晚熟品种为1500~1800株、小型早中熟品种为2000~2500株。

2.直播

直播宜采用穴播方法。播种穴距与大田定植者相同，每穴播种5~6粒，播深2~3cm，播后覆肥沃腐熟的细土肥。在幼芽出土后分2~3次间苗和定苗，一般于5~6片真叶时定苗。初期可覆盖遮阳网防止日晒和地面高温。勤浇小水，保持地面湿润、降低地表温度。在无雨的情况下，一般于播种当日或次日浇水1遍，务求将垄面润透。播种第3d浇第2遍水，促其大部分幼芽出土。

（六）大田管理

生态大白菜大田生长期内，追肥2~3次。第1次在3~4片真叶期，第2次在定苗或育苗移苗后，第1次在莲座末期、结球初期，每次每667m²施腐熟的人粪尿200kg，对水稀释后沟施。夏阳白等生育期短的品种宜追肥2次，山东4号等生育期长的品种宜追肥3次。

大白菜从团棵到莲座末期，可适当浇水。在莲座末期，适当控水数天，到第3次追肥后再浇水。大白菜进入结球期后需水量最多，天气无雨时，一般5~6天浇水1次，保持地面湿润。收获前7~10d停止浇水，以利收获和冬季储藏。

大田生长期间，应宜中耕除草2~3次。

对于晚熟品种，在结球完成后，若需分期采收，则应将莲座叶扶起，抱住叶球，然后用浸透水的甘薯秧或草绳等将叶束住防冻害。

（七）病虫害防治

霜霉病、黑斑病、白斑病、白锈病等病害主要通过轮作、晒垡、冻垡、晒种和温汤浸种消毒等措施防治。药剂防治可用氯氧化铜50%可湿性粉剂800倍喷雾或石硫合剂、波尔多液等喷雾，安全间隔期15d。

虫害可用频振式杀虫灯、黑光灯、高压汞灯、双波灯等诱杀。还可用昆虫性信息素、黄板或白板诱杀。铺挂银灰膜可驱蚜虫。蚜虫还可用2.5%乳油鱼藤酮400~500倍喷雾防治，安全间隔期30d；菜青虫可用100亿活芽孢/g苏云杆菌可湿性粉剂800~1000倍液喷雾；蚜虫和菜青虫均可用1%水剂苦参碱600~700倍喷雾防治，安全间隔期20d。

第四节　生态果品生产技术

我国地域辽阔，南北方的环境条件差异很大，因而南北方的果品也有很大的不同。我国北方的果树品种非常多，常见的有苹果、梨、桃、樱桃、葡萄、杏、李、山楂、板栗、枣、柿、核桃、石榴等。南方果品也很多，包括柑橘、香蕉、菠萝、荔枝等。根据果树的种植面积和产量，本节选取苹果作为北方果树的代表，选取柑橘作为南方果树的代表，介绍其生态生产技术。

一、苹果

苹果是世界上广泛栽培的果树，我国栽培苹果也有近百年的历史。但是，栽培苹果是一项技术性较强的生产活动，而且苹果栽培技术发展和品种的更新也比较快，我国的苹果栽培技术没有及时跟上世界苹果栽培技术的发展，生产中存在不少问题，较为突出的是品种老化，苹果着色差，内在品质不佳，而且由于对病虫害的防治不力，病残果较多，优质果少，整个苹果生产出现丰产不丰收，产高价不高，普通苹果积压，优质苹果脱销的局面。

（一）建园要求

苹果种植要求的气候条件是：年平均气温为6～17℃；年降水量在500～800mm，而且分布比较均匀，或降雨大部分在生长季节中。否则须有灌水条件，方可栽培苹果。苹果种植还要求有充足的光照条件。苹果对土壤条件的适应性较强，并可利用不同砧木以增加苹果对土壤的适应性。最适宜的土壤为深厚、肥沃、疏松、生态质含量高、排水良好，pH值为6～8的沙质壤土。土壤环境质量符合 GB15618 中的二级标准。

苹果树为多年生乔木，占用土地的时间长，因此，必须对果园进行合理规划。苹果园应根据面积、自然条件和树形等进行规划。规划的内容包括：栽植区、道路系统、排灌系统、防护林等。

（二）品种选择

在苹果生产中，苹果的产量高低，品质的优劣，在很大程度上取决于所选栽的苹果品种。所以，选栽适于当地栽种的优良苹果品种，是决定生态苹果生产成败的关键因素。

全世界的苹果品种繁多，约有8000多个，但在生产上栽培的主要品种仅为几十个。下面逐一介绍我国主要栽培的和近几年引进的表现较好的一些品种。

1.富士

富士是一个成熟期晚，品质优良，丰产性好，耐储藏的优良品种，是我国当前主要的发展品种。富士是日本品种，由国光与元帅杂交育成。富士苹果幼树生长旺盛，结果后树势容易衰弱，适宜在土层深厚，光照良好的丘陵山地发展。生产上应提倡发展着色系和短枝类型。

2.新红星

新红星是元帅系短枝型芽变品系的优良类型。原产美国，是从红星突变而来。

3.金冠

金冠又称金帅。原产美国，它是一个著名的广适性品种，世界各苹果产区都有大量栽培。

4.藤木1号

藤木1号又名南部魁，是早熟品种中的佼佼者。美国品种。

5.嘎啦

嘎啦是新西兰品种，其亲本是基德橙红和金冠。

6.津轻

津轻为日本品种，是从金冠的实生苗中选出来的。

7.王林

王林是日本从金冠与印度的自然杂交苗中选育出来的品种。我国20世纪70年代引入，是一个优良的绿色品种。王林苹果生长旺盛，早果性、丰产性好，可适量发展。

8.秦冠

秦冠是陕西省农科院果树研究所育成的品种，亲本为金冠和鸡冠，1970年定名。秦冠苹果树势强健，树冠高大，适应性广，丰产性和稳产性较强，抗病性也较强，在我国西北地区有大面积栽培。

以上介绍的是一些主要品种，至于在生产上如何确定发展哪些品种，要根据所在地区的土壤、气候条件，离城市的远近和市场的需要来确定。目前苹果品种发展总的趋势是以红色、优质、大果、晚熟、耐储藏的品种为主栽品种。还要注意早、中、晚熟品种合理搭配。不同的地区可以根据当地的特点发展特色品种。

应选择生态种苗。当从市场上无法获得生态种苗时，可以选用未经禁用物质处理过的常规种苗，但应制定获得生态种苗的计划。应选择适应当地的土壤和气候特点、对病虫害具有抗性的品种。在品种的选择中应充分考虑保护作物的遗传多样性。禁止使用经禁用物质和方法处理的种苗。

（三）定植

1.整地与施肥

平地栽植苹果时进行带状整地，也叫沟状整地。一般按已定好的行向和行距，挖成宽1～1.2m、深0.8～1.0m的连续长条沟，长度依小区长度而定。然后将原表土及行间的表土与生态肥（圈肥、鸡粪等）混匀、施入填平，一般每667m²施生态肥3000～5000kg，圈肥量宜大点，鸡粪量可适当小些。最后灌水，将定植沟沉实待用。平均坡度在23°以下的坡面可以建立苹果园。整地方法为：一般田面宽以2～2.5m为宜，梯田的外侧修成高30cm左右的拦水埂，田面修成外高里低的小反坡，内侧作为田面蓄水排水沟。

2.定植

（1）栽植方式。

常用的栽植方式有长方形栽植、正方形栽植和等高栽植3种。长方形栽植是生产上广泛采用的栽植方式。特点是行距大于株距，作业管理方便，通风透光好，一般采用南北行，行距比株距大2m左右。正方形栽植适用于稀植果园。特点是株距和行距相等，优点是土地利用率高，光照好；缺点是不便于密植和机械作业。等高栽植适用于山地、丘陵的梯田、水平沟等果园。特点是每行树都按一定株距栽植在同一等高线上，优点是利于水土保持；缺点是行距受坡度影响大，要根据坡度的变化相应加行或减行。

（2）栽植时期。

秋栽在苗木落叶后至土壤封冻前进行；春栽在土壤化冻后至苗木发芽前进行。中、北部地区应在春季定植。

（3）定植方法。

定植前，将苗木取出，苗木根系略加修剪，将苗木根部的损伤、劈裂或不整齐的断茬等用剪枝剪剪成平茬。然后在已挖沟施肥整好的定植行内，按株距要求挖20～30cm见方的定植穴，将苗木根系舒展开放入穴内，栽植深度以苗木根颈部与地面相平为宜；矮化中间砧苹果苗，中间砧段露出地面部分不能超过10cm。苗木直立，边填土边压实，栽后浇水并覆地膜。

（四）果园管理

1.土壤管理

苹果树对土壤要求不很严格。喜微酸性至中性土壤，为了获得高产、稳产，必须改良土壤。除建园时对土壤进行改良外，在苹果的整个生长过程中，还需经常进行深翻、洗盐压碱、调节土壤酸碱度，修整和维护水土保护工程和灌排设施。苹果园土壤管理包括耕翻、间作等方法。

（1）耕翻和改土。

从栽后第2年开始，每年或隔年围绕树穴向外挖宽50cm左右、深50~70cm的长方形沟，把挖出的和四周的表土填入沟的中下部。如土质过于低劣，应换上好土。深翻在雨季或秋季落叶前结合施基肥进行。

（2）间作。

幼龄苹果园可利用较宽的行距，在行间种植绿肥或矮秆作物如豆类、薯类、花生等。不宜种植后期需水量大的菜类或高秆作物。种植绿肥进行翻耕或刈割覆盖，可改善土壤结构，增加土壤生态质含量。在北方干旱或半干旱地区，行间间作有利于防风固沙。另外，苹果园地面覆盖可有效地减轻土壤水分蒸发、保墒防旱，防止杂草生长。覆盖物腐烂后还可增加土壤生态物含量。覆盖物可就地选材，地膜、作物秸秆、杂草、稻草、木屑等均可，覆于果园地面上即可，覆盖厚度5~10cm。在没有水浇条件的苹果园，覆盖对保墒和降低土壤表层温度，保护表层根系不受高温伤害，防止早期落叶十分有利。

2.施肥

苹果定植后，每年要消耗大量的营养物质，土壤是根系生长的空间，矿质营养的来源，施肥可不断地向园地土壤补充树体生长发育所必需的营养元素，保证树体正常生长发育，改善土壤理化性质。

生态苹果生产施肥既要保证苹果生产优质高效，又要有利于果品及对环境无污染。施肥原则是全部施用生态肥，可秋施或春施，基肥占全年施肥量的60%，追肥为辅，分次施入。生态肥料种类多种多样，总体可以分为堆肥、厩肥、绿肥、沼渣、沼液、沤肥、作物秸秆肥、未经污染的泥炭肥、饼肥、生物生态肥等，使用时要经过充分发酵、腐熟。

（1）基肥。

可秋施也可春施，以秋施为好。每年果实采收后及早施肥对于恢复树势、增加储备营养十分有利。生态肥应施在根系分布层稍深稍远处，诱导根系向深广发展。撒施翻耕或沟施，通常采用沟施法，一般在距植株50~80cm

处，挖深、宽各40～60cm的沟施入基肥。可在施入生态肥前，先在施肥沟底铺垫一层厚10～20cm的秸秆或碎草。施入后及时灌水。施基肥方法有环状沟施、放射状沟施、条状沟施和全园撒施等，可结合果园土壤改良进行。1～2年幼树株施农家肥50～80kg。结果期的树每结100kg果实，施入优质农家肥200kg。

（2）追肥。

每年在生长季节追肥，分别于落花后、花芽分化前和早秋施入。土施：第1次追肥在开花前进行，施肥后覆土浇水。沙土地种苹果，漏水漏肥，可在苹果生长季节冲施鸡粪或沼液。

3.水分管理

在北方早春或晚秋灌水，可缓解霜冻的危害。灌水可促进土壤生态物的分解等。灌溉水的质量要符合GB5084的规定。

（1）灌水方法和次数。果园灌水方法包括漫灌、沟灌、喷灌、滴灌等。科学的灌水次数是按土壤含水量灌水。苹果园灌水次数，一般是结合苹果生命活动周期对水分的需求，并根据土壤水分状况决定的。

（2）排水。土壤水分过多时，根系因缺氧而受到抑制或减少对养分的吸收，轻者引起早期落叶，重者导致枯叶，出现永久性萎蔫而死亡。低洼盐碱地的苹果园，如果没有三级排灌系统，不能种植苹果。排水系统不健全时，抬高畦面可增加植株根际土层，利于植株生长发育。

4.整理修剪

生态苹果主要树形有：①基部三主枝疏散分层形；②双层五主枝自然半圆形；③自由半圆形（单层半圆形）；④自由纺锤形；⑤细长纺锤形。

不同时期树的修剪技术要点如下。

（1）幼树（1～4年生）修剪。

幼树时期整形修剪的主要任务是培养树体结构，促进树体尽快生长，早成形早结果。

（2）初果期树修剪。

初果期的树，营养生长仍很旺盛，树冠扩大迅速，结果数量逐年上升。修剪的主要任务是继续培养各级骨干枝，基本完成整形；采用适宜的修剪方法，使之多成花结果，以果压冠，使生长和结果相当；保持树势平衡，充分利用辅养枝结果，取得速生丰产，使树体尽快进入盛果期。

（3）盛果期树修剪。

改善树冠光照，树高控制在行距的80%左右，以保证上下午树冠东西两面各有3h的直射光。通过落头，控制上层枝量，使上下层的总枝量比为（5∶2）～（5∶3）。

5.大树改造

高接换优的过程，不仅仅是将劣质品种换成优良品种的过程，同时还是将不合理的树体结构改造成良好树体结构的过程。大树改造的方法是，基本保留原有骨干枝数量，在骨干枝上每间隔30cm左右嫁接1个接穗，每个骨干枝根据大小粗细嫁接6～10个接穗，高接方位选用背斜枝且均匀配备在骨干枝的两侧。骨干枝数量一般保留9～12个，每株树体平均嫁接数量100个左右，接穗长度一般为5个芽。嫁接方法采用插皮接和腹接，骨干枝的枝头一般采用插皮接，并且采用双穗以提高成功率。骨干枝秃裸，没有适宜嫁接部位时，可采用插皮接进行补位。接穗一般采用蘸蜡密封保湿。缠绑材料使用0.03～0.04mm的塑料薄膜。嫁接时间为春季萌芽前5～15d。

一般改接造型时，改良纺锤形树形每株树的接头数不少于30个，接穗数不少于40个；自由纺锤形树形每株树的接头数不少于12个，接穗数不少于20个；主干疏层形树形每株树的接头数不少于50个，接穗数不少于90个。

6.花果管理

（1）授粉。

①利用有益昆虫授粉。生产上用得较多的有蜜蜂和壁蜂。可在花期放蜂，以借助蜜蜂传粉进行授粉。每0.67hm²园放一箱蜂，于开花前2～3d置于园中间。

②毛巾棒授粉。在长杆前端绑一个内装麦秸的毛巾筒，形成毛巾棒。授粉时，先在授粉品种树开始散粉的花序上滚动，让其沾满花粉，再到需授粉树初开花序上滚动，反复进行，互相授粉。

③人工、机械授粉。首先采花制粉，于授粉树的花朵呈气球状时采下花序和花朵，去掉花瓣，取出花药，置于干燥、通风的室内，室温保持20～27℃，1～2d后，花粉散出，用细筛除去杂质，装在瓶内备用。授粉时间以主栽品种开花后1～2d内最好。

（2）疏花。

疏花宜早，一般白花序伸出期开始。大型果按25～30cm间距留1个花序，中型果疏花从显蕾期开始，首先将30cm以上长果枝及二年生枝段的花蕾全部疏掉，花序分离后30cm以内果枝顶花全部疏为双花。

（3）疏果。

落花后15～20d内进行疏果。先疏去病虫、伤残果和畸形果，然后再根据果形大小和枝条壮弱决定留果多少。

（4）果实套袋。

果实套袋可以促进果实着色，减轻果锈，提高果面的光洁度。

（5）疏除徒长枝。

为使树体通风透光，促进果实着色，于生长季节将枝干上剪锯口处及背上的旺长枝、直立枝从基部疏除。每年进行2次，分别于6月和8～9月进行。

（6）摘叶转果。

适时适量摘叶。摘叶的时间在果实开始着色期进行，中熟品种在采前10～15d，晚熟品种在采前30～40d进行。摘除果实周围5～15cm内（主要为果台叶）的遮光叶及贴果叶，使60%以上的果面受到直射光的照射，摘叶时要保留叶柄。

（7）铺反光膜。

红色品种于果实着色期，在树下沿行向于树冠外缘向内铺设银白色反光膜。

7.病虫害防治

苹果是病虫害发生较多的果树，每年因病虫为害造成的损失巨大。科学有效地防治好病虫害，尤其是病害，是提高苹果产量和质量的重要措施，同时也是生产生态果品的重要环节。

防治方法应从以下几个方面考虑：①减少病源；②加强栽培管理，增强树势，增强抗性；③加强预测预报；④采用生物农药。

（1）采用农业栽培措施防治病虫害。

加强栽培管理，增强树势，增强抗性。选用抗性品种及合理密植，科学施用生态肥，除草，加强夏季树体管理，保持冠内通风透光等，从而增强树势，提高抗病性。

果实套袋，可有效阻止病菌及害虫的侵入，从而减少用药次数和用药量。

（2）采用物理机械方法防治病虫害。

一些害虫如地老虎、蛴螬、金龟子等，可以采用人工捕杀的方法，集中人力捕捉并消灭害虫。还可利用频振式多功能杀虫灯、黄板、黏虫胶等诱杀、捕杀害虫，同时根据诱集的害虫进行分类，可起到虫情预报的作用。

二、柑橘

柑橘类属芸香科、柑橘亚科、柑橘族、柑橘亚族。栽培上重要的是柑橘属，目前我国种植最多的是宽皮柑橘类和甜橙类，柚类有少量栽培，柠檬类和金柑类仅有零星分布。到2007年年底，我国柑橘种植面积已经达到191万hm²，产量达到2059万t，种植面积和产量均居世界第1位。目前，我国人均消费柑橘鲜果10.5kg，比1978年的0.3kg增加了35倍。

我国具有发展柑橘产业得天独厚的自然条件，适宜栽培柑橘的地域广阔，柑橘是中国南方栽培面积最大、涉及就业人口最多的果树。中国长江以南湖北、湖南、福建、广东、四川、江西等19个省、市均有柑橘栽培，形成了赣南、湘南、桂北、长江上中游4条优势柑橘带。

（一）环境条件

柑橘只有在一定的环境条件下才能生长、发育、开花、结果，才能保持一定的产量和质量，因此在生产生态食品柑橘时，必须着重考虑生产地的环境条件，做到"适地适栽"。由于柑橘的种类和品种相当丰富，要根据不同种类和品种的生态适应性来进行生产。

1.适宜宽皮柑橘生长的环境条件

温州蜜柑是我国栽培最为广泛的宽皮柑橘，包括极早熟、早熟和中熟温州蜜柑，其中又以中熟温州蜜柑栽培最多。温州蜜柑要求年平均气温16.5~18℃，≥10℃积温5000~6500℃。春季气温缓慢回升，至开花期温度在15~22℃的年份，花器发育充分，有叶花数量多。现蕾至开花期出现30℃以上高温，花器发育不充实，开花早，坐果率低。开花至稳果期间一遇高温干旱、干热风天气，往往引起恶性落花落果。开花时低于15℃，则会产生无效花粉，降低坐果率。果实膨大期适温为20~25℃。果实着色期适温为15~20℃，25℃以上或10℃以下的温度都能抑制叶绿素的分解而使着色不良。冬季要有一定的低于12.8℃的低温，才能迫使进入休眠，柑橘休眠有利于花芽分化和开花整齐。一般认为，温州蜜柑在—5℃以下低温持续3h以上，第2年生长量将减少20%。温州蜜柑要求年日照时数1200h以上，最适的光照强度为12000～20000lx。温州蜜柑要求生长季节空气相对湿度为75%～85%，土壤适宜的含水量为田间持水量的60%～80%，并要求土层深厚、疏松，土壤pH值为5.5～6.5，生态质含量3%以上。

椪柑是宽皮柑橘中重要的栽培良种，是典型的亚热带常绿果树，性喜温暖湿润的环境条件。它适应性强，分布广，在南亚热带至中亚热带均有种植，在年平均气温20～22℃，≥10℃积温7000～7500℃的地区，表现高产、稳产、优质；而年平均气温大于22℃，≥10℃积温高于7500℃的地区，或年平均气温低于20℃，≥10℃积温少于7000℃，虽也能高产，但果形、果皮、果肉均有变化，品质下降，失去了椪柑应有的特点及风味。

2.适宜甜橙生长的环境条件

脐橙作为我国甜橙类中的重要成员，要求年平均温度在15℃以上，适宜年平均温度为17～19℃，冬季最冷月平均气温为7℃左右。在3～11月份生长季节中，要求≥12.8℃有效积温1700～1900℃为宜，1400℃以下太低，2800℃以上过高。脐橙最低生长温度为12.5℃，适宜生长的温度为13～36℃，最适宜的温度为23～32℃，春梢抽生和开花初期的温度在13～23℃之间，果实生长期温度28～38℃。果实成熟期温度降到13℃左右有利于果实着色。脐橙能耐—6.5℃的低温，气温降至—7℃时新叶及新梢受冻，—11～—9℃则全株冻死。脐橙要求空气相对湿度为40%～75%，相对湿度63%～72%为脐橙理想产区。

脐橙对热量条件的要求较严格，一般在年均温18℃以上地区和积温稍高的小区气候带表现品质好；在年均温17℃以下，日照不足地区，则表现品质较差。

（二）品种选择

在选择品种时，必须首先考虑其抗病性、抗虫性和生态适应性。原产地表现优良的品种，在其他地区不一定表现优良；所以保持优质与丰产的统一是选择适应当地条件的优良品种时必须注意的重要原则。优良品种具有生长强健、抗逆性强、丰产、质优等较好的综合性状。此外，还必须注意其独特的经济性状，如果形、颜色、熟期的早晚、种子的有无或多少、风味或肉质的特色等，这是生产名、优、特、新水果的种质基础。

目标市场的销售状况及消费习惯应成为品种选择的依据。以大、中城市为目标市场的果园，应以周年供应鲜果为主要目标，距离城市较远或运输条件差的地区，则应从实际出发选择耐储运的树种、品种。外向型商品果园，选择品种时应与国外市场的消费习惯和水平接轨。生产加工原料的果园，则宜选择适宜加工的优良品种。当一个果园适宜栽培多种品种时，应根据市场的需要及经济效益，选择市场紧俏、经济效益高的品种。

（三）培育壮苗

培育壮苗是生态柑橘生产的首要环节。品种选定后，首先要有针对性地选择无病毒的母树采集接穗，将繁育出的苗木用于建立采穗圃。柑橘苗木的繁育宜采用容器育苗法进行，苗木的出圃标准必须达到国家规定的一级苗木标准。

培育壮苗时必须确保所使用的砧木种子和接穗达到生态的要求，在得不到生态生产的种子和种苗的情况下（如在生态种植的初始阶段），经认证机构许可，可以使用未经禁用物质和方法处理的非生态来源的种子和种苗，但必须制定获得生态种子和种苗（含接穗、芽）的计划。

（四）栽培技术

1.定植与大田管理

柑橘苗的定植必须注意如下几个问题：

①品种纯正，质量达到国家规定的一级苗木标准。

②定植前将苗木消毒，未带土的苗木用泥浆蘸根，确保定植成活。

③定植密度应根据品种的生长结果习性确定合适的密度，生态食品柑橘的生产不主张密植，采用计划密植的柑橘园应及时间苗，要留有足够的空间供通风透光。

④未在苗圃内整形的苗木，定植后及时定干整形，培养合理的树体骨架。

2.合理灌溉

（1）灌水。

柑橘对土壤含水量的要求，一般以土壤最大持水量的60%～80%为宜。果园灌水要抓住几个关键时期：①开花前可结合施肥进行灌水；②新梢生长和幼果膨大期只有在特别少雨年份才有灌水的必要；③果实膨大期需水较多，但早熟品种此时正值降雨集中之时，除极个别年份外，需注意排除渍水，以利改良土壤的供水状况；④夏秋干旱期柑橘果实需大量水分，必须灌水；⑤果实成熟期则应适当控水，以提高柑橘果实可溶性固形物含量。合理的灌水量，以完全浸润果树根系分布层内的土壤为准。沙土保水力差，宜少量多次灌水。但灌溉水的质量必须符合相关规定。

（2）排水。

果园要迅速排除土壤积水，或降低地下水位。一般平地果园排水应"三沟"配套，排水入河。丘陵、山地果园则应做好水土保持工程，采用迂回排水，降低流速，防止土壤冲刷。急流涌泉，需经跌水坑、拦水坝，导入排水沟，流入溪河或水库。

3.土壤管理与施肥技术

土壤管理的基本技术是在不破坏土壤结构的前提条件下，疏松改良土壤，增加土壤生态质含量，创造正常的物质循环系统和生物生态系统，保证果树健康生长发育，提高产量与品质。

（1）生草栽培。

在果树的行间种植杂草或牧草，树盘覆盖稻草，以增加生物的多样性，减少蒸发，保护天敌，培肥土壤，防治病虫杂草等。目前，许多果园普遍种植红三叶、白三叶、草木樨、禾本科绿草等。当草生长到30cm左右时留2~5cm刈割。割草时，先保留周边1m不割，给昆虫（天敌）保留一定的生活空间，等内部草长出后，再将周边杂草割除，割下的草直接覆盖在树盘周围的地面上，可以减少对土壤结构和微生物环境的破坏，减少水土流失，降低物质投入。

（2）土壤施肥与EM技术。

土壤施肥时，首先要认真做好土壤分析和叶片分析，以确定果园施肥量；其次要根据不同品种的需肥特性制定合理的施肥配方；第三要根据配方严格按照生态柑橘生产的要求配肥；最后在有关专家的指导下科学施用。

①基肥。是较长时期供应果树多种养分的基础肥料。通常以迟效性的生态肥料为主，如腐殖酸类肥料、堆肥、厩肥、鱼肥及作物秸秆、绿肥等。此

次施肥量应占全年施肥总量的70%以上。

②追肥。追肥又分为花前肥（催芽肥）、花后追肥（稳果肥）、果实膨大期追肥（壮果肥）和果实生长后期追肥。此次施肥量应占全年施肥总量的30%左右。

③根外追肥。根外追肥主要是将肥液喷于叶面，通过叶片的气孔和角质层直接吸收养分，而后运送到树体的各个器官。

④EM技术。EM实际上是一群来源于自然的微生物，包括乳酸菌、酵母菌、光合细菌、放线菌等。向土壤中加入EM，可使土壤机能得到强化，增加生态营养；同时伴随着土壤微生物的增加，可使硬土层分解，土壤肥力状况得到改善，达到持续生产的目的。但短期效果不明显，需坚持2～3年之后，效果才会显著增加。

第六章　生态养殖技术

第一节　畜牧业生态养殖的主要环节（育种、饲养）

一、畜牧业的育种

（一）中国畜牧业的品种特性

畜禽遗传资源是生物多样性的重要组成部分，是长期进化形成的宝贵资源，是实现畜牧业可持续发展的基础，也是有机畜牧业发展的基本保障。中国是世界上畜禽遗传资源最丰富的国家之一，我国的地方畜禽品种不仅种类多，而且具有优异的种质特性，具有繁殖力高、抗逆性强、耐粗饲等特点。这是由于中国多样化的地理、生态、气候条件，众多的民族及不同的生活习惯，加之长期以来经过广大劳动者的驯养和精心选育形成的。

（二）畜禽育种的基本原则

畜牧业是通过饲养畜禽以及水生动物，将植物产品及其副产品转化为肉、蛋、奶、毛等动物性产品。在影响畜牧业生产效率的诸多因素中，畜禽品种或种群的遗传素质起主导作用。育种就是利用现有畜禽资源，采用一切可能的手段，改进家畜的遗传素质，以期生产出符合市场需求的数量多、质量高的畜产品。在畜牧业生态生产体系中，维持禽畜生命力，生产高品质生态畜禽产品的基本策略就是要在自然界找出并优化维持健康的基本要素和条件。即维持健康、自然和比常规养殖更好的生产力。这不仅表现在良好的环境和生活条件、合理的营养和科学的饲养管理系统等方面，还应表现在畜禽健康、育种方法和育种目标、繁殖和繁殖率等方面。遗传和环境是决定动物生长发育、繁殖力和生产力的2个因素，遗传组成是内因，环境是外因，外因是通过内因起作用的。

遗传是决定因素，如果遗传基础不好，即使最好的环境也不能产生健康和性状优良的动物。遗传物质是能够传递给后代的，并通过育种工作可在后代中固定，因此，通过选留优秀的种畜进行交配可以选育出优良的后代，进一步提高畜禽的生产水平。在畜禽的生态生产过程中，和常规畜禽生产一样，也要制定育种目标，但所制定的育种目标要遵循有机生产体系的标准和规范要求。应选择能适应当地环境条件的动物品种。育种目标不能对动物自然行为有抵触，且对动物健康有帮助。育种不能包含那些使农场依赖于高技术和资金集约生产的方法。

畜禽生态养殖生产的育种目标主要考虑以下几方面。

1.抗病能力

选择的有机畜禽品种除了应有较快的生长速度外，还应考虑其对疾病的抗御能力，尽量选择适应当地自然环境，抗逆性强，并且在当地可获得足够的生产原料的优良畜禽品种。

生态养殖应该首先考虑选择本地区的畜禽种类和品种，一般来说，地方品种都是长期人工选择和自然选择的结果，适应性好、抵抗力强、耐粗饲、繁殖率高。优良品种多是单纯人工选择的结果，生长快、饲料报酬率高，饲料和饲养条件要求高。选择畜禽品种时，要综合考虑当地的土壤和气候、饲养条件和管理水平、饲料生产基地面积和饲料供应能力等，选择适合的种类和品种。

2.遗传多样性

畜禽养殖提倡基因多样性，追求基因简化会导致许多其他品种的消失。遗传多样性是蕴藏在动物、植物和微生物基因中生物遗传信息的复杂多样性。畜禽是生物圈的一部分，当然也是生物多样性的组成部分。由于世界人口剧增，对肉、蛋和奶等动物产品的需求量相应增加，促进了动物生产的快速发展，选育出了高产的专用品种和专门化品系，从而使原有的地方品种逐渐被高产的少数品种所代替，造成品种单一化的后果。例如，英国养猪业大量使用优势品种大白猪和长白猪，导致许多其他猪种灭绝或数量锐减。应当保护畜禽地方品种，维持生物多样性。

3.禁止纯种繁育，提倡杂交育种

纯种繁育是指在品种内进行繁殖和选育，而杂交育种就是用2个或2个以上的品种进行各种形式的杂交，使彼此的优点结合在一起，从而创造新品种的杂交方法。通过杂交，能使基因和性状实现重新组合，原来不在同一个群体中的基因集中到同一个群体中来，也使分别在不同种群个体上的优良性状集中到同一种群个体上来，从而可以改良性状和改造性能。杂交育种的优点主要在于：①可培育适应性强、生产力高的品种；②可培育抗病、抗逆性品种；③可培育耐粗饲、饲料利用率高的品种；④可培育能提供新产品的品种。

（三）繁殖方法

繁殖是生命活动的本能，是生物物种延续最基本的活动之一。动物繁殖是动物生产的关键环节，动物数量的增加和质量的提高都必须通过繁殖才能实现，在畜牧生产中，通过提高公畜和母畜繁殖效率，可以减少繁殖家畜饲养量，进而降低生产成本和饲料、饲草资源占用量。传统繁殖技术主要包括繁殖调控、人工授精（AI）、胚胎移植（ET）、体外受精、性别控制、转基因和动物克隆等技术，这些技术是提高动物繁殖效率、加快育种速度的基本手段，但是有些方法对动物造成了痛苦和伤害。在畜牧业生态养殖中提倡要给畜禽创造舒适的环境，让它们能够按照自然的习性与行为自由地生活。因此，畜禽繁殖方法也应是自然的。

在生殖生产当中，不适当的管理会影响家畜的繁殖力，其因素包括饲养密度、营养、公母畜比例等。提倡保持动物本性，进行自然交配和分娩，也可以采用不对畜禽的遗传多样性产生严重限制的各种繁殖方法。另外，在幼畜出生以后，饲喂初乳是幼畜的基本福利，通过初乳提供免疫力以预防疾病。禁止早期断乳，提倡自然断奶，鼓励小猪逐渐吃团体饲料。自然断奶的时间各不相同。各种动物哺乳期至少需要：猪、羊，6周；牛、马，3个月。

二、畜牧业的饲养

（一）家畜饲养的基本原则

畜牧业生产系统中动物饲养的基本原则有以下几点。

1.保持畜禽健康、行为自然的生活条件

家畜饲养系统必须保持畜禽健康、行为自然的生活条件，在最大限度地发挥动物作用，更好地为人类服务的同时，应当重视动物福利，改善动物的康乐程度，使动物尽可能免除不必要的痛苦。

2.饲喂方式必须适合动物的生理学特性

在保证饲养的动物能充分发挥潜力及消化能力的前提下，要尽可能减少外来添加物质和精饲料，过度喂饲精料对反刍动物有不良的影响。

3.预防畜禽疾病，保证畜禽健康

在养殖过程中，应尽量避免日常性和预防性常规药物的使用，应通过有效的预防措施、良好的环境和生活条件、合理的营养和科学的饲养管理系统来保证畜禽健康。

（二）家畜饲养的技术要求

① 必须为动物提供足够的自由空间和适宜的阳光，以确保适当的活动和休息，并保护动物免受曝晒和雨淋。

② 饲料：饲料必须满足畜禽营养所需。

③ 粪肥的管理：粪便储存和处置的设施必须防止土壤、地下水和地表水的污染。此外，肥料应当循环利用。

④ 家畜健康：为动物提供舒适的畜舍，适当的营养，足够的水源，新鲜的空气和洁净的生活环境。

⑤ 繁殖：使用自然繁殖的方法。

⑥ 运输：在整个运输过程中要善待畜禽。如运输车厢要清洁和宽阔。

⑦ 屠宰：屠宰应尽量减少动物的痛苦。

⑧ 跟踪审查：养殖过程中所有投入物都必须保持跟踪审查记录，以使能追查到所有的饲料、添加补充物质的来源和数量、用药情况、繁殖方式、运输、屠宰和销售。

（三）家畜饲养的基本方法

1.保持家畜健康状况的生产方法

维持禽畜生命力的生产基本策略，要在自然界找出并优化维持健康的那些要素和条件。原则上，必须提供3个因素：最佳营养，低应激生活条件，并有一个合理的生物安全水平。使这3个要素在实践生产中，尤其是在混合生产和放牧为基础的生产中得到体现，有许多重要的方法，包括以下内容。

（1）提供均衡的营养。

（2）限制接触毒素。农药残留及其细分产品对畜禽健康尤其对肝脏、肾脏及其他负责排毒的器官会产生额外的应激。

（3）禁用性能增强剂。

（4）避免过分胁迫式管理。所有形式的胁迫都会增加损伤和疾病的易感性。应尽可能地减小对动物产生应激的处理，这也适用于动物本身身体的改变，如去势、打耳号、断喙、烙印等。

（5）预防性管理。良好的家畜管理也包括使用预防性管理标准，其中包括卫生，接种疫苗，益生菌的饲喂，病畜和新购进动物的隔离，以及其他生物安全预防措施，以防止病虫害和疾病感染有机家畜。经营者的体系方案应该能反映出全面健康的管理计划，利用其中的原则和措施作为基础。还必须说明用哪些方法、步骤和原料来处理病畜。最后，有一方面在动物健康中很少讨论，即在特定的气候条件和环境下，家畜种类和品种与它在生产中的适应性之间的关系。

（6）家畜的生活条件、设施和管理。畜禽生产者应当建立和维持适合动物健康和自然行为的生活条件。这个要求反映了动物福利和可持续发展及环境质量的关系。

2.粪肥管理与环境影响

畜禽养殖业的发展应当保护环境，促进可持续发展，从而更好地为人类健康服务。目前，畜禽养殖废弃污染物对环境的污染日趋严重，已引起人们的高度重视。畜禽养殖业由过去的分散经营逐渐转向规模化、集约化生产，而且随着兽药、饲料添加剂等化学合成试剂的大量使用，畜禽养殖废弃污染物对环境的污染日趋加剧。此时，畜牧业的发展要充分考虑各种因素对环境的影响，保证畜禽饲养对环境不造成或尽可能小地造成影响，从而达到保护环境的效果。

畜禽生产对环境造成的污染主要包括以下几个方面：畜禽粪便污染、水资源污染、空气污染、土壤污染以及药物残留潜在污染。生态畜禽养殖针对上述几个方面都有良好的处理方式，首先生态养殖倡导的种养平衡，将畜禽粪便经过无害化处理作为有机肥用于种植业，还有一些条件好的企业可采取以"中心畜牧场+粪便处理生态系统+废水净化生态系统"的人工生态畜牧场模式，利用粪便处理生态系统产生沼气，并对产生沼气过程中的产物直接或间接利用。利用废水净化处理生态系统将畜牧场的废水和尿水集中控制起来，进行土地外流灌溉净化，使废水变为清水循环利用，从而既达到畜牧场的最大产出，又保持了环境污染无公害处于生态平衡中，这样就解决了粪便污染、水资源污染和土壤污染的问题。其次，生态养殖要求尽量避免使用化学合成的添加剂以及兽药等产品，也基本解决了药物残留的污染。再次，生态养殖对动物福利高度重视，更好地营造了卫生舒适的饲养环境，从而也减少了对空气的污染。

除了减少对环境的污染之外，生态养殖还要求对生态的保护，避免过度放牧，保证畜禽数量合理等。内蒙古、青海等地区近年来草地退化愈演愈烈，跟草地过度放牧有很大关系。欧盟标准中特别规定每公顷土地上的动物粪便的含氮量不得超过170kg，以此来限制放牧场地上的载畜量。在进行检查时，要根据养殖的品种、数量以及放牧草场的面积，借鉴欧盟标准的规定计算相应的载畜量，以保证经济效益与生态平衡相协调。

3.转换期

对于非草食动物如猪、家禽等动物活动所需的牧场和草场的转换期可适当缩短。

第二节　畜禽废弃物资源化利用技术

一、畜禽废弃物对环境的污染

随着畜禽养殖量的增加，畜禽的粪尿排泄量也不断增加。一个400头成年母牛的奶牛场，加上相应的犊牛和育成牛，每天排粪30~40t，全年产粪$1.1 \times 10^4 \sim 1.5 \times 10^4$t，如用作肥料，需要253.3~333.3hm²土地才能消纳；一个1万羽的蛋鸡场，包括相应的育成鸡在内，若以每天产粪$0.1 \times 10^4 \sim 0.5 \times 10^4$kg计算，全年可产粪$36 \times 10^4 \sim 55 \times 10^4$kg，如不加处理很难有相应面积的土地来消纳数量如此巨大的粪尿，尤其在畜牧业相对比较集中的城市郊区。

畜牧场废弃物中，含有大量的有机物质，如不妥善处理会引起环境污染、造成公害，危害人及畜禽的健康。另外，粪尿和污水中含有大量的营养物质（见表6-1），尤其是集约化程度较高的现代化牧场，所采用的饲料含有较高的营养成分，粪便中常混有一些饲料残渣，在一定程度上是一种有用的资源。如能对畜粪进行无害化处理，充分利用粪尿中的营养素，就能化害为利，变废为宝。

表6-1　各种畜禽粪便的主要养分含量　　　单位：%

种类	水分	有机物	氮（N）	磷（P_2O_5）	钾（K_2O）
猪粪	72.4	25.0	0.45	0.19	0.60
牛粪	77.5	20.3	0.34	0.16	0.40
马粪	71.3	25.4	0.58	0.28	0.53
羊粪	64.6	31.8	0.83	0.23	0.67
鸡粪	50.5	25.5	1.63	1.54	0.85
鸭粪	56.6	26.2	1.10	1.40	0.62
鹅粪	77.1	23.4	0.55	0.50	0.95
鸽粪	51.0	30.8	1.76	1.78	1.00

畜产废弃物对环境污染的主要表现有以下几个方面。

（一）水体污染

粪便污染水体的方式主要表现在5个方面。

（1）粪便中大量的含氮有机物和碳水化合物，经微生物作用分解产生大量的有害物质，这些有害物质进入水体，降低水质感官性状指标，使水产生异味而难以利用。若人畜饮用受粪便污染的水，将危害健康。

（2）粪便中的氮、磷等植物营养物大量进入水体，促使水体中藻类等大量繁殖，其呼吸作用大量消耗水体中的溶解氧，使水中的溶解氧迅速降低，导致鱼类等水生动物和藻类等因缺氧而死亡。

（3）粪便中含有大量的微生物，包括细菌、病毒和寄生虫。这些病原会通过水体的流动，在更大范围内传播疾病。

（4）大量使用微量元素添加剂，导致粪便中镉、砷、锌、铜、钴等重金属浓度增加，这些污染物在水体中不易被微生物降解，发生各种形态之间转化、分散和富集。

（5）在畜牧业生产中大量使用兽药，兽药随粪便进入水体，对水生生物及其产品构成危害。

（二）土壤污染

未经处理的畜禽粪便中含有的病原微生物及芽孢在农田耕作土壤中长期

存活，这些病原微生物一方面会通过饲料和饮水危害动物健康，另一方面会通过蔬菜和水果等农产品，危害人类健康。

在饲料中大量使用矿物质添加剂，使畜禽粪便中的微量元素如铜、锌、砷、铁、锰、硒含量增加。长期大量施用受矿物质元素污染的畜禽粪便，会导致这些微量元素在土壤和农畜产品中富集。

（三）大气污染

畜牧场在生产过程中可向大气中排放大量的微生物（主要为细菌和病毒）、有害气体（NH_3和H_2S气体）、粉尘和有机物，这些污染物会对周围地区的大气环境造成污染。畜禽粪尿在腐败分解过程中产生许多恶臭物质。新排出的粪便中含有胺类、吲哚、甲基吲哚、己醛和硫醇类物质，具有臭味。排出后的粪便在有氧状态下分解，碳水化合物产生二氧化碳和水，含氮化合物产生硝酸盐类，产生的臭气少；在厌氧环境条件下进行厌氧发酵，碳水化合物分解产生甲烷、有机酸和醇类，带有酸臭味，含氮化合物分解产生氨、硫酸、乙烯醇、大量的臭气。尿排体外后主要进行氧化分解，释放氨，形成臭味。畜牧场空气的恶臭物质，主要有氨、硫化氢、硫醇、吲哚、粪臭素；脂肪酸、醇、酚、醛、酯、氮杂环类物质等。

二、畜禽粪便的资源化利用技术

畜禽粪便中含有大量的有机质和植物生长必需的营养物质，如氮、磷、钾等，同时也含有丰富的微量元素，如铁、镁、硼、铜、锌等。如果利用生物和化学手段对畜禽粪便进行无害化处理，杀灭其中的病原微生物，将重金属、氨氮等有毒的物质转化、固定后，就可实现资源化利用畜禽粪便的目的。

（一）能源化技术

能源化技术即利用畜禽粪便生产沼气，此种方式可将污水中有机物去除80%以上，同时回收沼气作为可利用的能源。在沼气生产过程中，因厌气发酵可杀灭病原微生物和寄生虫，发酵后的沼液、沼渣又是很好的肥料，因此，这是综合利用畜产废弃物、防止污染环境和开发新能源的有效措施。我国的沼气研究和推广工作发展很快，农村户用沼气技术已较普及。近年来，一些农牧场采用大中型沼气装置生产沼气，都获得较好效益。家畜粪便的产气量因畜种而异，几种家畜粪便及其他发酵原料的产气量见表6-2。

表6-2　各种发酵原料实际产气量

原料来源	日排鲜粪/kg	干重含量/%	每千克干重产气量/m³	每日产气量/m³
人	—	18	0.15	0.016
猪	0.6	18	0.33	0.240
牛	4.0	1.7	0.28	1.190
鸡	25.0	70	0.25	0.018
秸秆	0.1	88	0.21	0.185
青草	—	16	0.40	0.064

　　生产沼气后产生的残余物——沼液和沼渣含水量高、数量大，且含有很高的COD值，若处理不当会引起二次环境污染，所以必须要采取适当的利用措施。常用的处理方法有以下几种。

　　（1）用作植物生产的有机肥料。在进行园艺植物无土栽培时，沼气生产后的残余物是良好的液体培养基。

　　（2）用作池塘水产养殖料。沼液是池塘河蚌育珠、滤食性鱼类养殖培育饵料生物的良好肥料，但一次性施用量不能过多，否则会引起水体富营养化而引起水中生物的死亡。

　　（3）用作饲料。沼渣、沼液脱水后可以替代一部分鱼、猪、牛的饲料。但要注意重金属等有毒有害物质在畜产品和水产品中的残留问题，避免影响畜产品和水产品的食用安全性。

　　（二）肥料化技术

　　畜禽排泄物中含有大量农作物生长所必需的氮、磷、钾等营养成分和大量的有机质，将其作为有机肥料施用于农田是一种被广泛采用的处理和利用方式。据统计，畜禽粪便占我国有机肥总量的63%～71%，其中猪粪占36%～38%，是我国有机肥料组成中极为重要的肥料资源，美国、日本等国家60%以上的有机肥都是堆肥。目前利用畜禽粪便生产的有机肥不仅是绿色食品和有机食品生产的需要，也是增加土壤肥力和实现农牧结合相互促进的最有效途径。

　　1.土地还原法

　　把畜禽粪尿作为肥料直接施入农田的方法称为"土地还原法"。采用土地还原法利用粪便时应注意：一是粪便施入后要进行耕翻，将鲜粪尿埋在土壤中，使其好分解，这样就不会造成污染，不会散发恶臭，也不会招引苍蝇；二是家畜排出的新鲜粪尿须及时施用，否则应妥善堆放；三是土地还原法只适用于作耕作前底肥，不可用作追肥。

2.堆肥处理法

堆肥技术是在自然环境条件下将作物秸秆与养殖场粪便一起堆沤发酵以供作物生长时利用。堆肥作为传统的生物处理技术经过多年的改良，现正朝着机械化、商品化方向发展，设备效率也日益提高。

（1）堆肥处理的主要方法。

① 腐熟堆肥法。腐熟堆肥法要通过控制好气微生物活动的水分、酸碱度、碳氮比、空气、温度等各种环境条件，使好气微生物能分解家畜粪便及垫草中各种有机物，并使之达到矿质化和腐殖质化的过程。此法可释放出速效性养分，具有杀菌、杀寄生虫卵等作用。腐熟堆肥的要点是前期保持好氧环境，以利于好氧微生物发酵；当粪肥腐熟进入后期时，应保持厌氧环境，以利于保存养分，减少肥分有效养分挥发。

② 坑式堆肥法。坑式堆肥要点是：在畜禽进入圈舍前，在地面铺设垫草，在畜禽进入圈舍后，不清扫圈舍粪尿，每日向圈舍粪尿表面铺垫垫料，以吸收粪尿中水分及其分解过程中产生的氨，使垫草和畜禽粪便在畜舍腐熟。当粪肥累积到一定时间后，将粪肥清除出畜舍，一般粪与垫料的比例以1：（3~4）为宜。近年来，研究人员在垫草垫料中加入菌类添加剂或除臭剂，效果较好。

③ 平地堆腐法。平地堆腐是将畜禽粪便及垫料等清除至舍外单独设置的堆肥场地上，平地分层堆积，使粪堆内进行好气分解。修建塑料大棚或钢化玻璃大棚，将畜禽粪便与垫料或干燥畜禽粪便混合，使处理的畜禽粪便水分含量为60%，将含水量为60%的粪便送入大棚中，搅拌充氧，经过30~40d发酵腐熟，即可作为粪肥使用。

（2）促进堆肥发酵的方法。

① 改善物质的性质。常采用降低材料中水分（温室干燥、固液分离等）和添加辅助材料（水分调整材料：锯屑、稻壳、返回堆肥等）的方法，提高其通气性，使整体得到均匀的氧气供给。

② 通风。可通过添加辅助材料，提高混合材料的空隙率，使其具有良好的通气性。此外，用强制通风，可促进腐熟，缩短处理时间。通风装置一般采用高压型圆形鼓风机。如能保证材料有恰当的含水率、空隙率，用涡轮风扇也可充分通风，且降低电费。

③ 搅拌、翻转。适度搅拌、翻转可使发酵处理材料和空气均匀接触，同时有利于材料的粉碎、均质化。

④ 太阳能的利用及保温。利用太阳热能，可促使堆肥材料中水分蒸发。密闭型发酵槽等可以设置在温室内，用透明树脂板做堆肥舍屋顶，尽可能利用太阳能，在冬季还可以防止被寒风冷却。

（3）堆肥发酵的设施。

① 开放型发酵设施。设置在温室等房子内，用搅拌机在0.4～2.0m的深度强制翻转搅拌处理，具有占地面积小，并可以用太阳能促进材料干燥等优点。另外，为防止冬季散热，可采用2m深的圆形发酵槽，发酵槽一半埋设在地下，即使在寒冷的冬季也可以维持良好的发酵状态。

② 密闭型发酵设施。原料在隔热发酵槽内搅拌、通风，有纵型和横型2种，占地面积比开放型小，为了维持一定的处理能力，材料在发酵槽内滞留天数比开放型短。适合以畜粪为主的材料的发酵。

③ 堆积发酵设施。操作者利用铲式装载机等进行材料的堆积、翻转操作，让其发酵。此法自动化程度低，每天的分解量少，占地面积较大。

（三）培养料

目前蛋白质饲料资源的短缺是限制中国畜牧业可持续发展的重要因素之一。由于近几年许多国家已禁止使用肉骨粉等动物性饲料，加上世界捕鱼量的逐年下降，使得寻求新的、安全的高蛋白饲料替代品已势在必行。昆虫是一种重要的生物资源，是最具开发潜力的动物蛋白资源。目前世界上许多国家都把人工饲养昆虫作为解决蛋白饲料来源的主攻方向。利用畜禽粪便养殖蝇蛆和蚯蚓，既可利用畜禽粪便生产优质动物蛋白饲料，又可将畜禽粪便经蝇蛆和蚯蚓处理后成为优质的有机肥，因此值得在我国大力推广。

1.生产蝇蛆技术

家蝇的开发及利用研究一直是国内外学者关注的热点之一。20世纪20年代，就有关于利用家蝇幼虫处理废弃物及提取动物蛋白质的可行性论证报告。20世纪60年代末，许多国家相继以蝇蛆作为优质蛋白饲料进行了研究开发，美国、英国、日本和俄罗斯等国家已实现机械化、工厂化生产蝇蛆。利用蛆壳和蛹壳提取几丁质和几丁聚糖也是发达国家进行较多的研究，一般采用生物化学方法对易于工业化饲养的蝇蛆提取几丁质，再加以脱乙酰基制成水溶性几丁聚糖，其成本较低，并可以此作为原料开发医药产品、保健品、食品、化妆品、纺织品等产品，具有巨大的经济效益及社会效益。

（1）种蝇的选育。

种蝇可通过猪粪进行选育研制，经育蛆、化蛹、成蝇至产卵培育而成。成蝇寿命为30~60d，羽化后的蝇2d左右就能交配、产卵。卵期为1~2d，幼虫期（蛆）4~6d，蛹期5~7d，完成一个生活周期，室温为25~30℃要12~15d。影响蝇蛆生长过程的主要因素是气温及营养状况。

（2）蝇蛆的培育。

可采用塑料盆（桶）培育法。即在直径6cm的培养盆（或直径30cm的塑料桶）内加入培养料，可为100%猪粪、25%鸡粪+75%猪粪或25%猪粪+75%猪粪渣，厚度为4~6cm。将虫卵撒在培养料上，卵量约1.5g。培养室内保持较黑暗环境，在常温下培养，温度低于22℃时，用加热器加热。每天翻动2次，上午、下午各1次，同时将消化过的料渣用小铲子清出来，由于蝇蛆具有较强的避光特性，可将培养盆置于较光亮处，促使幼虫向培养料下层移动，然后层层清去表面料渣（料渣呈褐黑色、松散、臭味消失），再根据幼虫的生长情况和剩余料渣量来确定需添加培养料量。一般在第1d不需换料，第2~3d是生长旺期，要加足培养料，后期少加料。每次加料用台秤称量，混匀，置于培养盆一边，幼虫自会爬到新加培养料中摄食，也便于下次清料渣。未成熟幼虫会因温度、湿度过高、密度过大或养料不足而爬出培养盆，此时，要用小刷子将其收回到培养盆内。

（3）蝇蛆的分离。

成蛆与粪渣的分离是设备设计时要考虑的重点。目前有几种方法：①强光照射，层层去除表面料；②筛分离法；③水分离法。目前较为常用的是利用蛆快化蛹前要寻找干燥、暗的环境这个习性来收集，自动外爬后能回收80%~90%的蛆。

2.利用畜禽粪便养殖蚯蚓技术

人类认识和利用蚯蚓的历史非常悠久，但在20世纪60年代前对蚯蚓的开发利用主要以研究和利用野生蚯蚓为主，20世纪60年代后一些国家开始人工饲养蚯蚓。由于蚯蚓在医药、食品、保健品、饲料、农业等方面的深入开发和应用，国内外对蚯蚓的需求量与日俱增，到20世纪70年代，蚯蚓的养殖已遍及全球。目前许多国家已建立和发展了初具规模的蚯蚓养殖企业，有的国家甚至实现了蚯蚓的工厂化养殖和商品化生产。

我国于1979年从日本引进"大平2号"蚯蚓和"北星2号"蚯蚓，这2个蚯蚓品种同属赤子爱胜蚓，其特点是适应性强，繁殖率高，适于人工养殖。据测定，蚓体的蛋白质含量占干重的53.5%～65.1%，脂肪含量为4.4%～17.38%，碳水化合物11%～17.4%，灰分7.8%～23%。在其蛋白质中含有多种畜禽生长发育所必需的氨基酸，可以替代鱼粉作为禽、畜、鱼及特禽、特种水产品的饲料添加剂。

利用畜禽粪便养殖蚯蚓的技术如下。

（1）基料的堆制与发酵。

新鲜粪便不能被蚯蚓处理，因为畜禽粪便中尿酸和尿素的含量高，对蚯蚓的生长繁殖不利。因此蚯蚓的养殖成功与失败，培养基料的制作起着关键的决定性作用。蚯蚓繁殖的快慢，很大程度上取决于培养基的质量。

对于畜禽粪便基料，要求发酵腐熟，无酸臭、氨气等刺激性异味，基料松散而不板结，干湿度适中，无白蘑菌丝等。基料的腐熟标准是：基料呈黑褐色、无臭味、质地松软、不黏滞，pH值在5.5～7.5。

基料投放时，可先用20～30条蚯蚓做小区试验。投放1d后进去的蚯蚓无异常反应，说明基料已经制作成功，如发现蚯蚓有死亡、逃跑、身体萎缩或肿胀等现象应查明原因或重新发酵。

（2）蚯蚓的养殖。

可采用平地堆肥养殖法。此养殖方法室内外均可进行，选用房前屋后、庭院空地、地势较高不积水处，将制好的基料或腐熟的堆肥堆制成高1m上下，长2～3m，饲料水分保持在60%。放入种蚯蚓2000条，3个月左右，当种蚓大量繁殖后，应及时采收或分堆养殖，如在闲置的旧房舍也可在室内制堆，在室内闲房制堆可简化冬季的保温，室内温度一般都在10℃以上，如低于10℃时，加一层稻草或麦秸即可，同时减去夏季防雨工作。

在蚯蚓的饲养过程中，日常管理十分重要。要根据蚯蚓的生活习性，经常性地检查和观察，发现异常现象及时查明原因，并及时给予解决，防患于未然。蚯蚓养殖的日常管理要注意以下几点。

① 环境要适宜。要根据蚯蚓的生活习性，保持它所需要的温度和湿度条件，避免强光照射，冬季要加盖麦秸、稻草或加盖塑料薄膜保温。夏季要加盖湿麦草、湿稻草遮阴降温。要经常洒水，并保持环境安静和空气流通。

② 适时投料。在室内养殖时，养殖床内的基料（饲料）经过一定时间后逐渐变成了粪便，必须适时地补给新料，补料一般采用的是上投法，即在旧料上覆盖新料。室内地沟式养殖时，要在地沟内一次性给足基料，在一定时间内定时采收。避免基料采食完后蚯蚓钻入地下采食或死亡。

③ 注意防逃。在室外地沟养殖时，要搞好清沟、排渍、清除沟土异味等工作。一次性给足基料，避免因沟土气味或无料可食而引起蚯蚓逃走。室内架式养殖时，应使架床上基料通气通水良好，保持适宜的温度和湿度，防止蚯蚓逃出饲养架外。

④ 定期清粪。室内养殖蚯蚓，必须十分注意室内的清洁卫生，保持空气新鲜，搞好粪便的定时清理，这对蚯蚓的生长、繁殖都有好处。大田养殖不必清理粪便，蚓粪是农作物的有效有机肥。

⑤ 适时分群。蚯蚓有祖孙不同堂的习性，成蚓、幼蚓不喜欢同居，大小蚯蚓在一起饲养时，大蚯蚓可能逃走，同时大小蚯蚓长期混养可能引起近亲交配，造成种蚓退化。因此，当蚯蚓大量繁殖、密度过大时需要适时分群。

⑥ 预防敌害。黄鼠狼、鸟类、鸡鸭、青蛙、老鼠和蛇等都是蚯蚓的天敌，必须采取有效措施，严加防范。

⑦ 四季管理。随着一年四季天气的变化，四个季节的管理各有重点所在。春季在立春过后，气温和地温都开始回升，温度适宜，蚯蚓繁殖很快，要着重抓好扩大养殖面积的准备工作，如增设床架、新开地沟、堆制新肥堆等。夏季注意经常降温和通风，初秋露水浓重的季节里，夜晚要揭开覆盖物，让蚯蚓大部分爬出土表层，享受露水的润泽，这对交配、产卵、生长均有好处。晚秋天气开始转冷，要做好防寒准备，冬季首先要做好保温工作。

⑧ 繁殖期管理。蚯蚓是雌雄同体、异体交配的动物。幼蚓生长38d即性

成熟，便能交配，交配后7d便可产卵，在平均温度20℃的气温下，经过19d的孵化即可产出幼蚓，全育期60d左右。在饲养基内自然交配、产卵和孵化出幼蚓，它不需要人工管理，但必须长期保持平均温度20℃左右，温度过低或过高都会影响繁殖，相对湿度应保持在56%～66%。同时还需防止卵包因日晒脱水而死亡，基料含水量应控制在50%～60%，不宜太湿或太干，过湿会引起卵茧破裂或新产卵茧两端不能封口。以上均为繁殖管理要点，是提高孵化率和成活率的基本保证。

（四）饲料化技术

自20世纪50年代美国首先以鸡粪作羊补充饲料试验成功后，日本、英国、法国、德国、丹麦、俄罗斯、泰国、西班牙、澳大利亚、中国等十几个国家和地区开展了畜禽粪便再利用研究。

1.畜禽粪便用作饲料的可行性

尽管畜禽粪便含有大量的营养成分，如粗蛋白、脂肪、无氮浸出物、钙、磷、维生素B_{12}，但又含有许多潜在的有害物质，如矿物质微量元素（重金属如铜、锌、砷等）、各种药物（抗球虫药、磺胺类药物等）、抗生素和激素等以及大量的病原微生物、寄生虫及其卵；畜禽粪便中还含有氨、硫化氢、吲哚、粪臭素等有害物质。所以，畜禽粪便只有经过无害化处理后才可用作饲料。带有潜在病原菌的畜禽粪便经过高温、膨化等处理后，可杀死全部的病原微生物和寄生虫。用经无害化处理的饲料饲喂畜禽是安全的；只要控制好畜禽粪便的饲喂量，就可避免中毒现象的发生；禁用畜禽治疗期的粪便作饲料，或在家畜屠宰前不用畜禽粪便作饲料，就可以消除畜禽粪便作饲料对畜产品安全性的威胁。

2.畜禽粪便用作饲料的方法

（1）干燥法。

干燥法就是对粪便进行脱水处理，使粪便快速干燥，以保持粪便养分，除去粪便臭味，杀死病原微生物和寄生虫，该方法主要用于鸡粪处理。

（2）青贮法。

将畜禽粪便单独或与其他饲料一起青贮。这种方法是很成熟的家畜粪便加工处理方法，安全可靠。只要调整好青贮料与粪的比例并掌握好适宜含水量，就可保证青贮质量。青贮法不仅可防止粗蛋白损失过多，而且可将部分非蛋白氮转化为蛋白质，杀灭几乎所有有害微生物。用青贮法处理畜禽粪便时，应注意添加富含可溶性碳水化合物的原料，将青贮物料水分控制在40%～70%，保持青贮容器为厌氧环境。例如，用65%新鲜鸡粪、25%青草（切短的青玉米秸）和15%麸皮混合青贮，经过35d发酵，即可用作饲料。

（3）发酵法。

发酵法处理畜禽粪便分主要采用有氧发酵法。有氧发酵就是将粪便通气，好氧菌对粪便中的有机物进行分解利用，将粪便中的粗蛋白和非蛋白氮转变为单细胞蛋白质（SCP）、酵母或其他类型的蛋白质，好氧菌如放线菌、乳酸菌、乙酸杆菌等还可以分解物料中的纤维素，能产生更多营养物质。好氧菌的活动能产生大量热量，使物料温度升高（达55～70℃），可以杀死物料中绝大部分病原微生物和寄生虫卵。

（4）鸡粪与垫草混合直接饲喂。

在美国进行的一项试验表明，可用散养鸡舍内的鸡粪混合垫草，直接饲喂奶牛与肉牛。在100kg饲料中混入粪草23.2kg饲喂奶牛，其结果与饲喂含豆饼的饲料效果相同。应防止垫草中农药残留和因粪便处理不好而引起传染病的传播。

联合国粮食与农业组织认为，青贮是安全、方便、成熟的鸡粪饲料化喂牛的一种有效方法。不仅可以防止畜禽粪中粗蛋白和非蛋白氮的损失，而且还可将部分非蛋白氮转化为蛋白质。青贮过程中几乎所有的病原体被杀灭，有效防止疾病的传播。将新鲜畜粪与其他饲草、糠麸、玉米粉等混合装入塑料袋或其他容器内，在密闭条件下进行青贮，一般经20～40d即可使用。制作时，注意含水量保持在40%左右，装料需压实，容器口应扎紧或封严，以防漏气。

三、畜牧场污水处理技术

一个年产1万头商品肉猪的养猪场采用漏缝地板方式饲养，每天将排放污水200～300m³，年排放污水达$7.5 \times 10^4 \sim 11.0 \times 10^4 m^3$。畜牧场污水处理的最终目的是将这些废水处理达到排放标准和综合利用。畜禽场废水与其他行业如工业污水有较大差别，比如有毒物质含量较少，污水排放量大，污水中含有大量粪渣，有机物、氮、磷等含量高，而且还有很多病原微生物，危害及处理难度大。目前，国内外畜禽场污水处理技术一般采取"三段式"处理工艺，即固液分离—厌氧处理—好氧处理。

（一）固液分离

畜牧业污水中含有高浓度的有机物和固体悬浮物（SS），尤其是采用水冲清粪方式的污水，SS含量高达160g/L，即使采用干清粪工艺，SS含量仍可达到70g/L，因此无论采用何种工艺措施处理畜牧业污水，都必须先进行固液分离。通过固液分离，可使液体部分污染物负荷降低，生化需氧量（COD）和SS的去除率可达到50%～70%，所得固体粪渣可用于制作有机肥；其次，通过固液分离，可防止大的固体物进入后续处理环节，以防造成设备的堵塞损坏等；此外，在厌氧消化前进行固液分离能增加厌氧消化运转的可靠性，减少所需厌氧反应器的尺寸及所需的停留时间，减少气体产生量30%。

固液分离技术一般有筛滤、离心、过滤、浮除、絮凝等，这些技术都有相应的设备，从而达到浓缩、脱水目的。畜禽养殖业多采用筛滤、过滤和沉淀等固液分离技术进行污水的一级处理，常用的设备有固液分离机、格栅、沉淀池等。

固液分离机由振动筛、回转筛和挤压式分离机等部分组成，通过筛滤作用实现固液分离的目的。筛滤是一种根据禽畜粪便的粒度分布状况进行固液分离的方法，污水和小于筛孔尺寸的固体物从筛网中的缝隙流过，大于筛孔尺寸的固体物则凭机械或其本身的重量截流下来，或推移到筛网的边缘排出。固体物的去除率取决于筛孔大小，筛孔大则去除率低，但不易堵塞，清洗次数少；反之，筛孔小则去除率高，但易堵塞，清洗次数多。

格栅是畜牧业污水处理的工艺流程中必不可少的部分，一般由一组平行钢条组成，通过过滤作用截留污水中较大的漂浮和悬浮固体，以免阻塞孔洞、闸门和管道，并保护水泵等机械设备。

沉淀池是畜禽污水处理中应用最广的设施之一，一般畜禽养殖场在固液分离机前会串联多个沉淀池，通过重力沉降和过滤作用对粪水进行固液分离。为减少成本，可由养殖场自行建设多级沉淀、隔渣设施，最大限度地去除污水悬浮物，这种方式简单易行，设施维护简便。

（二）厌氧处理

畜禽场污水可生物降解性强，因此可以采用厌氧技术（设施）对污水进行厌氧发酵，不仅可以将污水中不溶性的大分子有机物变为可溶性的小分子有机物，为后续处理技术提供重要的前提；而且在厌氧处理过程中，微生物所需营养成分减少，可杀死寄生虫及杀死或抑制各种病原菌；同时，通过厌氧发酵，还可产生有用的沼气，开发生物能源。但厌氧发酵处理也存在缺点，由于规模化畜禽场排放出的污水量大，建造厌氧发酵池和配套设备投资大；处理后污水的NH_3-N仍然很高，需要其他处理工艺；厌氧产生沼气并利用其作为燃料、照明时，稳定性受气温变化的影响。

厌氧发酵的原理为微生物在缺乏氧的状况下，将复杂的有机物分解为简单的成分，最终产生甲烷和二氧化碳等。厌氧处理的方法很多，按消化器的类型，可分为常规型、污泥滞留型和附着膜型。常规型消化器包括常规消化器、连续搅拌反应器（STR）和塞流式消化器。污泥滞留型消化器包括厌氧接触工艺（ACP）、升流式固体反应器（USR）、升流式厌氧污泥床反应器（UASB）、折流式反应器等。附着膜型反应器包括厌氧滤器（AF）、流化床（FBR）和膨胀床（EBR）等。常规型消化器一般适宜于料液浓度较大、悬浮物固体含量较高的有机废水；污泥滞留型和附着膜型消化器主要适用于料液浓度低、悬浮物固体含量少的有机废水。目前国内在畜禽养殖场应用最多的是STR和UASB两种。

（1）连续搅拌反应器（STR）。

STR在我国也称完全混合式沼气池，做法为将发酵原料连续或半连续加入消化器，经消化的污泥和污水分别由消化器底部和上部排出，所产的沼气则由顶部排出。STR可使畜禽粪水全部进行厌氧处理，优点是处理量大，浓度高，产沼气量多，便于管理，易启动，运行费用低；缺点是反应器容积大，投资多，后处理麻烦。

（2）升流式厌氧污泥床反应器（UASB）。

1974年由荷兰著名学者Lettinga等提出，1977年在国外投入使用。1983年北京市环境保护科学研究所与国内其他单位进行了合作研究，并对有关技术指标进行了改进，其对有机污水COD的去除率可达90%以上。UASB属于微生物滞留型发酵工艺，污水从厌氧污泥床底部流入，与污泥层中的污泥进行充分接触，微生物分解有机物产生的沼气泡向上运动，穿过水层进入气室；污水中的污泥发生絮凝，在重力作用下沉降，处理出水从沉淀区排出污泥床外。UASB工艺一般用于处理固液分离后的有机污水，优点是需消化器容积小，投资少，处理效果好；缺点是产沼气量相对较少，启动慢，管理复杂，运行费用稍高。

（3）厌氧滤器（AF）。

1969年由Young和McCarty首先提出，1972年国外开始在生产上应用。我国于20世纪70年代末期开始引进并进行了改进，其沼气产生率可达3.4m³/（m³·d），甲烷含量可达65%。

（4）污泥床滤器（UBF）。

污泥床滤器是UASB和AF的结合，具有水力停留时间短、产气率高、对COD去除率高等优点。

（5）升流式固体反应器（USR）。

厌氧消化器的一种，具有效率高、工艺简单等优点，目前已常被用于猪、鸡粪废水的处置，其装置产气率可达4m³/（m³·d），COD去除率达80%以上。

（6）其他厌氧工艺。

研究表明，采用厌氧折流板反应器（ABR）处理规模化猪场污水，常温条件下容积负荷可达到8~10kgCOD/（m³·d），COD去除率稳定在65%左右，表现出比一般厌氧反应器启动快、运行稳定、抗冲击负荷能力强的特点。

（三）好氧处理

好氧处理是主要依赖好氧菌和兼性厌氧菌的生化作用来完成废水处理过程的工艺。其处理方法可分为天然和人工2类。天然条件下好氧处理一般不设人工曝气装置，主要利用自然生态系统的自净能力进行污水的净化，如天然水体的自净，氧化塘和土地处理等。人工好氧处理方法采取向装有好氧微生物的容器或构筑物不断供给充足氧的条件下，利用好氧微生物来净化污水。该方法主要有活性污泥法、氧化沟法、生物转盘、序批操作反应器（SBR）和生物膜法等。

好氧处理法处理畜禽场污水能有效降低污水COD，去除氮、磷。采用好氧处理技术处理畜禽场污水，大多采用SBR、活性污泥法和生物膜法，尤其SBR工艺对高氨氮的畜禽场污水有很好的去除效果，国内外大多采用SBR工艺作为畜禽场污水厌氧处理后的后续处理。好氧处理技术也有缺点，如污水停留时间较长，需要的反应器体积大且耗能大、投资高。

四、垫草、垃圾的处理技术

畜牧场废弃垫草及场内生活和各项生产过程产生的垃圾除和粪便一起用于产生沼气外，还可在场内下风处选一地点焚烧，焚烧后的灰用土覆盖，发酵后可变为肥料。

第三节 畜禽养殖的群发病防控技术

随着养殖规模的产业化、集约化，大量家畜生活在同一人工生态环境中，一旦某一生态因子发生变化，常引起家畜群体性发病的现象，例如细菌、病毒等引起的传染性疾病，饲料污染造成的中毒性疾病，营养物质缺乏引起的缺乏症等。

一、家畜群发病的特点

家畜群发病是指受到某种病因的作用，引起家畜群体发病的现象，包括传染病、寄生虫病、营养与代谢性疾病、中毒性疾病、应激性疾病等。家畜群发病有如下特点。

（1）群发病往往具有相同的病因和类似的疾病表现，差异较小，也就是说群发病的共性大于个性。

（2）同一群畜禽往往处在相同的饲养条件下，不仅接触的饲料、饮水和环境气候相同，而且面对致病因素侵袭的机会也均等，即环境条件对畜体的制约是一致的。

（3）在集约化饲养的畜禽群体中，每个畜禽的品种、年龄、性别通常是一致的，个体之间的差异小。因此，当群体发生疫病时，每个个体所反映出来的总体机能状态有很大的一致性。

（4）群发病往往带有突发性和隐蔽性，如果不能在早期及时发现，并采取有效措施，将会造成巨大的损失，即群发病的影响往往具有放大效应。

二、家畜群发病的分类

根据病原的性质，群发病可分为传染性群发病和非传染性群发病。

（一）传染性群发病

由病原微生物（细菌、病毒）或寄生虫所引发，主要病原包括以下几类。

（1）细菌类。炭疽杆菌、布鲁菌、分枝杆菌、大肠杆菌、巴氏杆菌、沙门菌、破伤风杆菌、金黄色葡萄球菌、猪Ⅱ型链球菌等。

（2）病毒类。口蹄疫病毒、狂犬病病毒、禽流行性感冒病毒、鸡新城疫病毒、鸭瘟病毒、小鹅瘟病毒、猪瘟病毒、非洲猪瘟病毒、猪流行性腹泻病毒、猪细小病毒、犬瘟热病毒等。

（3）寄生虫类。吸虫、绦虫、线虫、球虫、弓形虫、住白细胞虫、螨虫等。

（二）非传染性群发病

非传染性群发病包括营养代谢性疾病、中毒性疾病和应激性疾病等。

（1）营养代谢性群发病。包括能量物质营养代谢性疾病，如酮病、营养性衰竭症等；常量矿物质元素营养代谢性疾病，如生产瘫痪、佝偻病、骨软症、痛风等；微量元素缺乏性疾病，如硒、锌、铁、碘、锰、铜缺乏症等；维生素营养紊乱性疾病，如维生素A缺乏症、维生素D缺乏症、维生素E缺乏症、B族维生素缺乏症等。

（2）中毒性群发病。包括饲料、药物及有毒动植物中毒，如黄曲霉毒素中毒、疯草中毒等；地质及工业污染性中毒，如氟中毒、硒中毒；农药、灭鼠药中毒，如有机磷农药中毒、敌鼠钠中毒等。

（3）应激性群发病。由饲养人员配置变化、栏舍周转、高温、突然改变饲料种类等引起的应激性疾病。

三、家畜群发病的病因

（一）非生物因素

引起家畜群发病的非生物因素主要有光、空气、气候、土壤、水、湿度、海拔和地形等，这些因素与家畜群发病的发生、发展和消亡有着密切的关系。

1.光照

适度的太阳照射，具有促进家畜新陈代谢、加强血液循环、调节钙和磷代谢的作用。但是，强烈的且长时间的太阳辐射则有可能引起家畜皮肤紫外线灼伤、体内热平衡破坏，甚至发生日射病而导致家畜死亡。研究表明，光照是家禽发生啄癖的重要诱因，光照制度变更或照明度不够，会引起蛋禽产蛋率下降10%～30%。

2.空气

空气质量对家畜的健康和生产性能也会产生直接影响。在集约化畜禽养殖场中，如果畜舍通风换气不良，舍内卫生状况不佳，有害气体浓度超过标准，就会损害家畜机体健康，降低家畜机体免疫力，引发呼吸系统疾病和多种传染性疾病。如高浓度氨气可以引起蛋鸡的产蛋率、平均蛋重、蛋壳强度和饲料利用率降低。

空气也可以传播疾病，许多疾病的病原体附着在空气中的飞沫核或尘土等细小颗粒上，引起局部或多地发病。

3.气候条件

气候条件是家畜生活环境中的重要物理因素，不良的气候条件可成为许多疾病的诱因。例如，低温可引起组织冻伤，还能削弱机体抵抗力而促进某些疾病的发生；温度、气压的突变也可以诱发疾病；大风雪等恶劣天气会对家畜造成一定的不良影响，诱发机体产生过强的应激反应，同时对环境中致病性微生物易感性增加，加剧病原对家畜的损害。很多时候，不良的气候条件就是疾病暴发的诱因（见表6-3）。

表6-3　家畜传染病与气候因素的关系

病名	发病季节	与气候因素的关系
炭疽	夏季6～8月多见	炎热多雨，促使本病的发生与流行
肉毒梭菌中毒症	夏秋两季，秋凉停止	天热高温时多发
破伤风	季节性不明显	春秋雨季多见
坏死杆菌病	多雨季节	多雨、闷热、潮湿均可促使本病发生
巴氏杆菌病	无明显季节性	冷热交替、气候剧变、闷热、潮湿、多雨、寒冷
皮肤霉菌病	全年均可发生，秋冬舍饲期多发	阴暗、潮湿易发
钩端螺旋体病	7～10月	气候温热，雨量多时易流行
口蹄疫	季节性不明显	秋末、冬春常发
日本乙型脑炎	夏季至初秋7～9月份多发	闷热、蚊多时多发
痘病（绵羊痘）	冬末春秋	严寒、风雪、霜冻促使本病多发

气温和湿度的变化也是影响动物健康的因素之一。在高温高湿条件下，动物蒸发散热量减少，常导致体温和机体热调节机能障碍，易发生皮肤肿胀、皮孔和毛孔变窄、阻塞而导致的皮肤病，若体温持续升高甚至可以导致动物热衰竭死亡。此外，高温高湿条件下，细菌和霉菌增殖速度加快，加上尘埃及有害气体的作用，畜禽易发生环境性肺炎。在低温高湿度条件下，动物被毛和皮肤都能吸收空气中的水分，使被毛和皮肤的导热系数提高，降低皮肤的阻热作用，显著增加非蒸发散热量，使机体感到寒冷，易发生冻伤。动物若长期处在以上两种环境中，不但影响动物的生产性能，严重时还可导致动物在这种环境下发生非病原性群体病，甚至大批死亡。气温过高、过低对家畜的生产性能均有影响。如在高温条件下，鸡的产蛋数、蛋大小和蛋重都下降，蛋壳也变薄，同时采食量减少。温度过低，亦会使产蛋量下降，但蛋较大，蛋壳质量不受影响。

4.土壤

当病畜排泄物或尸体污染土壤时，常会造成多种疾病的流行，如炭疽、气肿疽、破伤风、猪丹毒、恶性水肿等。土壤中的化学成分，特别是微量元素的含量缺乏或含量过高，均有可能引起在该环境下饲养的家畜发生营养代谢性群发病。如夏季多雨常致牧草镁含量降低而导致放牧家畜患青草抽搐症；土壤中缺铁引起饲料中铁含量不足，则可引起仔猪贫血症。应该注意的是，土壤受到污染或土壤中化学成分发生变化时，一般不引起明显的感官变化，所以往往被人们所忽略。因此蓄积性、隐蔽性和慢性发作是因土壤原因引起的动物群发病常见的临床特点。

5.水

水质的好坏可以直接影响家畜的健康。工业化进程加快，工业"三废"引起水体污染情况日益严重。农药、除草剂的不合理使用，也会污染水体。有害物质通过饮水进入家畜体内，不但影响家畜的健康、诱发疾病，而且可以通过在畜禽体内的蓄积而直接威胁人类的健康。很多引起家畜疾病的寄生虫的生活史和感染途径都是与水有关，污染的水源是造成家畜寄生虫病流行的原因之一，例如血吸虫、肝片吸虫、裂头绦虫、隐孢子虫等。此外，饮水中金属盐离子的浓度也对发病有明显的影响。

（二）生物因素

多种生物因素都可以成为家畜疫病传播的媒介。如野鸟携带禽流感病毒后可以直接或间接传染给家禽、猪、人等；狼、狐等容易将狂犬病传染给家畜；鼠类能传播沙门菌病、钩端螺旋体病、布鲁菌病、伪狂犬病。另外，有些动物（其中包括蜱、蚊、蝇、蠓等节肢动物）本身对某病原体无易感性，但可机械地传播疾病，如鼠类会机械性地传播猪瘟和口蹄疫病毒。人也是传播家畜传染病和寄生虫病的重要因素，如患布鲁菌病、结核病、破伤风等人畜共患病的人可作为带菌者引起这些疫病在动物中的传播。另一方面因消毒不严，饲养人员也可成为猪瘟、鸡新城疫等病的传播媒介。

（三）社会因素

与家畜疫病流行相关的社会因素，包括社会制度、生产力、社会经济、风俗习惯、文化等。社会因素既有可能促使家畜疫病流行，也可能成为有效消灭和控制疫病流行的关键。社会因素比较复杂，与家畜疾病防治相关的社会因素包括管理科学和生物科学。制定和执行有关政策法规，如牲畜市场管理、防疫和检疫法规、食品卫生法、兽医法规等，对家畜疫病的防控具有重要意义。

四、家畜群发病的生态防控措施

（一）合理选择场址

畜禽养殖场一般应选择地势较高、干燥、冬季向阳背风、交通及供电方便、水源充足卫生、排水通畅的地方，并应与铁路、公路干线、城镇和其他公共设施距离500m以上，尤其应远离畜禽屠宰场、加工厂、畜禽交易市场等地方。养殖场周围应与外界有围墙相隔离，场内布局应科学、合理，符合卫生要求。

（二）注重良种选育

对畜禽品种选择时，除了要考虑生长速度外，还应考虑对疾病的抗御能力，尽量选择适应当地条件的优良畜禽品种。如果进行品种调配或必须从异地引进种畜时，必须从非疫区的健康场选购。在选购前应对引进畜禽做必要的检疫和诊断检查，购进后一般要隔离饲养1个月，经过观察无病后，才能合群并圈，并需根据具体情况给引进畜禽进行预防注射。

（三）加强饲养管理

良好的饲养管理条件下，畜禽生长发育良好，体质健壮，对疫病的抵抗力较强，这样不但利于畜禽的快速生长，而且可以使一些疫病如巴氏杆菌病、大肠杆菌病等不发生或少发生。相反，如果饲养管理状况差，畜禽抵抗力弱，则常常容易导致传染病的大面积发生和流行。饲养管理良好，畜禽发病少或者不发病，这对减少药物使用、降低养殖成本具有基础性的作用。

1.实行"全进全出"制度

为了提高生产效率，有利于畜禽疾病的预防尤其是合理免疫程序的实施，畜禽饲养管理应采取"全进全出"制度。如在养鸡场，一栋鸡舍只养同一日龄、同一来源的鸡，同时进舍，同时出售或淘汰，同时处理，畜禽出栏后进行彻底消毒。

2.分群饲养

不同生长发育阶段的畜禽以及不同用途的畜禽均应分开饲养，以便根据其不同的生理特点和需要，进行饲养管理，供给相应的配合饲料，保证畜禽正常生长发育，减少疫病交叉传染。

3.创造良好的生活环境

良好的生活环境有利于抑制和控制传染病的发生、扩散和蔓延，对畜禽安全饲养具有极其重要的作用。

①满足畜禽生长发育和生产所需的温湿度条件。在炎热的夏天，要采取各种行之有效的防暑降温措施，如加强通风，给猪用凉水冲淋等；在寒冷的冬季，要加强防寒保暖措施，如维修门窗防止"贼风"等。

②保持适宜的光照。适宜的光照对畜禽有促进新陈代谢、骨骼生长和杀菌消毒、预防疫病等作用，光照对幼畜禽生长发育和种畜禽尤为重要，要满足不同种类家畜不同时期的光照需求。

③控制好饲养密度，加强畜舍的通风换气。适当的饲养密度和通风换气，不但可以保障畜禽的正常采食、饮水、活动和散热，而且还可以达到保持畜舍空气质量、合理利用圈舍、减少死亡和疫病发生、增加经济效益的目的。

4.做好清洁卫生和消毒工作

畜禽圈舍和运动场地应定时清扫或冲洗，并保持清洁干燥。坚持定时除粪，及时翻晒或更换垫料，做到畜禽体干净、饲料干净、饮水干净、食具干净、垫料干净。

养殖场需要建立严格的兽医卫生消毒制度，要对所有人员、设备、用具、进入车辆进行严格的消毒，非生产人员不得擅自进入生产区。工作服与胶鞋在指定地点存放，禁止穿出场外，工作服定期清洗消毒。每批家畜饲养结束后要对栏舍进行清洗，彻底消毒。生产场区要定期进行消毒，必要时可增加消毒次数或带动物消毒。对于异常死亡的动物，要交给卫生处理厂进行无害化处理，或在兽医防疫监督部门的指导下在指定的隔离地点烧毁或深埋。畜禽养殖场区内禁止同时饲养多种不同的动物，要定期进行灭鼠、灭蚊蝇工作。消毒剂最好选用具有高度杀菌力，并在较短时间内奏效、易溶于水或易与水混合、无怪气味、对人畜无毒无害的产品。

（四）构建科学防疫体系

构建符合中国实际的并与国际接轨的动物防疫体系，建立动物疫病监测预警、预防控制、防疫监督、兽药质量与残留监控以及防疫技术支撑和物资保障等系统，形成上下贯通、运转高效、保障有力的动物防疫体系。

适时开展免疫预防工作。免疫预防是防控家畜传染病发生的关键措施，科学的免疫程序要因场而定，因种而异，不可盲目照搬照抄。制定免疫程序时，一要对当地传染病发生的种类和流行状况有明确的了解，针对当地发生的疫病种类，确定应该接种哪些疫苗；二要做好疫病的检疫和监测工作，进行有计划的免疫接种，减少免疫接种的盲目性和浪费疫苗；三要按照不同传染病的特点、疫苗性质、动物种类及状况、环境等具体情况，建立科学的免疫程序，采用可靠的免疫方法，使用有效的疫苗，做到适时进行免疫，保证较高的免疫密度，使动物保持高免疫水平；四要避免发生免疫失败，及时找出造成免疫失败的原因，并采取相应的措施加以克服。只有这样，才能保证免疫接种的效果，才有可能防止或减少传染病的发生。

（五）合理用药

1.注意使用合理剂量

剂量并不是越大效果越好，很多药物大剂量使用，不仅造成药物残留，而且会发生畜禽中毒。在实际生产中，首次使用抗菌药可适当加大剂量，其他药剂则不宜加大用药剂量。特别是不要盲目地在日常饲料中添加抗生素，这样不但造成抗药性增强，而且造成不必要的浪费。

2.注意药物的使用方法

饮水给药要考虑药物的溶解度和畜禽的饮水量，确保畜禽吃到足够剂量的药物；拌入饲料服用的药物，必须搅拌均匀，防止畜禽采食药物的剂量不一致；注射用药要按要求选择不同的注射部位，确保药效。

3.注意用药疗程

药物连续使用时间，必须达到一个疗程以上，不可使用1～2次后就停药，或急于调换药物品种，因为药品必须使用一定剂量和一定的疗程后才能显示疗效，必须按疗程用药，才能达到药到病除的目的。

4.注意安全停药期

停药期长的药物、毒副作用大的药物（如磺胺类）等要严格控制剂量，并严格执行安全停药期。

（六）提倡科学合理的养殖模式

根据各地区的特点，因地制宜地规划、设计、组织、调整和管理家畜生产，以保持和改善生态环境质量，维持生态平衡，保持家畜养殖业协调、可持续发展为前提，提倡科学合理的养殖模式。按照"整体、协调、循环、再生"的原则，使农、林、牧之间相互支持，相得益彰。一方面提高综合生产能力，实现经济、生态和社会效益的统一；另一方面协调家畜养殖中的各种条件，提高家畜抵抗疫病的能力，这对于家畜疫病的防控具有积极而重要的作用。

第四节　生态畜牧业产业化经营

一、对生态畜牧业产业化的理解

（一）传统畜牧业与现代生态畜牧业

畜牧业的发展经历了原始畜牧业、传统畜牧业、工厂化畜牧业和现代生态畜牧业等阶段。

原始畜牧业主要靠天养畜，生产者通过动物自繁自养扩大畜群规模，畜牧业的生产方式主要是家畜逐水草而居，畜牧业生产水平低，提供畜产品数量少，如6～7头牛一年所提供的畜产品才可勉强维持一个人的生活。原始畜牧业的特点是人类对动物生产很少进行干预，动物、植物和微生物之间通过自然力相互影响。

传统畜牧业是人类有意识地对动物生产的过程进行干预，以获取更为丰富的畜产品。例如，通过人工选择和自然选择培育动植物新品种，通过修建简易的畜舍为动物遮风御寒和防暑，通过种植牧草和农作物为畜禽提供饲料。传统畜牧业的特点是经营分散，规模小，自给性强，商品化不足，畜牧业生产停留在依靠个人经验经营和组织生产。传统畜牧业依靠农业生态系统内部的能量和物质循环来维持生产，一方面，畜禽粪便全部还田；另一方面，农户有什么饲料就喂什么饲料，畜牧生产水平低，效益差。

工厂化畜牧业是指人类将动物当作活的机器，运用工业生产的方式，采用高密度、大规模、集约化的生产方式，借助现代动物遗传繁育、动物营养与饲料、环境控制、疾病预防与防治技术，进行标准化、工厂化的畜牧业生产。工厂化畜牧业的特点是能量和物质投入多，技术含量高，生产水平高，生产效益好，缺点是割裂了动物和植物之间的自然联系。一方面，畜牧业生产规模过大，生产过于集中导致了畜禽粪便难以还田。致使畜禽粪便污染水源和土壤，造成环境污染；另一方面，大量使用添加剂和兽药，使药物在畜产品中残留增加，降低了畜产品品质。此外，环境应激导致动物行为异常，发病率增加，使产品品质和生产效率降低。

现代生态畜牧业就是按照生态学和经济学的原理，运用系统工程的方法，吸收现代畜牧科学技术的成就和传统畜牧业的精华，根据当地自然资源和社会资源状况，科学地将动物、植物和微生物种群组织起来，形成一种生产体系，进行无污染、无废弃物的生产，以实现生态效益、社会效益和经济效益的协调发展。

（二）现代生态畜牧业的特点

1.注重现代畜牧科学技术的应用

在畜牧业生产过程中，不仅依靠生产者的经验，而且充分运用动物育种技术、配合饲料生产技术、畜禽环境控制技术和动物疾病防治技术提高生产效率。

2.强调系统投入

现代生态畜牧业不但注重系统内物质和能量的充分利用，而且强调必要的能量和物质投入。例如，利用电能、机械能为家畜创造适宜的生产环境，在饲料生产中使用添加剂以提高生产效率。这样，解除了畜牧生产的限制因素，提高了生产效率。

3.注重生态效益、社会效益和经济效益的协调发展

工厂化畜牧业和传统畜牧业强调经济效益，现代生态畜牧业不但注重经济效益，而且强调社会效益和生态效益，即生态畜牧业产业化经营不但要向社会提供符合社会需求的畜产品，具有良好的经济效益，而且生产方式要有利于环境状况的改善，具有良好的生态效益。

4.强调发挥畜牧业生态系统整体功能

通过畜牧业生态规划、畜牧业生态技术和畜牧业生产常规技术的综合运用，以充分发挥农作物、饲料、牧草和家畜的作用，强化饲料饲草生产、家畜饲养管理、家畜繁育、畜牧场废弃物无害化处理和畜产品流通等环节的联结，以实现畜牧业生态经济系统的协调发展。

5.为社会提供大量的绿色畜产品

生态畜牧业通过协调动物与环境的关系和预防免疫提高畜禽的健康水平以减少兽药的大量使用，通过为畜禽提供多样化的饲料以减少添加剂的大量使用，通过健康养殖以减少争斗和应激等措施提高畜产品质量，为社会提供大量的无农药（兽药）、添加剂和激素残留的绿色食品。

6.生态畜牧业是一个生产体系

生态畜牧业以动物养殖和动物性产品加工为中心，同时因地制宜配置种植业、林业和粪便废水处理系统，形成一个优质高产无污染的畜牧业生产体系。

（三）生态畜牧业与产业化经营

生态畜牧业产业化经营是畜牧业发展的必然趋势，是生态畜牧业生产的一种组织和经营形式。传统的畜牧业是农户进行农业生产的补充，属于副业范畴。工厂化畜牧业和现代生态畜牧业则将畜牧业作为国民经济发展的一种主导产业。在经济发达的国家和地区，畜牧业在农业生产中所占的比重越大，畜牧业作为一种产业的趋势越明显。例如，美国畜牧业产值可占农业总产值的70%。随着国民经济的发展和人类对畜产品需求的增加，畜牧业作为一种产业的趋势会更加明显。因此，现代生态畜牧业已不是传统意义的农牧结合型的副业畜牧业，而是畜牧业产业化经营的一种有效方式。

生态畜牧业产业化经营是生态畜牧业自身发展的必然需求。现代生态畜牧业与传统畜牧业的最大区别之一就是生态畜牧业是一种开放性的商品生产，传统畜牧业是一种封闭的自给性生产。商品化畜牧业生产主要包括饲料饲草的生产、动物新品种的繁育、动物的健康养殖、动物环境控制和改善、动物疫病防治、畜产品加工、畜产品营销与流通等环节。畜牧科技的进步、畜产品市场的激烈竞争和经济利益的综合作用是使畜牧业各个生产环节的专业化和社会化程度不断增加，而这些环节的专业化和社会化程度不断增加，一方面推动了畜牧业生产的发展，另一方面使畜牧业生产的各个环节的联系更加紧密。这就必然要求生产者和经营者以畜产品市场需求为导向，以畜产品加工和营销为龙头，科学合理地确立生产要素的联结方式和效益分配原则，充分发挥畜牧业生产要素专业化和社会化的优势，实现生态畜牧业的产业化经营。

（四）进行生态畜牧业产业化经营的意义

1.有利于保护环境和改善生态环境

在大中城市，集约化畜牧业生产规模的日益扩大和集中，人为割裂了畜牧业和种植业的天然联系，导致畜牧场废水粪便大量产生而无法返还农田。发展生态畜牧业，采用工程方法对鸡粪进行干燥处理，可将鸡粪转化为猪、牛和羊饲料，或者为花卉栽培提供肥料。牛场和猪场粪便废水经过生物处理后，可为鱼虾养殖提供饵料。在农区，发展农牧结合型生态畜牧业，一方面通过秸秆过腹还田为农业生产提供肥料，避免了大量使用化肥造成的土壤板结、水体富营养化等弊端，另一方面避免了秸秆燃烧对环境造成的污染。在山区或牧区，发展草地生态畜牧业，可避免"超载过牧"造成的草地退化，有利于保持水土和防止土地沙化。

2.有利于充分利用资源

生态畜牧业充分运用生态系统的生态位原理、食物链原理和生物共生原理，强调生态系统营养物质多级利用、循环再生，提高了资源的利用率。例如，在农作物生物产量中，人类能直接利用的仅占20%~30%，只有发展生态畜牧业，才可将人类不可直接利用的植物性产品转化为畜产品。再如，干燥鸡粪含有27.5%的粗蛋白，13.5%的粗纤维，30.76%的无氮浸出物，通过对鸡粪进行处理，将其作为猪、牛和羊的饲料，可充分利用这些营养物质。

3.有利于提高产品质量

生态畜牧业充分利用生物共生和生物抗生的关系，强调动物健康养殖，尽可能利用生物制品预防动物疾病，减少饲料添加剂和兽药的使用，给动物提供无污染无公害的绿色饲料，所生产的产品为有机绿色畜产品，这种畜产品具有无污染物残留、无药物和激素残留的特性，是一种纯天然、高品位、高质量的健康食品。

4.有利于提高畜牧业生产的经济效益

生态畜牧业生产的畜产品为有机绿色产品，符合国际国内市场的需求，深受消费者青睐，其价格一般高于同类产品；生态畜牧业采用营养物质多级循环利用技术，将前一生产环节的废弃物作为下一生产环节的原料，降低了生产系统的投入，提高了系统有效产品的产量，因而，提高了畜牧业生产的经济效益。

5.有利于扩大就业门路

生态畜牧业生产环节多，既包括饲料生产、动物繁育、动物养殖、畜产品加工、畜产品流通与销售等主流环节，又包含废弃物转化和利用的相关的种植业和养殖业；既是劳动密集型产业，又是技术型密集型产业。发展现代生态畜牧业，需要大量的各种类型的劳动者。因此，建设生态畜牧业，有利于扩大就业门路，为更多的劳动者发挥才智创造条件。

二、畜产品的加工与营销

（一）畜产品加工

畜产品加工是指运用物理、化学、微生物学的原理和方法对动物产品及其副产品进行加工处理以提高其利用价值的过程。畜产品加工是畜牧业产业化必不可少的重要环节。畜牧业生产的目的是为人类提供肉、乳、蛋、皮、毛等产品。动物养殖仅是畜产品生产的一个环节，其产物一般不能直接为人类利用，即使直接利用，也会对人类健康构成危害。因此，畜产品在利用前必须进行加工。此外，畜产品含水量大，蛋白质和脂肪含量多，若不加工，难以保存和进入市场流通领域。因此，必须对动物产品进行加工以提高其经济价值。畜产品加工的主要方法如下。

（1）加热法。对畜产品进行加热以杀灭畜产品中的微生物。加热处理后的畜产品，应密封，并在真空中保存。这样，可避免外界微生物的再污染。

（2）干燥法。除去畜产品中的大部分水分，破坏微生物生存条件，并使微生物脱水乳粉含水量应在2%以下，肉松、肉脯含水量应在17%以下。

（3）高渗保存法。用糖或盐处理肉、蛋、乳等产品，使畜产品和微生物脱水，抑制微生物的活动。

（4）发酵法。利用微生物发酵产生乳酸、丙酮酸和酒精等以保存食物，如酸牛乳、酸马乳、牛奶酒、马奶酒。

（5）烟熏法。利用木材、果壳等不完全燃烧产生的木乙酸、丙酮、甲醇、醛等作防腐剂，通过它们渗入畜产品中，抑制微生物活动。

（6）放射线法。利用放射线如 α 射线、β 射线、γ 射线杀死畜产品中的微生物，以延长保存期。一般畜产品加工多用 γ 射线杀灭微生物。生产者和经营者可根据市场需求及资源状况，将经过初加工的产品进一步加工成为人类可直接利用的产品，如肉可加工成为腊肉、熏肉等，乳可加工成为果乳、奶酒等，蛋可加工成为皮蛋、咸蛋和冰蛋。

（二）畜产品市场与营销

畜产品加工和市场营销是畜牧业产业化的龙头，也是确保畜牧业社会化大生产顺利进行的关键，缺少这个环节，畜牧业生产无法进行。畜产品加工与营销者必须将畜牧业生产的饲料生产、动物养殖、动物遗传繁育、动物疫病防治等环节组织起来，实现一体化经营。这样，一方面可为企业生产提供质量可靠，数量充足的原材料，为优质畜产品的生产奠定物质基础；另一方面可降低生产成本，提高企业在市场中的竞争力。畜产品的需求取决于消费需要和社会购买力。畜产品需求具有普遍性、大量性、多样性、连续性、替代性的特点。畜产品加工企业完善管理，提高产品质量，根据市场需求研究开发新产品，增加产品花色品种，是企业生存和赢得市场的最根本的因素。企业制定合理的营销策略，对产品进行精包装，对产品进行科学的定价，组建营销网络体系，加强企业形象及其产品的宣传，是赢得市场的重要措施。

生态畜牧业一体化经营有2种形式，一是畜产品加工企业以市场为导向，通过有效服务和利益吸引，有计划地把畜产品的生产同畜产品加工、销售以及生产资料的供应、技术服务和市场营销等环节联系起来，借以适应市场竞争的需要。二是畜牧生产企业与大型加工企业、商贸企业以契约、资本或土地等方式，自愿组织的经济联合体。生态畜牧业产业化经营的基础是生产各个环节相互需求，具有共同的利益以及各企业的优势互补，其核心是利益兼顾。我国人口多，土地少，畜牧业资源相对分散，"公司+农户"的畜牧业产业化经营方式更符合实际。

三、现代生态畜牧业的经营方式

（一）季节性生态畜牧业经营

所谓季节畜牧业，就是根据草原地区的气候特点和牧草及家畜生长发育的季节特点，在夏秋季多养畜，使之适时地利用生长旺季的牧草，而当冷季来临时，就将一部分家畜及时淘汰，或在农区异地肥育，以收获畜产品。牧草和草地贮草量生长有明显的季节性，而草地饲养的家畜对营养物质的需求则有相对的稳定性，牧草与家畜的"供求"矛盾是制约畜牧业发展的关键环节。例如，在我国草原地区，经一个冬春季后，家畜体重要下降50%～70%，在灾害年份，往往引起家畜春乏死亡，造成严重损失。发展季节性生态畜牧业，可以克服这个矛盾，提高畜牧业生产水平。进行季节性生态畜牧业经营的关键技术如下。

①选择产仔多、生长速度快、早熟的草食家畜品种。

②利用杂种优势，培育有高生长强度的畜种进行商品化生产。

③利用同期发情技术，促使繁殖母畜在配种、产仔时间上相对集中，并尽可能使幼畜开始采食的时间与草地有青嫩牧草的供给时间相吻合。

④实行集约化经营，对拟收获畜产品的草食家畜，在其经济成熟前，必须始终给予精细的饲养管理和充足的营养物质。

⑤应配套建设适应于季节畜牧业生产的生产设施和服务设施，如屠宰、加工、冷冻、储运、销售等设施。

（二）现代草地生态畜牧业集约经营

现代草地生态畜牧业经营则强调增加草地建设和动物养殖的投入力度，表现如下。

①重视草地建设，通过人工播种、施肥、灌溉、围栏封育，提高草地生产力。

②合理控制畜群规模，根据草地生产力，确定适宜的载畜量，防止超载

过牧对草原的破坏。

③加强畜群补饲，储存青干草，在枯草季节给家畜补饲青干草和精料，提高家畜生产水平。

④加强防寒设施建设，为家畜越冬提供暖棚。

⑤进行计划免疫和药浴，预防疾病的发生。

（三）生态畜牧业集约化经营

生态畜牧业集约化经营，就是生产规模化、工厂化，在生产过程中，注意资金、技术、设备的投入，注意家畜粪便等废弃物的处理与利用，将集约化畜牧业生产与环境保护相结合，具有生产力高、生态效益好的优点。提高舍饲生态畜牧业集约经营水平的主要措施如下。

①增加高新技术的资金投入，推动动物遗传育种学、动物营养学和动物医学的发展。大力开展生物技术利用研究，培育舍饲高密度饲养条件下，优质、高产、抗病的畜禽优良新品种；广泛推广人工授精技术；加强舍饲高密度条件下畜禽疫病预防与治疗；采用畜产品加工和保鲜技术，提高畜禽饲养和畜产品的科技含量，增加畜产品的使用价值。

②增加饲料科学的资金投入，研制能满足畜禽不同生长阶段和不同生产时期全价配合饲料的配方，生产低成本的全价配合饲料或低成本的浓缩料，大力发展添加剂预混料，建立起饲料工业体系。

③增加机械设备的资金投入，提高舍饲畜牧业的装备水平。这种饲养方式的特点是建设环境控制型畜舍，舍内由人工控制温度、湿度、清洁度和光照等。冬季舍内增温需要热源，有的用热风，先进的用红外线辐射，夏季有专用降温设备。按照畜舍面积和畜禽需要确定照明度。畜舍装有换气设备以保持舍内空气清洁。许多工厂化奶牛场从拌料、投料、挤乳、牛舍冲洗等实现机械化和自动化。养鸡场和养猪场从喂料、供水、除粪都使用机械。家畜粪便用高效机械清扫、集中并经过化学除臭和高温处理消毒、干燥、冷却后打包运出。

④加大科学管理的投入，改传统的经验管理为现代科学管理。提高管理决策科学化和民主化水平，建立高效、灵活的组织管理系统。建立科学的饲养管理制度和极严格的畜禽疾病预防制度。强化牧场各环节的分工与协作，将人的管理与计算机管理紧密结合起来，在畜群饲养管理中大力推广计算机

和信息技术。

⑤注重畜牧场废弃物的处理与利用。现行的集约化畜牧业割裂了畜牧业与种植业的必然联系，忽视了家畜生物学需求，导致环境污染严重，畜产品质量下降。集约化生态畜牧业经营强调畜牧场废弃物综合利用，例如，在集约化畜牧业生产中，连接粪便加工为饲料和花卉肥料等环节，增加畜牧场污水净化与处理系统，增加利用粪便和污水生产沼气等环节，将集约化畜牧业生产与环境保护相结合。

（四）现代农牧结合型生态畜牧业的经营

利用种植业与畜牧业之间存在着相互依赖、互供产品、相互促进的关系，将种植业与畜牧业结合经营，走农牧并重的道路，提高农牧之间互供产品的能力，形成农牧产品营养物质循环利用，借以提高农牧产品循环利用效率，表现为农牧之间的一方增产措施可取得双方增产的效果。例如，美国依阿华州和明尼苏达州大农场一方面种植大量的玉米、大豆，另一方面饲养种猪、肉猪、肉鸡，建立饲料厂，这些厂用外购的预混料配上自产玉米、大豆为农场家畜生产全价饲料。畜牧场粪便和污水可作为农作物的肥料。这种经营方式提高了农牧生态系统物质循环利用效率，显著降低农牧业生产成本，取得了良好的经济效益和生态效益。

（五）现代绿色生态养畜经营方式

这种经营方式的特点在于使用生态饲料，采用生态方法，生产生态畜产食品，虽然畜禽饲养期较长，价格较高，但生态食品深受消费者欢迎，市场求大于供，开发潜力大。生态饲养畜禽与普通饲养的主要区别为：一是要充分考虑家畜的生物学特性和行为要求，让牛、羊、猪、鸡在室外自由活动；二是要使用生态饲料，即自己生产的没有使用过化肥和农药的饲料；三是畜禽传染病以预防为主，一般不吃药，如必须用药，要3个月后才能屠宰。生态种植粮食作物的关键是：使用牛粪、猪粪、羊粪等作为农作物肥料，不使用化肥和农药。依靠豆科作物与麦类作物进行轮作使土地保持肥力和减少病虫害，轮作规律是每4年循环1次，如第1年种小麦，第2年种豌豆，第3年种燕麦，第4年种牧草。作物中的杂草主要靠人工清除。

第七章　植物与农业资源保护

　　生态农业生产开展病虫害防治，首先需要了解生态农业的原则、病虫害防治的核心，掌握病虫害防治的原理和防控措施，根据有害生物发生发展的规律和为害的特点，找出其薄弱环节，按照"预防为主，综合防治"的植保方针，利用栽培技术和生物资源，采取农业、生物和物理措施进行综合防治。

第一节　农业植物保护

一、基本原则与防治方法

（一）植物保护的原则

　　可持续植物保护是生态农业病虫害防治的核心，可持续发展的理念为生态农业植物保护提供认识和理论基础，又为生态农业病虫害防治措施的安排与选择提供了基本要求。

　　1.协调发展

　　协调发展是可持续植物保护理念的基本原则。生态农业生产方式既可提供健康营养的高质量安全食品——有机食品，推动社会生活质量的提高，同时也可以保护和改善环境和土地，保持生态环境的平衡。

　　2.生态平衡

　　可持续发展理念强调生态平衡，可持续的生态农业植物保护体现为：最大限度地发挥种群之间的生态关系，综合和辩证地运用多种控制手段，因地、因时制宜，经济、安全、有效地进行辩证调节，将有害生物控制在阈值之下，保证环境质量、生态稳定、动植物生产力以及社会经济的协调。充分认识到天敌对害虫的调控作用也是可持续植物保护的重要理念，并充分保护和助长这种控制作用。

3.综合治理

利用病虫害防治的阈值原理是生态农业植物保护的"黄金规则"，即：只有当有害生物数量增大到一定程度，超过一定的阈值，估计由它导致的经济损失大于防治所付出的成本，才采取防治措施，在生产中如果出现不显著的病虫密度，将容忍这种情况出现。生态农业的病虫害综合治理需体现"最优化原则"，即：有效地综合各种非化学措施，以最优化的组合、最低的成本投入达到最佳的病虫害治理效果，同时保护生物资源和环境，保证农业生态的永续利用。生态农业病虫害的防治应考虑生物的、物理的、植物育种的以及农业栽培技术的综合治理措施，如选择抗性作物及品种、科学的种植制度、土肥水合理管理、保护益虫天敌、物理方法控制病虫草害等，最后才按规定使用特定的产品防治病虫。

4.物种多样性

生态系统的稳定性直接依赖于系统结构的复杂程度以及系统内物种的多样性，多样性越高，稳定性越大。多样的物种之间相互依存和制约，形成一种缓冲和调节的兼容机制，使系统产生较强的自净和抗干扰能力，基因的异质互作也有利于提高系统的抗病、抗虫能力。可持续的生态农业植物保护的主旨是：尽量保护和增加生态农业系统的多样性，进而达到"无为而治"的效果。不使用化学农药，保护非靶标昆虫，可以有效地控制病虫的发生。

5.规范操作

规范操作是落实可持续植物保护理念的基本保证。生态农业生产应严格按照《有机产品生产和加工认证规范》里收录的可以安全使用的农药等产品，同时需要准确按照规范进行操作使用。原则上未收录物质意味着不允许使用。多数农药的使用必须获得认证及监控机构的同意。

6.全程监控的理念

生态农业监控是为了切实实现植物的保护，为农产品的安全和质量提供保障，对农业内部的基本管理制度以及认证机构进行有效监控。

在生态农业植物的生产过程中对肥料、农药等可能影响植物安全的投入物设置专门的机构管理，对农事活动的整个过程进行记录、分析。针对有机农产品设置编码系统，借助编码系统不仅仅了解各个生产环节和各个生产批次的基本情况，而且还要对植物保护的使用情况进行及时有效的监控，从而实现植物全程监控的理念。

（二）农作物的植物保护分类

农作物的植物保护主要包括病害、虫害和草害的控制3个部分。

1.病害防治

病害分为侵染性病害和非侵染性病害。侵染性病害是农作物在一定环境条件下受病原物侵染而发生的。防治措施必须从3方面考虑：培育和选用抗病品种，提高农作物对病害的抵抗力；防止新的病原物传入，对已有的病原物或消灭其越冬来源，或切断其传播途径，或防止其侵入和侵染；通过栽培管理创造一个有利于农作物生长发育而不利于病原物生长发育的环境条件。非侵染性病害（生理性病害）是由不良环境条件影响引起的。因此，防治措施是消除不良环境条件，或增强农作物对不良环境条件的抵抗能力，消除诱发病害的原因。

2.虫害防治

一种虫害的大量发生和严重为害，一定有大量害虫来源，有适宜的寄主和适合的环境条件。害虫防治措施的原则是：防止外来新害虫的侵入，对本地害虫或压低虫源基数，或采取有效措施把害虫消灭于严重为害之前；培育和种植抗虫品种，调节农作物生育期避开害虫为害盛期；改善农作物生态系统和改变农作物生物群落，恶化害虫的生活环境。

3.草害防治

生态农业除草以农业方法和物理方法为主，如播种或移栽前，通过改善土壤湿度，创造有利于杂草快速萌发的条件，使杂草在较短时间内萌发，结合整地消灭杂草；田间使用有色地膜覆盖，不利于杂草种子萌发；农作物生长过程中，发现杂草时及时拔除，或结合中耕消灭杂草。

二、植物病害防治原理和技术

植物发生病害是因为受到病原生物或环境因素的连续刺激导致寄主细胞核组织的机能失常，在外形上、生理上、生长上和整体完整性上出现异常变化，形成一定的症状表现。

（一）植物病害的分类

植物病害的分类按寄主植物的种类分为小麦病害、玉米病害、蔬菜病害、果树病害等；按发病部位分叶部病害、根部病害等；按生育阶段分幼苗病害、成株病害等；按病原类型分侵染（传）性病害和非侵染（传）性病害或生理性病害，侵染（传）性病害是由病原生物引起，又可分为真菌病害、细菌病害、病毒病害、植原体病害、线虫病害等，非侵染（传）性病害或生理性病害是由不适宜的物理和化学因子等造成；按传播方式植物病害可分为气传病害、土传病害、种传病害等。

（二）植物病害的病原和症状

1.病原

病原是植物发生病害的原因，可以分为2大类：一类是非生物因素，即非生物（非传染性）病原；另一类是生物因素，即生物（传染性）病原。

（1）非生物病原。

非生物（非传染性）病原主要有：营养元素供应失调，缺乏（缺素）或过盛（中毒）；水分供应失调，缺少（干旱）或过多（水涝）；温度出现失常，过低（冻害）或过高（日灼）；有害物质或有害气体、大气污染、金属离子中毒、农药中毒；土壤或灌水含盐碱较多、土壤酸碱度不适；光照不足或过强；缺氧、栽培措施不适等。

（2）生物病原。

生物（传染性）病原主要有真菌、细菌、病毒、植原体、线虫等。

2.症状

植物生病后所表现的病态称为症状，其中，把植物本身的不正常表现称为病状，把有些病害在病部可见的一些病原物结构（营养体和繁殖体）称为病征。凡是植物病害都有病状，真菌和细菌所引起的病害有比较明显的病征，病毒和植原体等由于寄生在植物细胞和组织内，在植物体外无表现，因此它们引起的病害无病征；植物病原线虫多数在植物体内寄生，一般植物体外也无病征，但少数线虫病在植物体外有病征，非传染性病害没有病征。

病状类型主要包括下面几种。

（1）变色。植物生病后发病部位失去正常的绿色或表现出异常的颜色称为变色。变色主要表现在叶片上，全叶变为淡绿色或黄色的称为褪绿，全叶发黄的称为黄化，叶片变为黄绿相间的杂色称为花叶或斑驳，如黄矮病、花叶病等。

（2）坏死。植物发病部位的细胞和组织死亡称为坏死。斑点是叶部病害最常见的坏死症状，叶斑根据其形状不同有圆斑、角斑、条斑、环斑、网斑、轮纹斑等，叶斑还可以有不同的颜色，如红褐（赤）色、铜色、灰色等。坏死类是植物病害的主要病状之一。

（3）腐烂。指寄主植物发病部位较大面积的死亡和解体，植株的各个部位都可发生腐烂，幼苗或多肉的组织更容易发生。含水分较多的组织由于细胞间中胶层被病原菌分泌的胞壁降解酶分解，致使细胞分离，组织崩解，造成软腐或湿腐，腐烂后水分散失，成为干腐。根据腐烂发生的部位，分别称为芽腐、根腐、茎腐、叶腐等。

（4）萎蔫。植物因病变而表现失水状态称为萎蔫。可由各种原因引起，茎基坏死、根部腐烂或根的生理功能失调都会引起植株萎蔫，但典型的萎蔫是指植株根和茎部维管束组织受病原物侵害造成导管阻塞，影响水分运输而出现的凋萎，这种萎蔫一般是不可逆的。萎蔫可以是全株性的或是局部的，如多种作物的枯萎病、青枯病等畸形，植物发病后可因植株或部分细胞组织的生长过度或不足，表现为全株或部分器官的畸形。有的植株生长得特别快而发生徒长；有的植株生长受到抑制而矮化，例如，植物的根癌（冠瘿）病、小麦黄矮病等。

病原物在病部表现的病征类型主要包括以下几种。

（1）霉状物。病原真菌的菌丝体、孢子梗和孢子在病部构成的各种颜色的霉层。霉层是真菌病害常见的病征，其颜色、形状、结构、疏密程度等变化很大，可分为霜霉、青霉、灰霉、黑霉、赤霉、烟霉等，如霜霉病、青霉病、灰霉病、赤霉病等。

（2）粉状物。某些病原真菌一定量的孢子密集在病部产生各种颜色的粉状物，颜色有白粉、黑粉等。如白粉病所表现的白粉状物，黑粉病在发病后期表现的黑粉等。

（3）锈状物。病原真菌中锈菌的孢子在病部密集所表现的黄褐色锈状物，如锈病。

（4）点（粒）状物。某些病原真菌的分生孢子器、分生孢子盘、子囊壳等繁殖体和子座等在病部构成的不同大小、形状、色泽（多为黑色）和排列的小点，例如炭疽病病部的黑色点状物。

（5）线（丝）状物。某些病原真菌的菌丝体或菌丝体和繁殖体的混合物在病部产生的线（丝）状结构，如白绢病病部形成的线（丝）状物。

（6）脓状物（溢脓）。病部出现的脓状黏液，干燥后成为胶质的颗粒，这是细菌性病害特有的病征，例如，细菌性萎蔫病病部的溢脓。

（三）植物病害的发生及诊断技术

1.发病条件

植物病害是在外界环境条件影响下植物与病原相互作用并导致植物发病的过程，因此，影响病害发生的基本因素有病原、感病寄主和环境条件。在侵染性病害中，具有致病力的病原物的存在及其大量繁殖和传播是病害发生的重要原因。

感病寄主的存在是植物病害发生发展的重要因素之一，因此，消灭或控制病原物的传播、蔓延是防治植物病害的一个重要因素，植物作为活的生物，对病害必然也有抵抗反应，这种病原与寄主的相互作用决定着病害的发生与否和发病程度，因此，有病原存在，植物不一定发病。病害的发生取决于植物抗病能力的强弱，如果植物抗病性强，即使有病原存在，也可以不发病或发病很轻。所以，栽培抗病品种和提高植物的抗病性，是防治植物病害的主要途径之一。

植物病害的发生还受到环境条件的制约，环境条件包括立地条件（土壤质地和成分、地形地势、地理和周边环境等）、气候、栽培等非生物因素和人、害虫、其他动物及植物周围的微生物区系等生物因素。环境条件一方面影响病原物，促进或抑制其发生发展；另一方面也影响寄主的生长发育，影响其感病性或抗病性，因此，只有当环境条件有利于病原物而不利于寄主时，病害才能发生发展；反之，当环境条件有利于寄主而不利于病原物时，病害就不发生或者受到抑制。

综上所述，病原、感病寄主和环境条件是植物病害发生发展的3个基本要素，病原和感病寄主之间的相互作用是在环境条件影响下进行的，这3个要素的关系，被称为植物病害的三角关系。此外，人类的生产和社会活动也对植物病害的发生有重要的影响，生物在长期的进化过程中经过自然选择呈现一种平衡、共存的状态，植物和病原物也是这样。不少病害的发生是由于人类的活动打破了这种自然生态的平衡而造成的，如耕作制度的改变、作物品种的更换、栽培措施的变化、没有严格检疫情况下境内外大量调种而造成人为引进了危险性病原物等。由此可见，在植物病害发生发展过程中，人的因素是重要的，因而有人提出植物病害的四角关系，即除病原、感病寄主和环境条件外，再增加人的因素。实际上，在植物病害的发生发展中病原与植物是一对矛盾，其他因素都是影响矛盾的外界条件，人的因素只是外界环境条件中比较突出的因子而已。从这一观点出发，植物病害发生的基本因素还是病原、感病寄主和环境条件。防治植物病害必须重视环境条件的治理，使其有利于植物抗病性的提高，而不利于病原的发生和发展，从而减轻或防止病害的发生。

2.病原物的来源

病原物在生长季之后，要度过寄主成熟收获后的一段时间或休眠期，即所谓病原物的越冬和越夏。病原物的越冬场所也就是寄主植物在生长季节内的初侵染来源，大部分的寄主植物冬季是休眠的，同时冬季气温低，病原物一般也处于不活动状态，因此，病原物的越冬问题在病害研究和防治中就显得更加重要，此时及时消灭越冬的病原物，对减轻下一季节病害的严重度有着重要的意义。病原物越冬或越夏有以下几个场所。

（1）田间病株。在寄主内越冬或越夏是病原物的一种休眠方式。对于多年生植物，病原物可以在病株体内越冬，其中，病毒以粒体，细菌以细胞，真菌以孢子、休眠菌丝或休眠组织（如菌核、菌索）等在病株的内部或表面度过夏季和冬季，成为下个生长季节的初侵染来源。

（2）种子、苗木和其他繁殖材料。种子携带病原物可分为种间、种表和种内3种，了解种子带病的方式对于播种前进行种子处理具有实际意义。使用带病的繁殖材料不但植株本身发病，而且是田间的发病中心，可以传染给邻近的健株，造成病害的蔓延。此时，还可以随着繁殖材料远距离的调运，将病害传播到新的地区。

（3）病株残体。绝大部分非专性寄生的真菌、细菌都能在病残体中存活一定时间，病原物在病株残体中存活时间较长的主要原因，是由于受到了植株残体组织的保护，增加了对不良环境因子的抵抗能力。当寄主残体分解和腐烂后，其中的病原物也逐渐死亡和消失。因此，加强田间卫生，彻底清除病株残体，集中烧毁或采取促进病残体分解的措施，都有利于消灭和减少初侵染来源。

（4）土壤。土壤也是多种病原物越冬或越夏的主要场所。病株残体和病株上着生的各种病原物都很容易落到土壤里成为下一季的初侵染来源。其中，专性寄生物的休眠体，在土壤中萌发后如果接触不到寄主就很快死亡，因而这类病原物在土壤中存活期的长短和环境条件有关。土壤温度比较低，而且土壤比较干燥时，病原物容易保持它的休眠状态，存活时间就较长；反之则短。另外，有些寄主性比较弱的病原物，它们在土壤中不但能够保存其生活力，而且还能够转入活跃的腐生生活，飞到土壤里大量生长繁殖，增加了病原体的数量。

（5）肥料。病原物可以随着病株残体混入肥料或以休眠组织直接混入肥料，肥料如未充分腐熟，其中的病原体就可以存活下来。

根据病害的越冬或越夏的方式和场所，我们可以拟定相应的消灭初侵染来源的措施。

3.病原物的侵入途径

侵入途径即病原物进入寄主植物的路径，病原物的种类不同其侵入途径也不同。侵入途径主要有以下几种类型。

（1）直接侵入。从寄主表皮直接侵入，线虫和一部分真菌具有这种侵入途径。例如，白粉菌的分生孢子和锈病的担孢子发芽后都可以直接侵入。

（2）自然孔口侵入。植物体表的自然孔口有气孔、皮孔、水孔、蜜腺等，部分真菌细菌可以通过自然孔口侵入。

（3）伤口侵入。植物表皮的各种伤口如剪伤、锯伤、虫伤、碰伤、冻伤等形成的伤口都是病原物侵入的途径。在自然界中，寄生性较弱的真菌和一些病原细菌往往由伤口侵入，而病毒只能从轻微的伤口侵入。

真菌的侵入途径包括直接穿过寄主表皮层、自然孔口和伤口3种方式。但是，各种真菌的侵入途径不完全一致，从寄主表皮直接侵入的真菌和从自然孔口侵入的真菌，一般寄生性都比较高，如霜霉菌、白粉菌等；从伤口侵入的真菌很多都是寄生性较弱的真菌，如镰刀菌等。

真菌大都是以孢子萌发后形成的芽管或菌丝侵入。典型的步骤是：孢子的芽管顶端与寄主表面接触时膨大形成附着器，附着器分泌黏液将芽管固着在寄主表面，然后附着器产生较细的侵染丝侵入寄主体内。无论是直接侵入或从自然孔口、伤口侵入的真菌都可以形成附着器，其中，以从角质层直接侵入和从自然孔口侵入比较普遍，从伤口侵入的绝大多数不形成附着器，而以芽管直接从伤口侵入。从表皮直接侵入的病原真菌，其侵染丝先以机械压力穿过寄主植物角质层，然后通过作用分解细胞壁而进入细胞内。真菌不论是从自然孔口侵入还是直接侵入，进入寄主体内后，孢子和芽管里的原生质随即沿侵染丝向内输送，并发育成为菌丝体，吸取寄主体内的养分，建立寄生关系。

细菌缺乏直接穿过寄主表皮角质层侵入的能力，其侵染途径只有自然孔口和伤口2种方式。其细胞个体可以被动地落到自然孔口里或随着植物表面的水分被吸进孔口，有鞭毛的细菌靠鞭毛的游动也能主动侵入。从自然孔口侵入的植物病原细菌，一般都有较强的寄生性，如黄单胞杆菌属（*Xanthomonas*）和假单胞杆菌属（*Pseudomonas*）的细菌；寄生性较弱的细菌则多从伤口侵入，如欧氏杆菌属（*Erwinia*）和土壤杆菌属（*Agrobacterium*）的细菌。

病毒缺乏直接穿过寄主表皮角质层侵入和从自然孔口侵入的能力，只能从伤口与寄主细胞原生质接触来完成侵入。由于病毒是专性寄生物，所以，只有在寄主细胞受伤但不丧失活力的情况下（即微伤）才能侵入，由害虫传播入侵也是从伤口侵入的一种类型。

病原物侵入寄主所需的时间与环境条件有关，但是一般不超过几小时，很少超过24h。湿度和温度是影响病原物侵入的重要环境条件。湿度对侵入的影响包括对病原物和寄主植物2方面的影响，大多数真菌孢子的萌发、游动孢子的游动，细菌的繁殖以及细菌细胞的游动都需要在水滴里进行，因此，湿度对侵入的影响最大。植物表面不同部位不同时间内可以有雨水、露水、灌溉水和从水孔溢出的水分存在，其中，有些水分虽然保留时间不长，但足以满足病原物完成侵入的需要。一般来说，湿度高对病原物（除白粉菌以外）的侵入有利，而使寄主植物抗侵入的能力降低。在高湿度下，寄主愈伤组织形成缓慢，气孔开张度大，水孔泌水多而持久，保护组织柔软，从而降低了植物抗侵入的能力。湿度能影响真菌孢子的萌发和侵入，而温度则影响孢子萌发和侵入的速度。各种真菌的孢子都具有其最高、最适及最低的萌发温度，在适宜的温度下，萌发率高、所需的时间短、形成的芽管长；超过最适温度越远，孢子萌发所需要的时间越长，如果超出最高和最低的温度范围，孢子便不能萌发。

一般来说，在病害能够发生的季节里，温度一般都能满足侵入的要求，而湿度条件变化较大，常常成为病害侵入的限制因素。病毒在侵入时，外界条件对病毒本身的影响不大，而与病毒的传播和侵染的速度等有关。例如，干旱年份病毒病害发生较重，主要是由于气候条件有利于传毒害虫的活动，因而病害常严重发生。

4.病原物的传播方式

在植物体外越冬或越夏的病原物，必须传播到植物体上才能发生初侵染；在最初发病植株上繁殖出来的病原物，也必须传播到其他部位或其他植株上才能引起再侵染；此后的再侵染也是靠不断的传播才能发生；最后，有些病原物也要经过传播才能达到越冬、越夏的场所。可见，传播是联系病害循环中各个环节的纽带。防止病原物的传播，不仅使病害循环中断，病害发展受到控制，而且还可以防止危险性病害发生区域的扩大。

病原物的传播方式包括主动传播和被动传播。有些病原物可以通过自身的活动主动地进行传播。例如，许多真菌具有强烈放射其孢子的能力，一些真菌能产生游动孢子，具有鞭毛的病原细菌也能游动，线虫能够在土壤中和寄主上爬行。但是病原体自身放射和活动的距离有限，只能作为传播的开端，一般都还需要依靠媒介把它们传播到距离较远的植物感病点上。除了上述主动传播外，病原物主要的自然传播或被动传播的方式有以下几种。

（1）风力传播（气流传播）。

在病原物的自然传播中，风力传播占着主要的地位，它可以将真菌孢子吹落、散入空中做较长距离的传播，也能将病原物的休眠体、病组织或附着在土粒上的病原物吹送到较远的地方。特别是真菌产生孢子的数量大，孢子小而轻，更便于风力传播。

风力传播的距离较远，范围也较大，但不同的病害由于其病原体的特性不同，传播的距离也有不同。细菌和病毒不能由风力直接传播，但是带细菌的病残体和带病毒的害虫是可以通过风力传播的，这种属于间接传播。及时喷药、种植抗病品种、通过栽培措施提高寄主抗病性等是防治风传病害的基本途径。

（2）雨水传播。

雨水传播病原物的方式是十分普遍的，但传播的距离不及风力远。真菌中炭疽病菌的分生孢子、球壳孢目的分生孢子以及许多病原细菌都黏聚在胶质物内，在干燥条件下都不能传播，必须利用雨水把胶质溶解，使孢子和细菌散入水内，然后随着水流或溅散的雨滴进行传播。此外，雨水还可以把病树上部的病原物冲洗到下部或土壤内，或者借雨滴的反溅作用，把土壤中的病菌传播到距地面较近的寄主组织上进行侵染。雨滴还可以促使飘浮在空气中的病原物沉落到植物上。因此，风雨交加的气候条件，更有利于病原物的传播。土壤中的病原物还能随着灌溉水传播。防治雨水传播的病害主要是消灭初侵染的病原菌，灌溉水要避免流经病田。

（3）害虫传播。

有许多害虫在植物上取食和活动，成为传播病原物的介体。主要介体害虫是同翅目刺吸式口器的蚜虫和叶蝉，其次有木虱、粉蚧等，有少数病毒也可通过咀嚼式口器的害虫传播。害虫传播与病毒病害和植原体病害关系最密切，一些细菌也可以由害虫传播，但与真菌的关系较小。

害虫传毒有不同的专化性，各类型的害虫传播病毒的能力有显著的差别，有的能传播多种病毒，如桃蚜可传播50种以上的病毒；有的专化性很强，只能传播一个株系。害虫传播病毒的期限主要由病毒的性质决定，同一种虫媒传染不同的病毒，传毒的期限是不同的。根据病毒在虫体内的持续时间，传毒害虫一般可分为2大类，即持久性的和非持久性的。持久性传毒的害虫获得病毒后要经过一定的时间后才能传毒，但虫媒一旦有传毒能力就能保持终身传毒，有些虫媒还可以把病毒传给后代。持久性传毒害虫的传毒时间较长（1d以上），持久性传毒的害虫主要是叶蝉，也有少数是蚜虫；非持久性传毒的害虫在获得病毒后能立即把病毒传给健株，但病毒在害虫体内不能持久，在很短的时间内即失去其传毒能力，由蚜虫传播的病毒大部分属于这一类型，即大多数是汁液传染的病毒。害虫不仅是病原物的传播者，同时还能造成伤口，为携带者的病原物开辟了侵入的道路。对于害虫传播的病害，如病毒病，防治害虫实际上就是一种防治病害的有效措施。

（4）人为传播。

人类在各种农事操作中，常常无意识地帮助了病原物的传播，如在农事操作中，手和工具很容易直接成为传播的动力，将病菌或带有病毒的汁液传播。人类在施肥、灌溉、播种移栽、修剪、嫁接、整枝及运输等各种农事活动中，常导致病原物的传播。比如，农机具在田间的耕作活动，可使存在土中的根结线虫等病原物，随土壤的移动和工具的传带而扩散。又如间苗、整枝、打杈和嫁接等也可传染多种病害。除此以外，种子、球根、块根、分株、插条等繁殖器官和苗木的内外常带有病原物，可随人类的经济贸易活动、科技交流等，不受地理条件限制作远距离传播。比如，马铃薯晚疫病菌，原先只在南美洲发生，18世纪随种薯调运传到欧洲，导致马铃薯晚疫病在欧洲大发生；大丽轮枝孢和尖镰萎蔫专化型在美国引起棉花黄萎病和枯萎病，20世纪30年代随美棉种子传入中国，以后，病害随棉种调运已扩散到中国的多数棉区。

5.诊断方法

首先要看症状类型，根据病症判断感染类型，上文已对有症状的病原物诊断做了简要分析。如果没有明显的病症，就要通过保湿培养来诱导病症的产生，或从发病部位用分离培养的方法分离纯化病原菌，观察菌落特征，并通过显微镜检查菌丝形态、孢子形态等，参考有关的资料做出鉴定。对于细菌性病害，要取一小块发病部位与健康部位交界处的组织，放在载玻片上的无菌水滴中，加盖玻片后在显微镜的低倍镜下用暗视野视察，如果组织中有雾状物流出（菌溢），就是细菌性病害，如果要确定是哪一种细菌，就要通过复杂的分离培养和生理生化鉴定。对于病毒病害，除了观察其症状外，还要通过观察病组织细胞内的内含体形态、接种鉴别寄主植物和血清学反应等方法来确定具体的病毒种类。对于线虫性病害，要剖开病组织，放在带有凹穴的载玻片上的水滴中，在解剖镜下观察线虫的形态特征，要注意植物病原线虫是寄生性的，口腔内有口针。

对于新病害的病原物鉴定，要遵守柯赫氏法则，要对病原物进行分离纯化，然后回接到原寄主植物上获得与田间原有症状相同的症状来证明其有致病性。但是对于专性寄生（不能人工培养）的病原物还不能进行分离培养，不能获得纯培养物进行回接，也有些病原物还没有找到成功的接种方法使寄主植物发病，因此，无法证明其有致病性。

（四）生态农业的植物病害防治

1.植物病害防治方法的选择

（1）原则。

第一，植物病害的发生是由病原物—寄主植物—环境条件（侵染性病害）或寄主植物—环境条件（非侵染性病害）之间相互作用的结果，所以，防治方法也要针对3个（侵染性病害）或2个（非侵染性病害）方面来选择。侵染性病害的发生涉及寄主植物—病原生物—环境三者之间的关系；非侵染性病害或生理性病害涉及植物和环境二者之间的关系，进而在防治思路上要从病三角或病二角出发，对于侵染性病害要创造有利于植物而不利于病原生物的环境，提高植物的抗性，尽量减少病原生物的数量，最终减少病害的发生；对于非侵染性病害或生理性病害就是要营造有利于植物生长发育的环境，保持和提高植物的抗病性，从而减少植物的损失。一定要改变对侵染性病害的防治，主要针对病原物选择防治方法的观念。第二，植物病害的防治方法很多，要针对病害发生的3个或2个因素选取多种方法配合使用，扭转"植物保护就是喷洒农药"的错误概念。第三，植物病害的发生有一个发生发展过程，只有表现出明显症状时才容易被发现，而且往往到了显症之后就很难控制了。所以，病害的防治一定要根据不同时期病害发展的特点和弱点选择适当的方法，而且要进行整个生产过程的防治，即产前、产中和产后相结合，特别要抓前期的防治，达到事半功倍的效果，避免前期不预防，病害高峰时各种农药一起喷，结果浪费了大量的人力、物力和财力，既没有收到应有的防治效果又破坏了环境。第四，新的植物病害防治观念是植物病害的综合治理，即不是将将病原菌消灭得干干净净，而是将其控制到一定数量以下，使之不能造成经济损失。

（2）方法选择。

①阻止病原物接触寄主植物的方法。

植物检疫：在生产过程的最前期——种子、苗木或其他无性繁殖材料的调运时使用，禁止调入时使用，禁止带病材料。

农业措施：使用无病原物的种子、苗木和其他无性繁殖材料；选择适合的播期、田块的位置或适当间作，使病原物因找不到敏感期的寄主或因寄主植物离得太远而无法接触。

②减少病原物数量的方法。

农业措施：对于已经带菌的土壤，防治土传病害就要用轮作的方法换种病原菌的非寄主植物，使土壤中的病原菌因没有合适寄主饥饿而减少至侵染数限以下；用透明的塑料薄膜覆盖在潮湿的土壤上，在晴天可以获得太阳能，提高土温杀伤土壤中的病原物；控制灌水和良好的排灌条件可以减轻真菌性的根部病害和线虫病害；在田间一旦发现个别病株，一定要铲除掉，防止由此传染更多的植株；加强栽培管理，通过控制水、肥、温、湿、光等调节农田生态环境，使之有利于有益微生物的繁殖，减少病原物的数量；对于果树等多年生的植物，有些病害发生后可以通过手术的方法切除病部，减少病原物的数量；对于储藏期病害的防治，可以适当通风，加速其表面的干燥，从而限制产品上病原真菌的萌发或细菌的侵入。

微生物防治：利用拮抗性微生物制剂或抗生素处理种子、苗木，可以有效降低土传病害的发生。也可以在生长季喷施生物制剂，但要注意使用的生长时期、气候条件和具体使用的时间，以保障生物制剂本身的活力和效力发挥。

植物防治：包括直接种植某些植物和使用植物源农药。种植诱捕植物可以防治一些线虫病，例如，猪屎豆可以诱捕根结线虫幼虫，茄属植物龙葵可减少金线虫的数量，因为一些植物能分泌刺激线虫卵孵化的物质，孵化的幼虫虽能进入这些植物但不能进一步发育成成虫，最终导致死亡。诱捕植物也可以防治部分蚜虫传播的病毒病，例如，在菜豆、辣椒或南瓜田的周围种植几行黑麦、玉米或其他高秆植物，多数传播菜豆、辣椒或南瓜病毒病的蚜虫会首先降落在边缘较高的黑麦或玉米上取食，而多数蚜传病毒在蚜虫体内都是非持久性的，所以等到蚜虫转移到菜豆、辣椒或南瓜上时，它们已经丧失了侵染这些作物的病毒。再有，种植高度敏感的植物，在线虫大量侵染后但尚未完全成熟和繁殖前销毁这些植物或耕翻暴晒线虫致死，也可以防治部分线虫病。种植拮抗植物，如石刁柏和金盏菊能在土壤中释放对线虫有毒的物质，从而对线虫起拮抗作用；大蒜、葱、韭菜等百合科植物的根基有许多有益微生物，如荧光假单胞菌，对蔬菜、瓜果及大田作物的土传病害有很好的抑制作用，尤其对枯萎病的效果更好，可以将拮抗植物与敏感植物进行间作。

物理防治方法：处理种子、苗木和其他无性繁殖材料以及土壤或采后产品。

③提高寄主植物抗性的方法。

选择栽培抗性品种；通过农业措施调节环境条件和土壤条件，使之有利于植物的健康生长，从而提高植物的抗病性；使用具有诱导抗病性作用的栽培方法（嫁接、切断胚轴等）；利用生物制剂或矿物质提高植物的抗病性。

生态农业病害的防治首先要采取适当的农业措施，建立合理的作物生产体系和健康的生态环境，通过创造有利于作物而不利于病菌的环境条件来提高作物自身的抗病能力，提高系统的自然生物防治能力，将病害控制在一定的水平下。要充分掌握作物及其病原菌的生物学、生态学和物候学知识，加强生产过程中各环节的管理，做到预防、避开和抵御病原菌侵袭相结合，从而保障作物的健康生长。因此，要强化产前、产中和产后生产全过程管理的意识，及时清除各种病害隐患。

2.生态农业病害的防治方法

（1）选择适宜的立地条件、种植结构和播期，利用作物品种多样性，建立较为稳定平衡的生态体系。品种多样性可以通过不同单一抗病谱的品种结合实现较广谱的抗病性，达到对多种病害或病菌的抗性。品种多样性的设计包括时间和空间2个范畴，时间上主要是指合理的轮作、播种和收获时间变化的选择；空间上是指多种作物品种的复合种植。复合种植主要包括以下几种方式。

第一，同种作物不同品种的混合。混合种植要考虑到作物品种的物候期、终产品的质量和消费者的购买要求，一般果树和大部分蔬菜可以进行同种作物不同品种的混合种植，而不会影响最终产品的质量；对于谷物等粮食作物，由于植株小，收获时难以分开，会影响最终农产品的质量，所以可以不同品种间作的方式实现复合种植。

第二，不同形式的间套作。包括在主要作物的边缘种植不同种类的作物、在作物中间间隔地种植窄行的其他作物品种、不同作物品种交替地间作等。在实践中，高秆与矮秆作物、迟熟与早熟作物、开花与不开花作物实行间作有较好的防病效果。

第三，非作物植物的管理。包括杂草、野花、树篱、风屏植物或果园底层植物，这些非作物植物可以充当病原菌的次生寄主，在没有寄主作物时，病菌在这些植物上生活、越冬或越夏，待再次有寄主作物时返回危害。一般情况下，田间作物与边界植物亲缘关系越近病害越重。

播种前根据病害发生规律，适当调整播种和移栽时间，避开发病高峰。

（2）选择无病的种子、种苗或其他无性繁殖材料，或进行消毒处理。尽量选择抗病品种，同时，要在种植前对种苗进行消毒处理，尽量减少种苗带菌量，主要利用热力、冷冻、干燥、电磁波、超声波等物理防治方法抑制、钝化或杀死病原物，达到防治病害的目的。

（3）土壤处理或利用合理的轮作体系控制土传病害。用透明的塑料薄膜覆盖在潮湿的土壤上，在晴天可以获得太阳能提高土温杀伤土壤中的病原物；在重茬土壤上种植可以在播种之前使用有效的生物制剂或矿物农药处理种子或苗木，使之免受土壤中病原物的侵染；现代农业中为了追求经济效益，长期在同一田块中连续种植同种作物，使得发生"连作障碍"或"重茬病"，植株生长受阻，抗性降低，病害越来越重。重茬病的原因有多种，第一是营养原因，同种作物有相同的营养需求，长期种植同种作物必然造成某些营养的缺乏。另外，同种作物根系在同一水平上吸收营养，不利于不同土层养分的吸收利用，特别是那些难移动的养分，如磷的利用。第二是化感作用，有的作物根系分泌有毒物质，容易对其本身或相应作物产生毒害，随着种植年份的增加毒害作用加重。第三是病菌的积累，由于根分泌物的原因，病菌与寄主作物之间有一定的选择性，换言之，同种作物的长期连作会使某些病菌积累，危害逐年加重。所以，无论是从土壤培肥的角度还是从病害特别是土传病害防治的角度，都需要进行轮作，而且要根据不同作物的特点和病菌的寄主范围以及病菌在土壤中的存活时间长短，选择和建立相应的轮作体系。

（4）加强生长季节的栽培管理。控制灌水，创造良好的排灌条件，减轻真菌性的根部病害和线虫病害；注意铲除田间个别病株，防止由此传染更多的植株；采取有效措施培肥土壤，使之形成抑制性土壤，抑制病原物的繁殖。

利用有机肥培肥土壤的重要作用就在于激活土壤微生物，使土壤中形成多样性较高的微生物群落。虽然病原菌也是该群落的组成部分，但是它在其他微生物的控制下只是以较少的数量存在，不影响作物的生长，不会引起作物病害的暴发。高有机质含量的土壤，其微生物群落比较丰富，对一些土传病害的病原菌有抑制作用。生产中发现，在贫瘠土壤中生长的作物比在肥沃土壤中生长的作物容易发生土传特别是真菌病害，这就是抑制性土壤防病作用的例证。有机肥分解后产生的酚类等物质被植物吸收后可以提高植物的抗病性。有实践证明堆肥可以使甜菜、豌豆和蚕豆根腐病从80%降到20%；马铃薯田里使用绿肥可大大减轻马铃薯疮痂病的危害；豆科植物覆盖对小麦全蚀病有抑制作用，豆科绿肥也可以作为线虫的诱集作物。

（5）采取适当的生物防治措施。良好生态环境是一个相对的比较理想化的概念，任何一个农业生产过程都是以经济效益为目的的，由于原有的生态系统发生变化，不同程度地影响病害的发生，因此，还要采取一些生物的方法通过较直接地抑制病菌或调节微生态环境来控制病害的发生。例如，抗根癌菌剂防治植物根癌病和木霉制剂防治土传真菌病就是通过微生物制剂抑制病菌；EM制剂和微生态制剂就是通过引入微生物区系来调节土壤微生态环境，最终达到防病增产的作用。

（6）适当使用植物源农药和允许范围内的矿物源药物。硫黄、石灰、石硫合剂和波尔多液等矿物源农药以及从有益微生物中提取的抗生素是有机产品生产标准中允许使用的，可以在必要时作为其他防治措施的辅助措施使用。但是，要十分谨慎，注意用量，以免影响有益微生物或造成污染。大蒜、洋葱或辣椒提取物等植物性杀菌物质对叶部真菌病害有防治作用。

（7）加强冬季田间管理。利用冬耕冻死土内越冬病原菌，并把土表枯枝落叶等病残体和浅土中的病原菌翻入深处，使其难以复出，减少来年的病原菌数量。

总之，在全生产过程的管理中，要从病菌、寄主植物和环境（生理性病害只有后两者）方面综合考虑，严格遵循生态农业的要求，选择适当的多种防治措施相配合对病害进行综合治理。

三、植物虫害的防治原理和技术

（一）害虫的种类和特点

1.害虫的种类

对作物造成危害和经济损失的虫害大多数属于节肢动物门昆虫纲的动物，统称为昆虫。所谓昆虫，是指成虫体躯明显地分为头、胸和腹3部分；头部具有口器、1对触角、1对复眼和2或3个单眼；胸部一般具3对足2对翅；腹部多由9个以上体节组成，末端生有外生殖器的动物。

昆虫的口器类型决定了其对植物的危害方式和危害程度，由于昆虫的种类、食性和取食方式不同，因此，它们的口器在外形和构造上有各种不同的特化，形成各种不同的口器类型。其中主要有以下5种。

（1）咀嚼式口器。昆虫中最基本而原始的口器类型，其他口器类型均由此演化而成，适于取食固体食物，如蝗虫、甲虫、蝶蛾类幼虫等的口器。具有咀嚼式口器的害虫，一般食量较大，对农作物造成的机械损伤明显。有的能把植物的叶片咬成缺刻、穿孔或啃食叶肉仅留叶脉，甚至把叶片吃光，如金龟子和一些鳞翅目的幼虫；有的在果实或枝干内部钻蛀隧道，取食为害，如各种果实的食心虫和为害枝干的天牛、吉丁虫的幼虫等。

（2）刺吸式口器。能刺入动物或植物的组织内吸取血液或细胞液，如蟓、蚜虫、介壳虫等。其构造与咀嚼式口器不同，表现在上颚与下颚特化成细长的口针，2对口针相互嵌接组成食物道和唾液道，取食时由唾液道将唾液注入植物组织内，经初步消化，再由食物道吸取植物的营养物质进入体内。这类害虫的刺吸取食，可以对植物造成病理或生理的伤害，使被害植物呈现褐色的斑点、卷曲、皱缩、枯萎或畸形，或因部分组织的细胞受唾液的刺激而增生，形成膨大的虫瘿。多数刺吸式口器的害虫还可以传播病害，如蚜虫、叶蝉、蟓等。

（3）虹吸式口器。蝶蛾类成虫的口器，适于取食植物的花蜜，其特点是下颚十分发达，延长并互相嵌合成管状的喙。喙不用时，蜷曲在头部的下面，如钟表的发条状，取食时可伸到花中吸食花蜜和外露的果汁及其他液体。

（4）舐吸式口器。口器长得像蘑菇头，取食时不咬、不刺，而是又吸又舐，如家蝇、种蝇等。

（5）嚼吸式口器。口器保留一对上颚，吸食液体食物时，特化的下颚和下唇能够组成临时的喙，外观既像蝗虫的口器，又像蝴蝶的口器；既能嚼花粉，又能将汁液状的花蜜吸到消化道内，如蜜蜂的口器。

各类昆虫中，咀嚼式口器昆虫、刺吸式口器昆虫和舐吸式口器昆虫能够对农作物造成危害；虹吸式口器昆虫和嚼吸式口器昆虫一般不危害农作物。

2.害虫的习性

（1）昼夜节律性。

昆虫在长期进化过程中，其行为形成了与自然界中昼夜变化规律相吻合的节律，即昼夜节律。绝大多数害虫的活动，如飞翔、取食、交配等，均有它的昼夜节律，这是有利于其生存和繁育的种的特性。在白昼活动的昆虫，称为日出性或昼出性昆虫，如蝴蝶、蜻蜓等；把夜间活动的昆虫，称为夜出性昆虫，如多数的蛾类；把那些只在弱光下如黎明、黄昏时活动的昆虫，称为弱光性昆虫，如蚊子。

（2）假死性。

即金龟子等鞘翅目成虫和小地老虎、斜纹夜蛾、菜粉蝶等鳞翅目的幼虫，具有一遇惊扰即蜷缩不动或从停留处突然跌落"假死"的习性，它是害虫的一种自卫适应性，也是一种简单的非条件反射。在害虫防治中，人们就利用这种习性，设计出各种方法或器械，将作物上的害虫震落下来，集中消灭。

（3）趋性。

是指害虫对某种外部刺激如光、温度、化学物质、水等所产生的反应运动，有的为趋向刺激来源，有的为回避刺激来源，所以趋性有正、负之分。依照刺激的性质，趋性可分为对于光源的趋光性或避光性；对于热源的趋温性或负趋温性；对于化学物质的趋化性或负趋化性；对于湿度的趋湿性或趋旱性；对于土壤的趋地性或负趋地性等。在害虫防治中常利用害虫的趋光性和趋化性。如灯光诱杀是以趋光性为依据的，潜所诱杀是以避光性为依据的；食饵诱杀是以趋化性为依据的，趋避剂是以负趋化性为依据的。

（4）群集和迁移。

群集性指的是同种害虫的大量个体高密度地聚集在一起的习性，具有临时和永久之分。临时性的群集，指只是在某一虫态和一段时间内聚集在一起，过后就分散，个体之间不存在必需的依赖关系。如蚜虫、介壳虫、粉虱等，它们常固定在一定的部位取食，繁殖力较强，活动力较小，因此，在单位面积内出现了虫口密度很大的群体，这种群集现象是暂时的，遇到生态条件不适，如食物缺乏时，就会分散。还有的昆虫是季节性群集，如很多瓢虫、叶甲和蝽，它们在落叶或杂草下群集越冬，第二年春天又分散到田野中去。永久性群集（又称群栖）是指某些昆虫固有的生物学特性之一，常发生于整个生活史，而且很难用人工的方法把它分散。必要时（如生态条件不适时）全部个体会以密集的群体共同地向一个方向迁飞。

大多数害虫在环境条件不适或食物不足时，会发生近距离的扩散或远距离的迁移，而很多具有群集性的害虫还同时具有成群地从一个发生地长距离地迁飞到另一个发生地的习性，这是害虫的一种适应，有助于种的延续生存。但也是害虫突然暴发、在短期内造成严重危害的重要原因，所以，研究害虫的群集、扩散和迁飞的习性，对农业害虫的预测和防治有着重要的实际意义。

（5）休眠和滞育。

由于外界环境条件（如温度、湿度）不适宜，而引起生长、发育和繁殖停止的现象称休眠；由于某些环境因素的刺激或诱导（不一定是不利因素），致使害虫停止发育，即使创造适合的环境条件，也不会复苏，具有一定的遗传稳定性，必须经过一定的时间和一定的刺激因素（通常是低温），再回到适宜的条件下才能继续生长发育，这种现象称滞育。

（二）害虫识别

（1）为害根部和根际的症状。地表根际部分皮层被咬坏；咬坏幼苗根部，根外部有蛀孔，内部形成不规则蛀道；地表有明显的隧道凸起。

（2）为害树枝、树干和花茎内部的症状。枝梢部分枯死或折断，内有蛀孔及虫粪；枝干有蛀孔或气孔，有流胶现象，地表有木屑或虫粪积累。

（3）为害叶部的症状。叶片表面失绿、变黄，有蜜露或黏液；卷叶或皱缩；叶片被咬成缺刻或孔洞，有丝状叶丝；吐丝将嫩梢及叶片连缀在一起；吐丝把叶片卷成筒状，或纵向折叠成"饺子"状，幼虫藏在里面为害；叶边缘向背面纵卷成绳状；幼虫潜入叶肉为害，叶表面可见隧道；幼苗的幼芽和幼叶被咬坏。

（4）为害花蕾、花瓣、花蕊的症状。蛀入花蕾或花朵中为害；在花蕾表面为害；在花朵中为害花瓣、花蕊。

（5）为害果实的症状。舐食果实表面，留下痕迹；钻蛀果实内部，使果实凹陷、畸形；刺吸果实汁液，果实表面留有斑驳的麻点。

（三）害虫监测和防治

1.害虫监测

害虫对作物的影响与害虫的数量和危害强度成正相关，只有当害虫达到一定数量（即经济阈值）时，才真正影响作物的生理活动和生产量。所以，在生态农业病虫害防治中，并不是见到害虫就喷药，而是当害虫的种群数量达到防治指标时，才采取直接的控制措施。害虫的防治首先应在正确理论指导下，应用正确的监测方法，对害虫的种群动态做出准确的预测。

（1）害虫信息素监测。

害虫的信息素是由害虫本身或其他有机体释放出一种或多种化学物质，以刺激、诱导和调节接受者的行为，最终的行为反应可有益于释放者或接受者。在自然界里，大多数害虫都是两性生殖，许多害虫的雄性个体依靠雌性释放性激素的气味寻找雌虫。雌虫是性激素的释放者和引诱者，而雄虫则是接受者和被引诱者，性激素是应用最普遍的一种害虫信息素，也是生态农业允许使用的昆虫外激素。

监测害虫发生期：通常使用装有人工合成的信息素诱芯的水盆诱捕器或内壁涂有黏胶的纸质诱捕器。根据害虫的分布特点，选择具有代表性的各种类型田块，设置数个诱捕器，记录每天诱虫数，掌握目标害虫的始见期、始盛期、高峰期和分布区域的范围大小，按虫情轻重采取一定的防治措施。

监测害虫发生量：根据诱捕器中的害虫数量预测田间害虫相对量。利用信息素诱捕器作为害虫发生期和发生量预测，主要根据诱捕器每天诱捕的数量，确定田间害虫的实际发生量。

（2）黑光灯监测。

光与害虫的趋性、活动行动、生活方式都有直接或间接的联系。光照因素包括光的性质（波长或光谱）、光强度（能量）和光周期（昼夜长短的季节变化）。黑光灯是根据害虫对紫外光敏感的特性而设计的，其光波为365nm，可诱集多种害虫，可以作为监测害虫发生的手段。

（3）取样调查。

取样是最直接、最准确的害虫监测方法。其调查结果的准确程度与取样方法、取样的样本数、样本的代表性有密切的关系。田间调查要遵循3个基本原则，即明确调查的目的和内容；依靠群众了解当地的基本情况；采取正确的取样和统计方法。

2.环境调控

常规农业病虫害防治的策略是治理重于预防（对症下药、合理用药），着眼点是作物—害虫，以害虫为核心，以药剂为主要手段。生态农业病虫害防治的策略是以预防为主，使作物在自然生长的条件下，依靠其自身对外界不良环境的自然抵御能力，提高抗病、虫的能力。人类的工作是培育健康的植物和创造良好的环境，对害虫采取调控而不是消灭的"容忍哲学"。生态农业允许使用的药物也只有在应急条件下才可以使用，而不是作为常规的预防措施。所以，建立不利于病虫害发生而有利于天敌繁衍增殖的环境条件是有机生产中病虫害防治的核心，生态农业病虫害防治技术为生态型技术。

有机体和外界环境条件的统一是我们认识害虫大发生的一个重要理论依据。当外界环境条件适合害虫本身的需要时，害虫就可能猖獗发生。如果人为地打破害虫发生与环境条件的统一，使之产生矛盾，害虫的生长、发育、繁殖或成活等就会受到威胁。

导致害虫数量变动的主要条件有营养因素和物理因素，前者主要涉及害虫的食料条件，例如，植物种类、数量、生育期、生长势和季节演替等；后者主要包括温度、光照、水分和湿度等气候条件，其中，农田小气候的作用尤其值得注意。各种植物既提供给害虫以食料和栖息场所，又影响与害虫发生有关的小气候。通常情况下，害虫长期适应了某些农业环境，沿着一定的规律繁殖为害。如果通过人为活动，改变对害虫大发生的有利条件，轻则抑制了害虫发生的数量，重则使其生存受到影响，这是生态农业害虫防治的根本出发点。

在上述基础上，根据害虫的食性、发生规律等特点和它们与植物种类、栽培制度、管理措施、小气候等环境条件的密切关系，可以确定抑制害虫发生的途径，主要有以下几种。

（1）消灭虫源。

虫源指害虫在侵入农田以前或虽已侵入农田但未扩散严重时的集中栖息场所。根据不同害虫的生活习性，可把害虫迁入农田为害的过程分为3种情况。第一种情况，害虫由越冬场所直接侵入农田（或在原农田内越冬）为害。例如，食心虫、桃蚜、玉米螟、蝼蛄、稻瘿蚊、稻纵卷叶螟、三化螟和小麦吸浆虫等。针对这种情况，采用越冬防治是消灭虫源的好办法。首先是销毁越冬场所不让害虫越冬，例如，秋耕与蓄水以消灭飞蝗产越冬卵的基地；除草、清园使红蜘蛛害虫等无处越冬等。其次，当害虫已进入越冬期，可开展越冬期防治，例如，冬灌、刮树皮、清除枯枝落叶等。第二种情况，越冬害虫开始活动后先集中在某些寄主上取食或繁殖，然后再侵入农田为害。消灭这类害虫除采取越冬防治外，要把它们消灭在春季繁殖"基地"里。经调查研究得知，就某一地区而言，虽然植物种类繁多，但春季萌发较早的种类并不多，就一种害虫而言，虽然大发生时或在夏、秋季节的寄主种类很多，但早春或晚秋的寄主却有限。就一个农作物区的总体来看，牧草、绿肥和一些宿根植物是多种害虫早春增殖的基地；水稻区的杂草是多种稻害虫早春发生的集中场所。第三种情况，害虫虽在农田内发生，但初期非常集中，且为害轻微。例如斜纹夜蛾，若能把它们消灭在初发期，作物仍可免受为害。

（2）恶化害虫营养和繁殖条件。

害虫取食不同品种的植物，对于同种植物的不同生育期或同一植株的不同部位，常有较严格的选择。作物品种的形态结构不同可直接影响害虫取食、产卵和成活。研究害虫的口器特征和取食习性、产卵器特征和产卵习性及幼虫活动等，参照作物的形态结构，选育抗虫品种，从而为恶化害虫取食条件提供依据。

（3）改变害虫与寄主植物的物候关系。

许多农作物害虫严重为害农作物时，对作物的生育期都有一定的选择。例如，小地老虎主要为害作物幼苗；棉蚜主要为害棉苗；棉铃虫主要为害棉蕾；小麦吸浆虫主要在小麦抽穗到开花以前产卵等。改变物候关系的目的是使农作物易遭受虫害的危险生育期，错开害虫发生盛期，从而减轻受害。如在有机水稻栽培中，适当将水稻的插秧期推迟，就会大大减轻水稻害虫的危害。

（4）环境因素的调控。

害虫的发生除与大气条件有关外，农田小气候的作用也十分明显。在稀植或作物生长较差的情况下，农田内温度增高而湿度相应下降，对适合在高温低湿条件下繁殖的害虫如蚜虫和红蜘蛛是十分有利的。而在作物生长旺盛和农田郁蔽度大的情况下，对一些适于在高湿条件下繁殖的害虫如棉铃虫、夜蛾是有利的。植株密度、施肥、灌水和整枝打杈等，都直接影响农田小气候。因此，通过各种措施，调节农田的小气候，可以创造不利于害虫发生的环境条件。

（5）切断食物链。

害虫在不同季节、不同种类或不同生育期的植物上辗转为害，形成一个食物链。如果食物链的每一个环节配合得很好，食料供应充沛，害虫就猖獗发生。因此，采取人为措施，使其食物链某一个环节脱节，害虫的发生就会受到抑制，这对单食性、寡食性和多食性的害虫都同样有效。例如，单食性的水稻三化螟，在单纯的一季或双季稻区，螟害发生轻微；在大幅度扩种双季稻后，形成了一季与双季早、中、晚混栽的局面，有利于三化螟的繁殖和猖獗；而有的地区只种纯晚稻，早出现的螟虫无食料可食，发生数量自然很少。寡食性的菜粉蝶和小菜蛾，在其发生的高峰期，不种或仅种少量的十字花科蔬菜，就会截断食物链，造成食物匮乏。多食性的蚜虫、红蜘蛛、粉虱、潜叶蛾、甜菜夜蛾等，春天先在一些木本寄主和宿根杂草上为害，以后向蔬菜田转移，如果把某些寄主铲除，使其食物链脱节，就能抑制其发生。

（6）控制害虫蔓延。

害虫的蔓延为害与其迁移扩散能力有关。如红蜘蛛、蚜虫、白粉虱、潜叶蝇等的迁移能力很弱；玉米螟和三化螟等的迁移能力则较强，而黏虫、斜纹叶蛾、飞蝗、地老虎、菜粉蝶等害虫则能远距离迁飞。迁移能力很强的害虫，它们在农田内的蔓延为害不易控制；而迁移能力很弱的害虫，则可通过农田的合理布局、间作和套作等控制其蔓延为害。

3.作物的轮作和间作

轮作是指在同一地块上按一定顺序逐年或逐季轮换种植不同的作物或轮换采用不同的复种方式进行种植。间作是指把生长季节相近的2种或2种以上的作物成行或成带地相间种植，如蔬菜的间作。轮作和间作是控制害虫的最实用、最有效的方法，是我国传统农业的精华，也是生态农业病虫害调控的根本措施。

（1）轮作对害虫的影响。

合理轮作，不仅可以保证作物生长健壮，提高抗病虫能力，而且还能因食物条件恶化和寄主减少使寄生性强、寄主植物种类单一及迁移能力弱的害虫大量死亡。实施轮作措施时，首先要考虑寄主范围，其次是作物的轮作模式。例如，温室白粉虱嗜食茄子、番茄、黄瓜、豆类、草莓、一串红，所以，上茬为黄瓜、番茄、菜豆，下茬应安排甜椒、油菜、菠菜、芹菜、韭菜等，可减轻温室白粉虱危害。

（2）间作对虫害的影响。

间作可以建立有利于天敌繁殖，不利于害虫发生的环境条件，其主要机制表现为以下几种。

第一，干扰寻求寄主行为。

① 隐瞒：依靠其他重叠植物的存在，寄主植物可以受到保护而避免害虫的危害（如依靠保留的稻茬，黄豆苗期可以避免豆蝇的危害）。

② 作物背景：一些害虫喜欢一定作物的特殊颜色或结构背景，如蚜虫、跳甲，更易寻求裸露土壤背景上的甘蓝类作物，而对有杂草背景的甘蓝类作物反应迟钝。

③ 隐蔽或淡化引诱刺激物：非寄主植物的存在能隐藏或淡化寄主植物的引诱刺激物，使害虫寻找食物或繁殖过程遭到破坏。

④ 驱虫化学刺激物：一定植物的气味能破坏害土寻找寄主的行为（如在豆科地中，田边杂草驱逐叶甲，甘蓝/番茄、莴苣/番茄间作可驱逐小菜蛾）。

第二，干扰种群发育和生存。

① 机械隔离：通过种植非寄主组分，进行作物抗性和感性栽培种的混合，可以限制害虫的扩散。

② 缺乏抑制刺激物：农田中，不同寄主和非寄主的存在可以影响害虫的定殖，如果害虫袭击非寄主植物，则要比袭击寄主植物更易离开农田。

③ 影响小气候：间作系统将适宜的小气候条件四分五裂，害虫即使在适宜的小气候生境中也难以停留和定殖。浓密冠层的遮阴，一定程度上可以影响害虫的觅食或增加有利于害虫寄生真菌生长的相对湿度。

④ 生物群落的影响：间作有利于促进多样化天敌的存在。

4.诱集和驱避

害虫在进化过程中对自然界形成了很好的适应，由于取食、交尾等生命活动过程中的需求，害虫能够对环境条件的刺激产生本能性的反应。害虫对某些刺激源（如光波、气味等）的定向（趋向或躲避）运动，称之为趋性。按照刺激源的性质又可分为趋光性、趋化性等。

（1）灯光诱杀。

害虫易感受可见光的短波部分，对紫外光中的一部分特别敏感。趋光性的原理就是利用害虫的这种感光性能，设计制造出各种能发出害虫喜好光波的灯具，配加一定的捕杀装置而达到诱杀或利用的目的。

（2）黄板诱杀。

许多害虫具有趋黄性，试验证明，将涂有黄颜色的黄板或黄盘，放置一定的高度，可以诱杀蚜虫、温室白粉虱和潜叶蝇等害虫。

（3）趋化性诱杀。

许多害虫的成虫由于取食、交尾、产卵等原因，对一些挥发性化学物质的刺激有着强烈的感受能力，表现出正趋性反应。

在害虫防治上，目前主要应用人工诱集剂、天然诱集剂、性激素和害虫的嗜食植物等具有诱集作用的物质和不利于害虫生长发育的拒避植物。

① 糖醋诱杀：很多夜蛾类害虫对一些含有酸酒气味的物质有着特别的喜好。根据这种情况，已经设计出了多种诱虫液用以预测和防治害虫。随着生态农业研究和实践的深入，诱虫液的成分和使用技术得到了进一步发展和提高，已成为防治某些害虫的有效方法。成功的关键在于因地制宜，就地取材，如寻找一些发酵产物做酸甜味的代用品配成诱捕剂（有些代用品诱蛾效果甚至超过标准配方），通过试验，找出适当的配方。

② 植物诱杀：杨树、柳树、榆树等含有某种特殊的化学物质，对很多害虫有很好的诱集能力；白香草木樨可诱杀黑绒金龟子、蒙古灰象甲、网目拟地甲；利用桐树叶可诱杀地老虎；利用蓖麻和紫穗槐可诱杀金龟子；芹菜、洋葱、胡萝卜、玉米、高粱等作物，不仅提供棉铃虫的营养还可诱集菜粉蝶成虫；芥菜诱集小菜蛾。

（4）性诱剂诱杀。

用性诱剂防治害虫，一种途径是利用性诱剂对雄虫强烈的引诱作用捕杀雄虫，这种方法称为诱捕法；另一途径是利用性信息素挥发的气体弥漫干扰、迷惑雄虫，使它不能正确找到雌虫的位置进行交尾，这种方法称为干扰交配法和迷向防治。

① 大量诱捕法：在农田设置大量的信息素诱捕器捕杀田间雄虫，导致田间雌雄比例严重失调，减少交配概率，使下二代虫口密度大幅度降低。该法适用于雌雄性比接近于1∶1、雄虫为单次交尾的害虫和虫口密度较低时。

② 交配干扰法：利用信息素来干扰雌雄间交配的基本原理是在充满性信

息素气味的环境中，雄虫丧失了寻找雌虫的定向能力，致使田间雌雄虫交配概率减少，从而使下一代虫口密度急剧下降。

（5）陷阱诱捕法。

该方法适合于夜间在地面活动的害虫。将一定数量罐头盒或瓦罐等容器埋入土中，罐口与地面相平。罐内可以放入害虫嗜食的食物作为诱饵。被食物引诱来的害虫即落入陷阱中而不能逃出。

（6）害虫的拒避技术。

植物受害不完全是被动的，它可利用其本身某些成分的变异性，对害虫产生自然抵御性，表现为杀死、忌避、拒食或抑制害虫正常生长发育。种类繁多的植物次生性代谢产物，如挥发油、生物碱和其他一些化学物质，害虫不但不取食，反而避而远之，这就是忌避作用。台香茅油可以驱除柑橘吸果夜蛾；除虫菊、烟草、薄荷、大蒜驱避蚜虫；薄荷气味驱避菜粉蝶在甘蓝上产卵；闹羊花毒素、白鲜碱、柠檬苦素、苦楝和印楝油均是害虫的驱避剂和拒食剂。

5.生物防治

（1）天敌的自然保护。

第一，天敌的种类和特性。

天敌是一类重要的害虫控制因子，在农业生态系统中居于次级消费者的地位。在自然界，天敌的种类十分丰富，它们在农业生态系统中经常起到调节害虫种群数量的作用，是生态平衡的重要负反馈连锁。

第二，天敌自然保护的方法。

① 栖境的提供和保护。天敌的栖境包括越冬、产卵和躲避不良环境等生活场所。如草蛉几乎可以取食所有作物上的蚜虫及多种鳞翅目害虫的卵和初孵幼虫，且某些草蛉（大草蛉）成虫喜栖于高大植物。因此，多样性的作物布局或成片种植乔木和灌木可提供天敌的栖息场所，有效地招引草蛉。越冬瓢虫的保护是扩大瓢虫源的重要措施，它是在自然利用瓢虫的基础上发展起来的。

② 提供食物。捕食性天敌可以随着环境变化选择它们的捕食对象。捕食性天敌的捕食量一方面与其体型大小有关，另一方面与被捕食者的种群数量和营养质量有关。对猎物捕食的难易程度和捕食者的搜索力，与猎物种群大小、空间分布型和生境内空间障碍有关，一般说来，捕食者对猎物种群密度的要求比寄生性天敌要高。天敌各时期对食物的选择性有一定差别，如草蛉

一龄幼虫喜食棉蚜、棉铃虫卵，而不食棉铃虫幼虫；取食不同食物对其发育历期、结茧化蛹率和成虫寿命及产卵量均有不同程度的影响，草蛉冬前取食时间长短和取食量的大小与冬后虫源基数密切相关：冬前若获得充足营养，则越冬率和冬后产卵量可大大提高。有些捕食性天敌在产卵前除了捕食一些猎物外，还要取食花粉、蜜露等物质后方能产卵。

③ 环境条件。提供良好的生态条件，不仅有利于天敌的栖息、取食和繁殖，同时也有利于其躲避不良的环境条件，如人类的田间活动，喷洒农药等。

（2）天敌增殖技术。

通过生态系统的植被多样化为天敌提供适宜的环境条件，丰富的食物和种内、种间的化学信息联系，使天敌在一个舒适的生活条件下，自身的种群得到最大限度的增长和繁衍。

① 植被多样化：植被多样化是指在农田生态系统内或其周围种植与主栽作物有密切的直接或间接依存关系的植物，通过利用这些植物对环境中的生物因素进行综合调节，达到保护目标植物的目的，同时又不对另外的生物及周围环境造成伤害的技术。它强调植物有害生物的治理措施由直接面对害虫转向通过伴生植物，达到对目标植物与其有害生物和有益生物的动态平衡；强调有害生物的治理策略要充分利用自然生态平衡中生物间的依存关系，达到自然控制的目的。

② 天敌假说：在多样化环境中，由于替代性食物（花粉、花蜜、猎物）的来源和适宜的小生境的增加，自然天敌的数量比单作区增加，害虫种群下降。

（3）天敌人工繁殖技术。

① 赤眼蜂繁殖：赤眼蜂是一类微小的卵寄生蜂，具有资源丰富、分布广泛和对害虫控制作用明显等特点。赤眼蜂属于多选择性寄生天敌，寄生范围很广，可以寄生鳞翅目、鞘翅目、膜翅目、同翅目、双翅目、半翅目、直翅目、广翅目、革翅目等10个目近50个科200多属400多种害虫的卵，其中，鳞翅目的天敌最多。近20年来，赤眼蜂已成为世界上应用范围最广、应用面积最大、防治害虫对象最多的一类天敌。

通过改进繁蜂技术，以最少寄主卵和种蜂量的投入，繁殖获得最多适应性强、性比合理的优质赤眼蜂种群，可以达到提高繁蜂效率和田间防治效果的目的。

培育优质蜂种是生产大量优质赤眼蜂的基础。以柞蚕卵作为寄主卵，大量繁殖优质的松毛虫赤眼蜂和螟黄赤眼蜂，关键在于采用发育整齐和生命力强的优质蜂种来繁殖生产用蜂。赤眼蜂的繁殖方式包括卡繁和散卵繁2类。20世纪70年代，多采用大房繁蜂和橱式卡繁方式繁蜂，现已研制成封闭式多层繁蜂柜和滚式繁蜂机。

② 瓢虫和草蛉繁殖：目前大量繁殖的主要技术问题是饲料生产，自然活体饲料，如蚜虫、米蛾因成本高，供应不及时，不能适应工厂化生产的要求，雄蜂儿（即蜜蜂的雄蜂幼虫和蛹）和人工赤眼蜂蛹代饲料将为捕食性天敌的工厂化生产带来新的希望。

（4）天敌释放技术。

天敌的增强释放，是在害虫生活史中的关键时期，有计划地释放适当数量的人工饲养的天敌，发挥其自然控制作用，从而限制害虫种群的发展。赤眼蜂的田间增强释放是一项科学性很强的应用技术，必须根据害虫和赤眼蜂的发育生物学和田间生态学原理和赤眼蜂在田间的扩散、分布规律、田间种群动态及害虫的发生规律等，来确定赤眼蜂的释放时间、释放次数、释放点和释放量。以做到适期放蜂，按时羽化出蜂，使释放后的赤眼蜂和害虫卵期相遇概率达90%以上，获得理想的效果。

（5）天敌的招引技术。

①天敌巢箱：利用招引箱，在瓢虫越冬前招引大量瓢虫入箱，可保护瓢虫的越冬安全。

②蜜源诱集：许多天敌需补充营养，在缺少捕食对象时，花粉和花蜜是过渡性食物。因此，在田边适当种一些蜜源植物，能够诱引天敌，提高其寄生能力。如伞形花科植物荷兰芹等蜜源植物能招引大量土蜂前来取食，并寄生于当地的蛴螬。柑橘园种红蓟杂草，蓟上的花粉和其上的啮虫是柑橘红蜘蛛的天敌——钝绥螨的食料，因此，橘园种植蓟类杂草，能起到稳定柑橘园中捕食螨种群的作用，有利于控制柑橘害螨发生为害。

③ 以害繁益：利用伴生植物上生活的害虫，为栽培作物上的天敌提供大量食物，使天敌与害虫同步发展，达到以益灭害的效果。如在北方苹果园种植紫花苜蓿、油菜和保留果园的有益杂草，为东亚小花蝽提供植食性的花源；花蜜和动物性猎物蚜虫，能够使小花蝽的数量增加5～10倍、蚜虫和红

蜘蛛的密度降低60%以上；同时由于地面游猎性蜘蛛的捕食，使得桃小食心虫的数量一直位于经济危害水平以下，在棉田内冬油菜春种，其上大量的蜡虫、菜青虫等可诱集和繁殖大批捕食性和寄生性天敌，如蜘蛛、草蛉、蚜茧蜂、小花蝽等。

④改善天敌的生存环境：利用伴生植物，创造有利于天敌活动，不利于害虫发生的环境条件，也能起到防治害虫的作用。防护林能降低风速，增加湿度，有利于小型寄生蜂活动。甘蔗地套种绿肥，能减少田间温度和湿度的变化幅度，为赤眼蜂活动提供有利条件，从而增加对蔗螟卵的寄生。白菜地间作玉米，能降低地表温度，提高相对湿度，可明显减少蚜虫的发生。伴生植物不仅是天敌的繁衍场所，也是天敌躲避不良环境（气候条件和喷洒农药）和人为干扰的庇护场所。试验证明，在种植伴生植物的果园，当喷洒农药后，天敌种群恢复到喷药前水平所需要的时间只有无伴生植物果园的1/2。

（6）天敌诱集技术。

天敌的保护、增殖技术对增加天敌的数量，调节益害比具有重要作用，但是，这些措施大部分局限在被动地利用天敌，以发挥天敌的自然调节作用为主。在自然界中，害虫的发生是从局部开始的，有时需要在害虫发生初期，将分散的天敌集中，以集中力量消灭害虫。这就需要更具吸引力的物质或手段，主动或被动地迁移天敌。

喷洒人工合成的蜜露可以主动诱集天敌，经过多年的研究，已经证明了很多植食性害虫的寄生性和捕食性天敌，是通过植食性害虫寄主植物某些理化特性，如植物外观、挥发性物质对它们的感觉刺激来寻找它们的寄主和捕食对象的，如草蛉可被棉株所散发的丁子香烯所吸引；花靖可被玉米穗丝所散发的气味所引诱而找到玉米螟和蚜虫。另外植物的化学物质可帮助捕食性天敌寻找猎物，如色氨酸对普通草蛉的引诱作用，龟纹瓢虫对豆蚜的水和乙醇提取物也有明显的趋向。这些植物、动物间的化学信息流，对自然界天敌的诱集作用十分明显。

6.物理防护

通过物理方法，隔离害虫与寄主，切断害虫迁入途径，从而达到保护植物，防治害虫的目的。在生态农业中，夏秋高温多雨季节，用防虫网覆盖栽培蔬菜，不但能保证蔬菜产品的安全卫生，促进蔬菜生长，而且能有效地抑制害虫的侵入和危害，减少病害的发生。

7.药物防治

（1）天然植物源杀虫剂防治技术。

我国植物源农药资源十分丰富，在我国近3万种高等植物中，已查明约有近千种植物含有杀虫活性物质。

① 植物源杀虫剂的特点：植物源杀虫剂的杀虫有效成分为天然物质，而不是人工合成的化学物质。因此，施用后较易分解为无毒物质，对环境无污染。植物源杀虫剂杀虫成分的多元化，使害虫较难产生抗药性。根据试验，使用鱼藤菊酯植物杀虫剂的常用剂量喷施，对萝卜蚜的防治效果达到99.85%，而对蚜虫天敌瓢虫的杀伤率仅为11.58%。含有杀虫活性的植物可以大量种植，而且开发费用也较低。

② 杀虫植物主要代表类群：20世纪80年代以来，我国植物源杀虫剂的研制得以广泛开展，研究得比较深入的有楝科、卫矛科、杜鹃花科、瑞香科、茄科、菊科等植物。

（2）微生物源杀虫剂防治技术。

① 微生物的种类：在自然界中，微生物广布于土壤、水和空气中，尤其以土壤中各类微生物资源最为丰富。微生物农药是对自然界中微生物资源进行研究和开发利用的一个方面，此类农药可对特定的靶标生物起作用，且安全性很高，它是由微生物本身或其产生的毒素所构成。在实际应用中，主要包括微生物杀虫剂、微生物杀菌剂和微生物除草剂等。目前已经知自然界中有1500种微生物或微生物的代谢物具有条虫活性，很多已真正用于农林害虫的防治，包括真菌、细菌、病毒、原生动物等。

② 害虫病原微生物的特点：在自然界中可以流行，即病原微生物经过传播扩散和再侵染，可使病原扩大到害虫的整个种群，在自然界中形成疾病的流行，从而起到抑制害虫种群的作用；害虫的病原必须对人类和脊椎动物安全，也不能损害蜜蜂、家蚕、柞蚕以及寄生性和捕食性昆虫，故不是所有的昆虫病原微生物都可以做杀虫剂，病原微生物对害虫应具有专化性。总之，微生物杀虫剂具有专化、广谱、安全和效果好的特点。

③ 害虫病原微生物的流行及致病力：病原微生物引起害虫流行病的发生是控制害虫种群数量的重要因素。在自然条件下，以病毒流行病最为常见，

真菌流行病次之，然后是细菌性流行病。线虫、原生动物流行病偶尔可见。

（3）矿物源杀虫剂防治技术。

矿物油乳剂：用于防治果树害虫的矿物油，其商品药剂有蚧螨灵乳剂和机油乳剂，是由95%机油和5%乳化剂加工而成的。机油乳剂对害虫的作用方式主要是触杀。

第二节　农业资源保护

一、农业资源的类型与特征

资源（resources）泛指人类从事社会活动所需要的全部物质与能量来源。包括2方面：一方面是自然界赋予的自然资源，是自然界形成的可供人类生活与生存所利用的一切物质与能量的总称；另一方面是人类自身通过劳动提供的资源，称社会资源。农业资源（agricultural resource）是由一定的技术、经济和社会条件下，人类农业活动所依赖的自然条件和社会条件所构成的。农业生产过程实际上就是人类把农业资源转化为各种农副产品的过程。人类对农副产品需求的连续性决定着人类必须持续地利用农业资源。农业自然资源在人民生活、生产及国民经济中占有重要地位，一个国家或地区的农业自然资源的丰富程度、分布状况，体现了这个国家或地区农业生产的潜力，而农业自然资源开发的水平，则是一个国家或地区社会文明与发达的标志。

（一）农业资源类型

1.自然资源。

自然资源是指在一定社会经济技术水平下，能够产生生态效益或经济价值，以提高人类当前或预见未来生存质量的自然物质、能量和信息的总和。农业自然资源包括来自岩石圈、大气圈、水圈和生物圈的物质。具体包括：由太阳辐射、降水、温度等因素构成的气候资源；由地貌、地形、土壤等因素构成的土地资源；由天然降水、地表水、地下水构成的水资源；由各种动植物、微生物构成的生物资源。生物资源是农业生产的对象，而土地、气候、水资源等是作为生物生存的环境存在的，是全部生物种群生命活动依托的处所（见图7-1）。

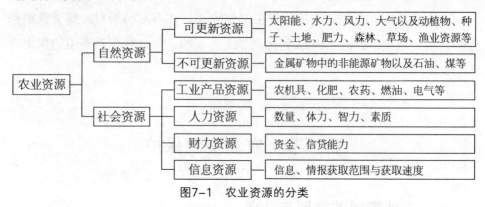

图7-1　农业资源的分类

按资源能否再生和永续利用，则可将自然资源分为可更新资源和不可更新资源。

（1）可更新资源。可更新资源有2种。一种是通过生命过程实现更新的生物资源，它们有生命，有再生和更新能力，并以不同的方式进行循环。如植物、动物、微生物；又如森林、草原等，能够在适当的条件下和环境中不断进行更新繁衍，并被人类永续利用。与此相反，若生态失衡，生物资源也可能出现退化、崩溃解体，甚至消亡和灭绝。因而在其开发利用的过程中，适度性和合理性就尤其重要。另一种是非生物资源，它们虽然没有生命，如土地、水、大气及光照，但它们都各自有恢复和更新的规律。人类在开发这些自然资源时，只要按照客观规律办事，就能维持生态平衡，既发展生产，又能保护环境。

（2）不可更新资源。这类资源没有生命，如矿产资源（石油、煤炭、铁矿等各种金属和非金属矿物）。矿产资源的形成需要经历漫长的地质年代（几百万年至十几亿年），具有有限性，对于人类社会的发展时期而言，它是不可更新的。而当前的采掘速度却是相当惊人的。一个矿床往往在几年、十几年或百年左右就被开采完毕；因此，保护和合理利用矿产资源至关重要。人类在利用这些资源时应降低消耗，提高利用率，使之既发挥最大的经济效益，还能延长其开发利用的期限。

2.社会经济资源

社会经济资源是指除自然资源以外的所有其他资源的总称，包括经济资源、人力资源、智力资源、信息资源、文化资源及旅游资源等。它是社会生产发展的重要基础与条件，是开发利用自然资源并将其转化为社会经济财富的动力源泉。其特点为：①易变化。受不同历史时期生产关系和生产力发展水平的影响，变化周期较短，速度较快。通常对社会经济资源的改造也较自然资源容易得多。②地区分布不平衡明显。如在经济技术基础较好的地区，经济资源、智力资源、信息资源和文化资源等相对较多，亦较集中，反之则较少和分散。③开发利用的多样性。一个地区的社会经济资源，可根据不同时期生产发展的需要与可能，进行多目标、多途径的开发利用。如人力资源充足，既可用以发展劳动密集型产业，也可利用其智力和信息资源等，发展高技术型产业。

其中，人力资源是社会经济资源的主要形式，主要集中表现在人为因素、劳动资源或劳动力资源。人既是生产者又是消费者，具有双重属性：一是自然属性，人和生物是生物圈的组成部分，所以和其他生物一样服从于自然规律，参与自然界的循环；二是社会属性，人通过劳动可以改造、利用自然资源和环境条件。劳动力资源在再生产中的地位，不同于自然资源，它的开发利用是通过自身来完成的，自然资源的改造利用在很大程度上取决于劳动力资源的开发利用程度，取决于劳动力的素质。劳动力资源在农业生产中具有主导的作用，其开发利用和控制具有特有的社会属性。

此外，技术资源广义上也属于社会人文资源，其在经济发展中日益起着重大作用。技术是自然科学知识在生产过程中的应用，是直接的生产力，是改造客观世界的方法、手段。技术对社会经济发展最直接的表现就是生产工具的改进，不同时代生产力的标尺是不同的生产工具，主要是由科学技术来决定的。科学技术是第一生产力。依靠科技进步发展"高产、优质、高效、生态、安全"现代农业，是一项具有重大战略意义的基本国策。科技兴农，其中很重要的内容，是尽快将已有的科学技术这一潜在形式的生产力转化为现实的社会生产力。科学技术是知识形态的生产力，不仅体现在劳动者的科技文化素质、劳动对象和劳动资料的生产性能和技术等特征上，而且还主宰着这个动态系统的信息反馈和过程控制。科技在促进农业生产力的高速发展，农业技术的不断创新，以及农业劳动生产率和生产科学管理水平的快速提高等方面起着重要作用，且其还会影响到整个农业产业结构、布局和规模。

（二）农业资源的特征

农业资源具有一般资源的共性，但又不同于一般资源。农业系统是一个由多种农业资源相互联系、彼此依存、竞相制约的整体。构成农业系统的农田、林地、草地、河湖等子系统在能流、物流和信息流的带动和人工技术的调配下相互补充和共同作用，形成了一个有机的整体，并使系统在一定的状态下运行和发展。了解农业资源的特点，对于开发和保护资源具有重要意义。

1.资源的系统性

自然界是由各种各样的生态系统组成，每一个生态系统又包括各个组成部分，各组分之间又有着错综复杂的关系，改变其中的某一个成分，必将会对系统内的其他组分产生影响，以致影响系统性。例如，森林的砍伐、植被破坏会造成水土流失，使土壤肥力下降，而土壤肥力的下降反过来会进一步导致植被的衰退和群落演替，使其他生物群落也发生变化，从而影响整个生态系统。各系统之间也彼此影响，这种影响有些是直接的，有些是间接的，有些是立即可以表现出的，有些则需要很长时期才能显露出来。

在生态系统中，每一个生物物种都占据一定的位置，具有特定的作用，即有一定的生态位。各生物物种之间相互依赖，彼此制约，协同进化。如被食者为捕食者提供生存条件，同时又为捕食者所控制；反过来，捕食者又受制于被食者。生物物种彼此间相生相克，使整个生态系统成为协调的整体。例如，当一个生态系统引进其他系统的生物物种时，往往会由于该生态系统中缺乏控制它的物种存在，使引进物种种群数量大爆发，从而造成灾害。

由于资源具有系统性，因此，我们在利用资源时，必须坚持从整体出发，坚持全局的观点，进行综合评价、综合治理及综合利用。要根据其在生态系统食物链（网）中所处的营养级制定不同的利用对策。在生态系统食物链（网）中所处的营养级越低，其生产能力越强，可利用量越高。并要维持食物链（网）结构的多样性及合理的结构，以保持资源生物物种赖以生存的生态系统的稳定性。

2.资源的可更新性（再生性）

生物资源通过繁殖而使其数量和质量恢复到原有的状态，对动物资源来说，它还可以通过从未开发区或开发轻度区向开发区或开发重度区的迁移来恢复其资源数量和质量，供人类重复开发利用。因此，生物资源属于可更新资源。例如，草原可以年复一年地被用来放牧、割草；森林在合理砍伐下，可为人类提供木材和林副产品；动物资源、渔业资源可为人类提供肉、毛皮、蛋、医药、粪便等。生物资源的更新都有一定的周期，其时间因种而异，如池塘生态系统中的浮游植物在代谢最旺盛时，更新周期仅为1d；草本植物的更新周期约为100d；而乔木的更新周期可达几十年甚至上百年。生物资源的蕴藏量是一个变数，即生物资源的可更新性有一定的条件和限度。在正确管理下，生物资源可以不断地增长，人类可以持续利用，但生物资源有其脆弱性的一面，生物个体所具有的遗传物质并不能代表该种生物的基因库，它存在于生物种群之中，当某一生物种群的个体减少到一定数量时，该种生物的基因库便有丧失的危险，从而导致该物种的灭绝，使生物多样性受到破坏。

3.资源的地域性

由于地球表面所处的纬度和海陆位置的差异，致使地球形成了各种各样的环境条件，如森林、灌丛、草原、荒漠、湿地等；使资源在区域分布上形成了明显的地域性，如不同的地区具有不同的生物资源，如亚洲象、长臂猿生活于热带森林中，可可、油棕在湿热带地区生长，雪莲、贝母、黄连、箭竹等只适合生长在高海拔地区等。资源的地域差异可视为资源的宏观空间差异。掌握资源的地域性，是人类开发利用资源的重要依据之一，人类既可以因地制宜利用资源，还可以人为地创造资源的最佳存在条件，以培育资源，提高品质，增加数量。

4.资源的周期性

所谓周期是指事物有规律的重复变化，而且这种变化或多或少是由于生态系统中生物活动周期性的循环变化而决定的。生物资源的周期性表现为生物资源的数量周期性和质量周期性2方面。绝大多数生物资源的活动数量都有明显的周期性，随时间的变化，有明显的节律可循，可分为日周期、季节周期、年周期。日周期的生物如绿色植物，白昼时在太阳光的作用下，进行光合作用，物质的形成大于呼吸作用的消耗，为物质积累阶段。夜间由于仅有呼吸作用，为物质消耗阶段，因此绿色植物存在着物质积累与消耗的日交替现象。季节周期为一年内生物资源量的季节峰和谷的交替，即季节波动。一般说来，凡是繁殖季节明显的生物，其资源量的峰期均出现在当年繁殖期之末，而谷期则出现在年繁殖期之前。如毛竹的生长就具有季节变动，其生活周期为春生笋、夏长鞭、秋孕笋、冬休眠；鸟类资源量最多的季节是秋季。年周期呈现出多年间的数量波动，有长短周期之分，长周期如美洲兔和加拿大猞猁，平均9.6年出现一个数量的高峰年，在高峰之后，迅速下降至原来的水平，且加拿大猞猁的数量高峰一般是美洲兔数量高峰的第2年出现。生物资源质量也存在着周期性，最明显的例子是毛皮动物的毛皮质地呈现出的周期性。如河狸毛皮的质地最佳时间是在每年的12月至次年的1月间。生物资源的周期性现象提示我们对生物资源的合理开发利用必须遵循适时收获、捕捞、狩猎和放牧，即要按照生物的生长发育规律，适时地取，以便"不夭其生"；适量地取，以便"不绝其长"。

5.资源的有限性

资源是有限性的。一是资源本身的有限性，二是由于人类对资源利用的强度和方式造成的。如果人类开发利用资源超过了其所能负荷的极限，可能会导致整个资源因消耗过度而枯竭，破坏自然界的生态平衡。如随着人口的增加、人类生活水平的提高，对资源的利用将逐渐加剧，加之其他诸多方面的因素，适合生物资源栖息的环境会越来越小，使得一些生物资源濒临灭绝。目前，部分生物资源出现枯竭的原因，大多数是人为因素造成的。认识了资源的有限性，就要求人类必须遵循客观规律，在开发利用资源时，按照资源的特性，既要珍惜有限的资源，使其能够得到充分利用，创造出最大的经济效益，又要认识资源耗竭的条件，掌握其负荷极限，正确处理好人类与资源之间的"予取关系"，使资源能够持续地为人类造福。

6.资源的增值性

资源的增值性是指资源在一定条件下其利用价值不断提高的一种资源属性。人类对生物资源利用的历史证明，对生物资源进行有效的投入是实现生物资源增值的关键条件。如家禽、家畜和栽培植物，它们的资源价值均不同程度地比野生祖先物种要高，这是因为人类在驯养、培育家养动物及栽培植物的过程中，投入了一定的能量（人力、物力、财力等）。一个优良的新品种，一旦培育成功和推广，每年能创造出巨大的经济效益。

二、我国农业资源概况

我国位于亚洲的东部，东临太平洋，是一个海陆兼备的国家。南北相距5500km，东西相距5200km，大陆海岸线长逾18000km，沿海岛屿5000多个。我国山地和高原所占面积很大，海拔500m以上的占全国总面积的75%，山地、高原、丘陵占69%，平原占12%，盆地占19%。地势西高东低，西从青藏高原至大兴安岭、太行山、巫山和雪峰山一带，主要由山地、高原和盆地组成；东至海岸线一带，主要由平原、低山和丘陵组成；东北平原、华北平原、长江中下游平原相连，形成了我国独特的农业资源。

（一）土地和耕地资源

土地资源是人类生活和从事生产、建设的必需场所和重要生产资料，也是人类赖以生存的最宝贵、最基本的自然资源，是农业生产最基本、最珍贵的生产资料，广义的土地是指地球表层所拥有的全部自然资源和包括人类活动影响在内的全部综合体。狭义的土地是指地球表面的陆地部分，是土壤、地形、植被、岩石、水文、气候等因素长期作用以及人类的长期活动共同影响形成的自然综合体。我国国土面积约为$9.6 \times 10^8 hm^2$，居世界第3位。

我国土地资源的特征主要包括以下几个方面：

（1）绝对量大、人均占有量少。据2006年的相关资料显示，我国的国土面积居世界第3位；耕地面积占世界耕地总面积的7%，居第4位；草地占9.5%，居第3位；林地占3.2%，居世界第8位。从总量上看，我国是一个土地资源相当丰富的国家。但由于我国人口众多，人均占有量少，人均耕地是世界平均值的1/3，在世界上居第113位。同样，我国人均占有林地是世界平均值$0.91hm^2$的1/5，在世界160个国家和地区中占118位；人均占有草地$0.26hm^2$，是世界平均值的1/3，在世界上居第83位。

（2）类型多样，山地多于平地。据2006年相关资料显示，我国山地、高原、丘陵面积约665万km^2，占全国土地总面积的69%，其中山地、高原、丘陵分别约占33%、26%和9%。平原和盆地约295万km^2，占全国总土地面积的31%。按海拔高度估算，海拔小于500m的地区仅占全国总面积的25%，海拔高于3000m的地区却占26%，很多山地由于海拔高、气温低、坡度大、土层薄和交通不便等原因，发展农林牧业困难，土地难以利用。

（3）地区差异大。我国地跨赤道带、热带、亚热带、暖温带、温带和寒温带，区域差异明显，其中亚热带、暖温带、温带合计约占全国土地面积的71.7%，温度条件比较优越。从东到西又可分为湿润地区（占土地面积的32.2%）、半湿润地区（占17.8%）、半干旱地区（占19.2%）、干旱地区（占30.8%）。全国90%以上的耕地和内陆水域分布在东南部地区；一半以上的林地分布并集中于东北部和西南部地区；86%以上的草地分布在西北部干旱地区。

（4）耕地质量不好，耕地后备资源不足。近年调查表明在全国国土总面积中，沙漠占7.4%，戈壁占5.9%，石质裸岩占4.8%，冰川与永久积雪占0.5%，加上居民点、道路占用的8.3%，全国不能供农林牧业利用的土地占全国土地面积的26.9%。在现有耕地中，涝洼地占4.0%，盐碱地占6.7%，水土流失地占6.7%，红壤低产地占12%，次生潜育性水稻地为6.7%，干旱、半干旱地区40%的耕地不同程度地出现退化，全国30%左右的耕地不同程度地受到水土流失的危害。海拔3000m以上的高寒地区约2.48亿hm^2，约占全国土地面积的1/3。据2006年相关资料显示，我国现有后备土地资源1.25亿hm^2，其中宜垦土地约0.33亿hm^2，质量较好，宜作农用的只有0.13亿hm^2，即使全部开垦，按垦殖率60%计，只能净增0.07亿hm^{2}左右的耕地。土地的连年大量减少、土地退化、生态环境恶化，已成为我国经济持续稳定发展的主要限制因素之一。

（二）水资源

水是维持人类生存的3大基本要素之一，也是人类生产和生活的重要资源。水资源属于可再生资源。除具有一般再生自然资源所共有的属性外，水资源还有其本身固有的特性，如循环性，多用性，量的有限性和质的不可替代性，分布的不均匀性。

我国是水资源大国，水资源总量居世界第6位，仅次于巴西、俄罗斯、加拿大、美国和印度尼西亚。但由于我国人口众多，人均占有量仅为世界人均占有量的1/4，居世界第110位，灌溉面积不到耕地的一半，城市供水普遍不足，缺水城市约300多个，日缺水量高达1000多万m^3。

从总体上看，我国天然河川水的质量是比较好的。矿化度超过1000mg/L

的河水面积仅占全国总面积的13%，总硬度超过250mg/L极硬水的分布面积也仅占全国面积的12%。但是，随着社会经济发展和人口增长，工业废水和生活污水排放量迅速增加，致使我国很多河流、湖泊、水库、地下水都有不同程度的污染，水质日益下降。

我国水资源的主要特点：

（1）人均占有量低。人均水资源仅约为2260m³（世界人均水资源10796m³），耕地水资源占有量28320m³/hm²，为世界平均值的4/5，排世界第110位，被联合国列为全世界13个人均占有水资源最匮乏的国家之一。

（2）地区分布不均，水土资源不相匹配，南多北少，东多西少。长江流域及其以南地区国土面积只占全国的37%，其水资源量占全国的81%；淮河流域及其以北地区的国土面积占全国的64%，其水资源量仅占全国水资源总量的19%。

（3）年内年际分配不匀，旱涝灾害频繁。大部分地区年内连续4个月降水量占全年的70%以上，连续丰水年或连续枯水年较为常见。

（三）气候资源

气候是指一个地区或地点多年的大气状态，包括平均状态和极端状态。具体以各种气象要素（包括气温、气压、空气湿度、降水量、风等各种天气现象）的统计量来表达。气候是由太阳辐射、地理、大气环流、人类活动因子决定的（见图7-2）。

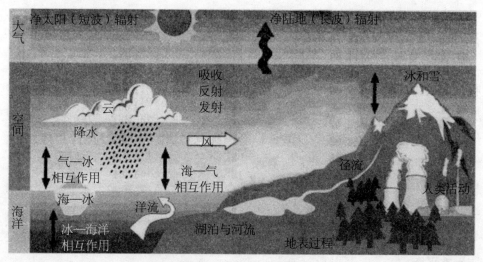

图7-2　气候系统示意图

农业气候资源是指那些属于某种物质或能量的农业气候要素，它们不仅影响而且直接参与农业生产过程，能为农业生产对象所利用，即有利于人类经济活动的气候条件。主要是指农业（包括林、牧业）气候资源和气候能源等，包括太阳辐射、热量、水分、风能等。农业气候条件形成的灾害（如大风、暴雨、冰雹、低温、霜冻等）和农业气候资源达极限值时构成的灾害（如水分过多成为雨涝、水分过少成为干旱等）均影响农业气候资源的数量、质量及其利用。人类对农业气候资源的利用包括2个方面，一是直接利用，即作为能源和物质的直接利用，例如利用太阳能、风能发电、供热，作为机械动力，利用空气制氧、制氮以及将来雷电能利用等。二是间接利用，即利用绿色植物同化二氧化碳和水，固定太阳能，生产有机物质。

1.农业气候资源的特点

（1）无限循环的可更新性和单位时段的有限性。某一地区的太阳辐射、温度、降水、风速等气候要素的多年平均值是相对稳定的，因而其利用潜力是有限的。但气候要素是年复一年循环不已、四季交替、昼夜轮回，光、热、水资源均有明显的周期性季节变化，可以持久利用，因此又是无限的。从总体看，农业气候资源是取之不尽、用之不竭的可更新的自然资源。

（2）波动性和相对稳定性。由于天文、地理因素的制约和影响，光、热、降水数量及其组合可以相差很大，具有一定的波动性。纵观地球气候史，地球上一直冷暖交替变化，波浪式地向前发展。尽管每年都发生不同程度的波动，但又总是围绕其多年平均值上下起伏，一般多呈现正态分布，具有相对稳定性。

（3）相互依存性和可改造性。气候资源各要素并不是独立地存在与发展变化的，一种要素的变化会影响到另一种要素的变化。例如，降水量的增加，就可能同时减少光照与降低温度。因此，气候资源各要素是相互影响制约，有机地组成气候资源的总体，也影响到气候资源的有效利用。例如农业气候资源的利用，必须考虑土地资源、生物资源等，离开了这些也就无从谈起充分利用农业气候资源。农业气候资源可以通过人类活动在某种程度上和一定范围内调节、改善局部气候和小气候。如植树造林、兴修水利、保持水土、防风固沙、培肥地力等，不仅形成有利的地方气候和小气候，而且能保持生态平衡。

（4）区域差异性。由于纬度、海陆分布以及地势、地貌与下垫面特性的不同，造成大范围的光、热、水资源的显著区域差异，就是在较小的范围内，由于有海拔高度和坡向坡度等不同地形的影响，光、热、水资源在时间和空间分配上均有显著差异，表现出小区域内农业气候资源分布的不平衡性，常可形成多样的农业气候类型。

（5）适度性。每种农业生物对光、温、水等主要气候要素都有其最低、最适和最高3个基点，只有处在农业生物的可利用范围内才成为资源。超过或低于一定的范围，都会给农业生产带来不利影响，甚至造成灾害。如对农业气候资源来说，温度过低，农作物会发生冷害；温度过高，农作物则发生热害；降水过少，会使农作物缺水；降水过多，会淹没农作物。

（6）有值无价性。农业气候资源是由各种物质和能量组成的一种可利用的资源，是一种有价值的资源。但由于它的流动性、无边界性，无法大面积人为加以控制，通常是有值无价的，比如人们在获得土地以后，自然就得到了水、热、光、气等农业气候资源，但这些资源很难划分归属、无法形成商品，因而是有值无价的资源。

2.我国农业气候资源现状

我国幅员辽阔，按农业气候区划可分为3个农业气候大区：①从大兴安岭区，沿长城，经甘肃南部和川西大雪山山脉一线以东为东部季风区；②昆仑、阿尔金、祁连山脉以南为青藏高寒区；③西北干旱区的南部与青藏高寒区相接，其东南部接东部季风区。

（1）光资源。我国大部分地区属于中纬度地带，太阳辐射能资源丰富。据2003年相关资料显示，光照年总辐射量在$3.5 \times 10^9 \sim 8.3 \times 10^9 J/m^2$，其分布规律是从东向西逐渐增大。年辐射量最大的是青藏高原，四川盆地是年辐射量最低的地区。但目前利用率平均约为0.5%，潜力还很大。改良品种，改进农业技术以更好地利用光能，提高复种指数、实行间作套种是提高光能利用率的重要途径，可以发挥较大的农业生产潜力。

（2）热量资源。热量是维持生命活动的主要条件。农业区≥10℃的积温为2000～9000℃，可以满足一年一熟至一年三熟。适合发展对热量条件要求不同的多种农业生物。但热量条件有年际波动，波动大时往往造成农业生产的不稳定。热量条件对作物布局、多熟种植起了决定性作用。我国大部分地区属于温带和亚热带，热量资源南方比较丰富。按≥10℃积温划分，我国的热量分布自南向北逐渐减少。

（3）水分资源。大气降水是农业水资源的主要来源，单位时间内的降水量称为降水强度，常用的单位是mm/d或mm/h。它关系到降水的有效性，通常暴雨和微量降水的水分资源有效性很低。年降水量是某一年内降水量之和，它是评价一个地区水分资源的基本数据。我国多年平均降水量648mm，降水总量6.19万亿m³。年降水分布极不平衡，总的趋势从东南沿海向西北内陆逐渐减少。东南沿海和西南部分地区年降水超过2000mm，长江流域1000~1500mm，华北、东北400~800mm，西北内陆地区年降水显著减少，一般不到200mm，新疆塔里木盆地、吐鲁番盆地和青海柴达木盆地是降水最少的地区，一般为50mm，盆地中部不足25mm。

（4）风能资源。把具有一定风速的风（风速为3~20m/s）作为一种能量资源加以开发，用来做功或发电，称为风能资源。<3m/s的风，没有开发利用的经济价值；>20m/s的风因破坏性较强，在目前的条件下，开发利用极困难。风能资源是由太阳能派生出来的，是一种分布广泛、就地可取、可循环再生、取之不尽、用之不竭的再生资源。然而风能资源也有它的弱点，即不稳定，时起时停，时大时小，其所包含的能量密度比较低。风能增加地面与大气的热量交换，影响农田小气候，调节农田温度、湿度和CO_2含量，避免某一层次或局部的温度、湿度或某种气体含量过高或过低，风还能传播花粉和种子，帮助作物授粉和繁殖。

（四）生物资源

生物资源是指能为人类生活直接或间接地提供原料、食品及其他效益的生物的总称，是一种可更新资源，包括各种动物、植物、微生物，是自然环境的有机组成部分。目前地球上大约有1000万个物种，高等植物有23万多种，我国大约有27000余种，常见的栽培植物有百余种，主要粮食作物有20多种。在动物资源中，我国陆生脊椎动物有156科714属2100多种，鱼类中海生的有1500多种，江河湖泊淡水生的有700多种。

1.植物资源

据植物分类学研究，世界上现存的植物种类约50万种。我国在地球演变过程中，受冰川期影响较小，幅员辽阔，横跨寒温带、温带、暖温带、亚热带和热带，气候、地形复杂多样。因此，植物种类也较多，仅高等植物就有3万余种，仅次于巴西和哥伦比亚，居世界第3位，野生植物资源极其丰富。

据2008年相关资料显示，我国草原面积约3.19亿hm²，约占全国总面积的34%，其中可利用面积为2.62亿hm²，主要分布在中国的西北部。从大兴安岭起，经黄土高原北部、青藏高原东缘，至横断山脉划一斜线，线以西为草原集中分布区，以东为农耕区（其间约有草地440万hm²）。豆科牧草全世界约有600个属1200个种，我国约有139个属1130个种，是人工草场最重要的栽培牧草；禾本科牧草全世界共有500个属6000多个种，我国有190多属1150个种，占世界主要禾本科和豆科牧草种类的85%以上。我国森林面积2.36亿万hm²（第6次森林清查结果），全国森林覆盖率达18%，森林蓄积量199.7亿m³，经济价值较高的有1000多种，如用材树种红松、落叶松、云杉、冷杉等，粮油树种板栗、大枣、核桃、油茶等，经济林树种橡胶、油桐、竹等，我国特有的古老树种有水杉、银杉等。

（1）植物种质资源。我国是世界上最古老的作物资源中心之一，世界上栽培植物（农作物）中最主要的有90多个种，常见的在我国就有50多个种，其中水稻、大豆、粟、稷、荞麦、绿豆、赤豆等20种作物均起源于我国。我国农作物种质资源的长期安全保有量达180种作物33.2万份，居世界首位。抗逆植物资源如盐生植物全国有423种66科199属，其中新疆有305种11变种4亚种，隶属36科123属。

（2）菜用植物资源。全世界栽培的蔬菜大约有100多个种，其中原产于我国的约占49%。我国地域广阔，野生蔬菜资源达7000余种，常被采食的野生蔬菜多达100余种，原料易得，四季均有，且野生蔬菜营养价值高，无污染，具有独特的野味和医疗功效，开发利用价值高。按地理划分，我国山野菜植物资源分布在东北区、华北区、东南区和青藏高原、云贵高原及东南沿海地区，资源丰富、稳定。山野菜的种类、资源蕴藏量种间不相同。有些山野菜分布很广，而且非常常见，例如婆婆丁、马齿苋等；而有些山野菜具有很强的地域性，分布范围很小，如蜂斗菜、松茸、明叶菜等；有些山野菜如马兰头、落葵、大车前、决明等仅在南方分布；而有些山野菜如五加、桔梗、薄荷、龙牙草等仅在北方生长。

（3）果树植物资源。据2011年相关资料显示，全世界约有果树种类2792

种分属134科659属，其中栽培果树只有300种左右，占全部果树种类的10%，而野生果树种类约占90%。我国有果树种类1282种81科223属（包括从国外引进的148种属41科80属），其中野生果树种类为1076种73科173属，占果树总数的85%。野生果树大多数为被子植物，且以双子叶植物为主，主要分布于蔷薇科（434种）、佛猴桃科（63科）、虎耳草科（54种）、山毛榉科（49种）、芸香科（43种）、胡颓子科（26种）和桑科（24种）等。在我国野生果树资源中，还有许多具优良性状的优异种质资源。如抗旱、耐贫瘠、营养丰富的酸枣；耐寒、丰产、矮化的笃斯越橘；抗风固沙的白刺、沙枣；苹果、梨、柑橘的抗性砧木山定子、杜梨和枳；苹果和桃的矮化砧木锡金海棠、毛樱桃；富含维生素C的猕猴桃、沙棘、刺梨、西北蔷薇、酸枣；富含油脂的核桃楸、果松；富含淀粉的橡子；富含磷的权杷果；富含铁的水麻；富含维生素E的悬钩子；富含钾的胡颓子等。另外，在我国的果树资源中，还有一些处于濒危状态。列入国家级保护的珍稀濒危植物中野生果树有39种2变种，占受保护种子植物的11%，其中属二级保护植物的有16种1变种，属三级保护植物的有23种1变种。我国的野生果树资源分布广泛，全国各地几乎都有。从整体上看，野生果树有从北到南密度逐渐加大的趋势，以华南和西南山区野生资源最为丰富。

（4）油脂植物资源。截至2011年，我国已发现的油脂植物约1000种，分别隶属于100多科，约400属。其中以大戟科、樟科、山茶科、芸香科、葫芦科、卫矛科、胡桃科、檀香科、藤黄科、无忠子科、术兰科、松科、安息香科、锦葵科、楝科、肉豆蔻科、虎皮楠科、大风子科、漆树科和榆科等为多，约占全部油脂植物的一半，含油率高，一般均大于20%。在约1000种油脂植物中，只有极少数种是人工栽培的，绝大多数为处于野生或半野生状态。世界上大部分油料作物在我国均有栽培，其中的一些如大豆、油茶、油桐等是我国首先发现并贡献于世界的；有些是从国外引进的，如油橄榄、浩浩巴等。

（5）维生素植物资源。维生素植物，以各种野生植物为主，如猕猴桃、阳桃、沙棘、山楂、海棠及蔷薇属的许多种，其鲜果一般每百克含维生素200～800mg。缫丝花（刺梨）可达2000mg。

（6）饮料植物资源。凡是在果实、根、茎、花和叶等植物器官中，有一种或多种可作为原料加工成饮料的植物，都可以称为饮料植物。饮料植物一般多为木本植物，少数为藤本植物和多年生草本植物。现已开发利用的饮料植物有：野葡萄、菊花、酸枣、沙枣、沙棘、野山楂、越橘、猕猴桃等。此外，桑格、草莓、西番莲、毛樱桃、金银花、五味子、百合、薄荷、决明子、山茱萸、悬钩子、甜叶菊、桦树、沙枣等100多种植物都可作为生产饮料的原料。

（7）香料植物资源。香料植物是指植物体某些器官中含有芳香油、挥发油或精油的一类植物。芳香油是由萜烯、倍半萜烯、芳香族、脂环族和脂肪族等多种有机化合物组成的混合物，常温下大多数为油状液体，具有挥发性，易燃，除极少数（如檀香油）外，均比水轻，不溶或微溶于水，易溶于各种有机溶剂、动物油脂、酒精及树脂中。据不完全统计，我国共有香料植物800多种，分属95科335属。除少数种类外，多数为原产我国，如八角、肉桂、薄荷、山苍子等都为我国的传统香料。我国香料植物资源主要分布于长江、淮河以南地区，其中以西南、华南地区最为丰富，但各个省区都有其优势香料植物资源，如云南的桉树，贵州的柏木，山东的赤松，黑龙江的铃兰等。主要芳香油资源植物有柏木、檀香、八角茴香、白兰花、依兰、腊梅、樟、山胡椒、山苍子、玫瑰、狭叶杜香、花椒、紫罗兰、柠檬桉、茴香、茉莉、桂花、薰衣草、薄荷、丁香罗勒、广藿香、五肋百里香丁、缬草、香茅、香根草、铃兰、香根鸢尾等。

（8）色素植物资源。色素植物指植物的某些器官内含有丰富的具有着色能力的化学衍生物。我国26000余种被子植物中有大量的色素植物资源，是构成天然色素的主体。植物色素按溶解性可分为脂溶性色素和水溶性色素。按化学结构可分为四吡咯衍生物类色素、多烯色素、酚类色素、吡啶色素、醌类衍生物类色素和其他类别色素。我国已经成为食用天然色素的品种和产量大国。已经形成了一个初具规模的产业化行业。2004年，我国食用天然色素总产销量为21.013万t，有约17个食用天然色素品种出口，出口金额约2.8亿元。出口品种为红曲米、辣椒红、高粱红、叶黄素、萝卜红、甜菜红、可可壳色素、虫胶红、姜黄素及姜黄油树脂、红花黄、叶绿素及叶绿铜钠盐、栀子黄、紫甘薯色素、甘蓝红、紫苏红等。主要色素资源植物有多穗柯、日本红叶小檗、菘蓝、苏木、冻绿、玫瑰茄、密蒙花、紫草、茜草、栀子、云南石梓、辣椒、五指山蓝、大金鸡菊、红花、姜黄等。

（9）淀粉植物资源。淀粉植物资源就是指那些在植物体的某些器官（果实、种子、根等）中储藏有大量淀粉的植物资源。我国淀粉植物资源约有300种。淀粉植物以壳斗科、禾本科、蓼科、百合科、天南星科、旋花科等科的种类较多，而且其种子的淀粉含量丰富；其次是蕨类、豆科、防己科、睡莲科、桔梗科、菱科、檀香科、银杏科等科。

（10）药用植物资源。我国药用植物种类多、分布广。据1984年统计，已鉴定的中草药植物5136种。因此，研究药用植物的种类、蕴藏量、地理分布、时（间）空（间）变化，合理开发利用及其科学管理，为人民保健事业和制药工业不断提供充足而优质的植物性药的原料，具有极其重要的意义。主要的药用植物有东北细辛、黄连、大叶小檗、朝鲜淫羊藿、北五味子、掌叶大黄、菘蓝、杜仲、高山红景天、甘草、蒙古黄芪、黄皮树、远志、人参、三七、刺五加、柴胡、新疆阿魏、当归、山茱萸、黄芩、丹参、宁夏枸杞、忍冬、绞股蓝、党参、茅术、灯盏花、浙贝母、滇重楼、龙薯蓣、阳春砂、石斛等。药用植物资源中农药植物资源是指植物体内含有驱拒、干扰或毒杀害虫，抑制病菌和除草等物质，其有效成分多为生物碱、苷类、挥发油、鞣质、树脂、鱼藤酮、蜕皮激素等。目前，我国已经实现商品化的植物源杀虫剂品种有鱼藤酮、茴蒿素、苦皮藤素、印楝素、川楝素、茶皂素、乙蒜素、烟碱、苦参碱、藜芦碱、毒藜碱等10多种。

（11）环保植物资源。我国地跨热带、亚热带、温带和寒温带，物种丰富，植物本身就有很高的观赏价值，一经人工驯化、培育，就可成为新的花木。据2011年相关资料显示，兰科植物世界有700属2000多种，我国就有166属1019种，且南北均产，以云南、台湾和海南为最盛。有的植物因能超富集土壤中有害金属（包括放射性物质）从而修复被污染的土壤。有的植物能防风固沙，如木麻黄、大米草、多种桉树、银合欢、毛麻楝、杨树、琐琐、柽柳、沙拐枣等。有的植物能固氮增肥、改良土壤，如楷木、碱蓬（钾肥植物）、紫苏（增加土壤有机质）、田菁、紫云英、红萍等。有的植物能保持水土、改造荒山荒地，如银合欢、金合欢、雨树、牛油树、油楝、黄檀、洋槐、锦鸡儿、胡枝子、榛葛藤及多种木本油料植物。有的植物能监测和抗污染，如碱蓬可监测环境中汞的含量，凤眼兰能快速富集水中的镉类金属，还有森林对于净化环境有极大作用，许多水生植物、水藻也有净化水域的功能。

（12）工业植物资源。有的植物体内含有大量纤维组织，由纤维素、半纤维素、果胶、木质素、蛋白质、脂肪、蜡质和水分等组成。我国的纤维植物资源种类丰富，尤其麻类纤维在世界上占有重要的地位。主要纤维植物有宽叶香蒲、芦苇、小叶章、龙须草、棕榈、马蔺等。树脂是植物体分泌的一种碳氢化合物。全世界高等植物中约有10%的科属含有树脂，其中的2/3分布在热带地区。我国树脂植物资源分布广泛，蕴藏量大，主要采脂植物有松属中的马尾松、云南松、南亚松、红松和油松。具有能源开发价值的约有4000种植物，可以弥补化石燃料的不足，缓解过分依赖大量进口石油的被动局面，实现我国能源安全战略，而且通过发挥其植被的碳库，水土保持和对低效土壤的改良从而达到保护和建设生态环境的目的。

2.动物资源

据2011年相关资料显示，我国有鸟类1186种，兽类470余种，其中具有经济价值的鸟类和兽类分别有329种和188种。我国的家禽家畜品种资源也是十分丰富，著名的地方良种约280个，其中地方猪品种就有48个。我国近海有较大经济价值的鱼类1500多种，有淡水鱼类832种。此外，我国动物区系兼有古北区和东洋区的特点，黄河、长江中下游地区，两大区系的动物交叉分布，兽类中的狼、狐，鸟类中的麻雀、喜鹊、鸢等广泛分布，一级保护的特有珍稀动物有大熊猫、金丝猴、白唇鹿等23种，鸟类有丹顶鹤（仙鹤）等3种，还有爬行类扬子鳄等。害虫天敌资源有赤眼蜂、啄木鸟等。

我国不仅有辽阔的陆地疆域，渤海、黄海、东海、南海四海相连，呈东北到西南向的弧形，环绕我国东部和东南海岸，总面积$370 \times 10^4 hm^2$，其中200m深线以内的大陆架面积$1.47 \times 10^8 hm^2$。内陆水面约$0.27 \times 10^8 hm^2$，其中河流$0.12 \times 10^8 hm^2$，湖泊$0.08 \times 10^8 hm^2$，池塘水库近$0.07 \times 10^8 hm^2$，沿海还有滩涂$49.33 \times 10^4 hm^2$，水产资源丰富。2011年相关资料显示，淡水渔业利用率为65%，淡水养殖的利用率为24%。但海洋捕捞多集中在近海范围，已引起近海渔业的退化，单位船生产力下降，同时经济鱼减少，杂鱼、小鱼增多。

（五）矿产资源

矿产资源是地壳形成后，经过几千万年、几亿年甚至几十亿年的地质作用而生成，露于地表或埋藏于地下的具有利用价值的自然资源。目前，95%

以上的能源、80%以上的工业原料、70%以上的农业生产资料、30%以上的工农业用水均来自矿产资源。

我国地质条件复杂，矿产资源丰富，矿种齐全。我国矿产资源的特点是：资源总量大，人均占有少；富矿少，贫矿多；地区分布不平衡；规模小，生产效率低；注重传统矿产资源开发利用，而非传统矿产资源利用少。

（六）废物资源

废物资源化利用是当前一个研究热点，以废弃物资源化为桥梁，通过工业与农业的互相促进，可实现国民经济的协调与健康发展。如农业有机废弃物加工处理后，配合部分精饲料喂养禽畜；利用禽畜粪便配合青绿植物、秸秆等制取沼气；再将沼液和沼渣作农田肥料。这种方式把有机废弃物中的营养元素转化成甲烷和二氧化碳，将其余的各种营养元素较多地保留在发酵后的残渣中。秸秆经沼气池发酵比直接燃烧，生物质的热能利用率提高近2倍。工业废弃物由于其来源和工艺不同，其物理、化学性质及营养差异甚大。制糖业、发酵业及某些造纸业产生的糖蜜、酒精及造纸废液等有机质含量高且营养元素较全面，可以加工成有益微生物培养基，使之转化成高价值的微生物蛋白，而钢铁企业和电力工业产生的粉煤渣，有机质含量低，无机元素含量丰富，质地疏松。这些废弃物与人畜粪便混合，则可以在营养元素和物理性状方面互补，生产更为经济、有效的无机—有机复合肥。

（七）农业社会资源

根据第六次人口普查，我国人口已达13.4亿，约占世界人口的1/5，庞大的人口基数给我国社会能源、资源、环境、粮食、就业、教育等带来了压力。我国各类土地资源的绝对数量都居于世界前列，但人均占有的资源数量相对较少。采用现代化的先进技术，提高农业劳动生产率，改革农村产业结构，发展乡镇企业，方能充分发挥我国劳动力资源的优势。

三、农业资源的合理利用

（一）农业资源合理利用的实质

农业资源合理利用的实质是：通过扩大生产规模和改善现有生产条件来推动农业综合生产能力提高。

农业综合生产能力是指一定地区、一定时期和一定社会经济技术条件下，由农业生产诸要素综合投入所形成，可以相对稳定地达到一定水平的农业综合产出能力。农业综合生产能力的要素包括：农业生产要素投入规模、农业物质投入强度、农业科技投入水平、农业生产要素使用效能、农业抗灾保产能力。

（二）农业资源合理利用的作用

（1）农业资源合理开发利用是提高农业综合生产能力的源泉和主要推动力。

（2）农业资源合理开发利用能增强农业发展的后劲。

（3）农业资源合理开发利用能增强农民的现代意识，还能部分消化农村剩余劳动力。

（三）农业资源合理利用的基本原理

1.生态系统与生态平衡

生态系统：是由生物及其周围环境组成的，是自然界的基本单位。生物群落和非生物环境之间紧密联系，相互作用，进行物质和能量的交换，这种生物群落与环境的综合体，就成为生态系统。

生态平衡：是指生态系统内的生产、消费和分解之间保持相对平衡状态，即能量流动和物质循环在较长的时间中保持稳定。

2.人口经济原理与收益递减律

人口经济理论：是农业资源的利用中的一项基本原理，它分析人口发展与自然资源环境和经济发展的相互关系，揭示人口与资源开发利用之间的联系和规律，指导人们正确认识和解决人与自然、人与资源环境的关系。

收益递减律：是指相对于其他不变入量而言，在一定的技术水平下，增加某些入量会使总产量增加，但是，在某一点之后，由于增加相同的入量而增加的出量多半会变得越来越少。

3.农业生态系统和农业生态经济系统

农业生态系统：是生态系统的主要类型之一，它是在人类的积极参与下，以植物、动物和微生物为对象，以土壤、气候等为自然环境，利用农业生物种群与非生物环境之间的相互关系，通过互利的生态结构及高效的生理机能进行物质循环和能量转化的综合体系。

农业生态经济系统：是指农业生态系统与农业经济系统的联系、结合、矛盾和统一。这种相互矛盾统一的运动规律，称为生态经济规律，而这在矛盾运动中形成的动态相对稳定状态，称为生态经济平衡。但农业经济系统则对农业生态系统具有主导作用，影响着农业资源的利用及农业生产的发展方向。彼此间既相互依存，又相互制约；相辅相成，互有反馈作用。

（四）合理利用农业资源的意义

（1）合理利用农业资源是农业现代化的客观需求。

（2）合理利用农业资源是解决人口增长与人均资源不断减少这一矛盾的途径之一。

（3）合理利用农业资源是保护资源、改善生态环境的需求。

（五）合理利用农业资源的目标

（1）合理利用农业资源的目标：采用最先进的技术进行开发利用，减少浪费，提高效益。

（2）再生资源的合理利用以实行增值和永续利用为目标：土地资源应充分利用现有耕地资源，挖掘未利用的荒山荒地资源；森林资源应是森林的采伐量与林木生长量相适应，年采伐量不超过资源再生量；草场资源应是牲畜的饲养量与饲草增殖相适应，"以草顶畜"；渔业资源应实行养殖、捕捞并举，以养殖为主。

（3）非再生资源的合理利用以节约、综合利用和重复利用为目标。

（4）恒定资源的合理利用以最大限度利用为目标。

（六）合理利用农业资源的原则

1.因地制宜与因时制宜相结合

我国自然资源时空分布形成了严格的区域性和时间节律性。因此，在农业资源的合理利用中，要注意遵循因地制宜、因时制宜的原则：一方面要注意不同作物、畜禽、林木、水生生物等都对其生长发育环境有特殊要求；另一方面要充分利用资源的有利条件，发挥其生产潜力，做到宜农则农、宜牧则牧、宜渔则渔，并根据资源的供应量，合理组配农业生物种群和种群密度。

2.资源利用与资源保护相结合

资源利用与资源保护是相互联系又相互制约的，必须做到合理开发利用与加强资源保护相结合。在开发利用时注意保护，在保护的前提下合理开发利用。自然资源的合理开发利用和保护，应当根据不同的资源类型和特点，制定相应的利用和保护计划。可更新资源的利用首先要考虑资源的再生能力，开发利用的强度不应超过资源的再生能力。不可更新资源的利用，要确定储采比，合理调节有限资源的耗竭速度，提高资源采、冶、选的回收率和综合利用率，开源节流，延长资源的使用年限。

在农业社会资源的合理利用和保护中，建立合理的人才管理机制是现代化农业企业的关键，通过引进人才、培训人才，以加强系统的人才储备库；通过继续教育、对口培训，以提高系统内的领导者素质；通过合理的分配制度、和谐的内部关系，以充分调动全体从业人员的积极性。

3.资源利用与资源节约相结合

节约资源不仅有利于资源保护，而且具有比开发利用投资少、周期短、见效快等特点。一方面要注意节约使用资源，另一方面也要注意资源的开源与节流相结合。对于某一现实的农业生态系统，开源的途径是多方面的，通过资源引进、低值资源的利用、替代资源的开发、废物资源化等途径，拓展系统的资源流通量，提高农业生态系统的功能。

4.综合开发与综合利用相结合

这是由资源本身具有的多用性特性决定的，对多用性资源要进行综合开发，实现资源的多层次、多途径利用，以提高资源的利用效益。如水库的主体功能是农业灌溉，若开发为由旅游、养殖、灌溉、水利发电等项目组成的综合利用系统，则系统的效益更高。由此可见，综合开发、综合利用资源，形成良性循环的多层次、多途径综合生产系统，不仅可充分发掘资源的生产潜力，还能大大提高农业生态系统的效益。

参考文献

[1] 梁欣，严进瑞，梁玉红.生态农业实用技术[M]. 北京：中国农业科学技术出版社，2017.

[2] 曹林奎.农业生态学原理[M]. 上海：上海交通大学出版社，2011.

[3] 乔玉辉，曹志平.有机农业[M]. 北京：化学工业出版社，2021.

[4] 王凡.生态农业绿色发展研究[M]. 北京：社会科学文献出版社，2018.

[5] 林文雄.农业生态概论[M]. 北京：中国农业出版社，2019.

[6] 赵希彦，俞美子.生态养殖[M]. 北京：化学工业出版社，2015.

[7] 万毅成. 辽宁高效可持续农业模式[M]. 沈阳：东北大学出版社，2000.

[8] 骆世明. 生态农业的模式与技术[M]. 北京：化学工业出版社，2009.

[9] 李吉进.环境友好型农业模式与技术[M]. 北京：化学工业出版社，2010.

[10] 尹昌斌，周颖等. 循环农业100问[M]. 北京：中国农业出版社，2009.

[11] 李文华. 生态农业的技术与模式[M]. 北京：化学工业出版社，2005.

[12] 陈阜，李季. 持续高效农业理论与实践[M]. 北京：气象出版社，2000.

[13] 薛达元，戴蓉，郭泺等.中国生态农业模式与案例[M]. 北京：中国环境科学出版社，2012.

[14] 海泳. 美丽乡村蓝图下生态农业建设之道[M]. 长春：吉林大学出版社，2016.

[15] 李素珍，杨丽，陈美莉. 生态农业生产技术[M]. 北京：中国农业科学技术出版社，2015.

[16] 唐珂. 中国现代生态农业建设方略[M]. 北京：中国农业出版社，2015.

[17] 杨承训，仉建涛等．高端生态农业论：探研中国农业现代化前景[M]．北京：社会科学文献出版社，2015.

[18] 周纪纶，郑师章，杨持.植物种群生态学[M]．北京：高等教育出版社，1992.

[19] 骆世明．农业生态学[M]．北京：中国农业出版社，2001.

[20] 张孝羲．昆虫生态及预测预报[M]．北京：中国农业出版社，2002.

[21] 付增光．生态学基础[M]．陕西：西北农林科技大学出版社，2004.

[22] 李洪远．生态学基础[M]．北京：化学工业出版社，2006.

[23] 王崇云．进化生态学[M]．北京：高等教育出版社，2008.

[24] 蒋长瑜，郑驰．美国农业空间结构研究——兼论中国农业商品基地选建[M]．上海：华东师范大学出版社料，1997.

[25] 严力蛟，朱顺富．农业可持续发展概论[M]．北京：中国环境科学出版社，2000.

[26] 王兆骞．中国生态农业与农业可持续发展[M]．北京：北京出版社，2000.

[27] 骆世明．农业生态学[M]．北京：中国农业出版社，2001.

[28] 陈阜．农业生态学[M]．北京：中国农业大学出版社，2001.

[29] 曹凑贵，严力蛟，刘黎明．生态学概论[M]．北京：高等教育出版社，2002.

[30] 李文华，赖世登.中国农林复合经营[M]．北京：科学出版社，1994.